루쉰 잡기
鲁迅 雜記

루쉰 잡기
魯迅 雜記

다케우치 요시미 竹內好 지음
윤여일 옮김

차례

1부

2부

1부

루쉰론

루쉰의 독설은 누구나 두려워한다. 냉조冷嘲라 일컬어지는데, 루쉰의 논적이 되려면 그가 휘두른 필봉이 뼈를 찌르고 들어올 때의 냉기를 각오해야 한다. 올봄, 일본 잡지에 「나는 사람을 속이고 싶다我要騙人」가 실렸다. 이 글을 두고 일본인은 루쉰이 비통해한다고 여기는 모양인데, 실은 냉혹한 면모가 고스란히 드러났다고 봐야 하지 않을까. 독설을 쏟아내는 와중에 문장은 제대로 무르익어 냉중열冷中熱을 띠는 그 격조란 당대에 비견할 자가 없다. "촌철로 사람을 죽이고 단칼에 피를 본다"(위다푸[1]의 평론, 「중국 신문학 대계 산문 2집 도언」)는 실로 루쉰의 문장을 두고 하는 소리다.

루쉰은 스무 해의 문단 생활을 매일같이 싸우며 보냈다고 할 정도다. 『신월新月』을 비난하고 창조사創造社에 대들고 소품문파小品文派를 공격하고 최근에는 문예가협회와 맞붙었다. 인기도 얻었지만 원한도 샀

---

1 위다푸郁達夫(1896~1945): 소설가. 창조사의 발기인으로 1920년대부터 작품이 인기를 얻었으며 중국의 현대 문학을 발전시키는 데 공헌했다고 평가받는다. 중일전쟁 기간에는 항저우와 싱가포르에서 항일 선전문을 썼다. 작품으로 『침륜沈淪』, 『출분出奔』, 『과거過去』 등이 있다.

다. 위선자, 돈키호테라고 매도당한 게 한두 번이 아니다. 매도당하면 그대로 되갚았다. 싸움을 불렀다.

"이것은 사건의 결말이 아니다. 사건의 발단이다. 먹으로 적힌 거짓은 결코 피로 쓰인 사실을 감출 수 없다. 피의 빚은 반드시 같은 것으로 갚아야 한다. 지불이 늦어질수록 이자는 늘어난다." (「꽃 없는 장미無花的薔薇」)

이 문장은 돤치루이[2]를 겨냥한 '비수匕首'인데 「문인들은 서로를 경멸한다文人相輕」의 전투 의식도 이에 못지않은 것 같다.

루쉰은 풍자와 역설을 무기로 삼는다. 그물에 걸려든 사냥감을 이리저리 몰아대 진을 뺀 다음 가차 없이 숨통을 끊는다. "중요한 지점을 움켜쥐면 기껏해야 두세 마디로 주제를 꿰뚫으며, 부차적인 곳 혹은 중요하더라도 적의 급소를 찌를 수 없는 대목은 일절 다루지 않는다"(위다푸, 전술)는 게 그의 논법이다. 『신월』의 경우도 여사대 사태[3]의 경우도 그랬다. 늘어놓자면 한이 없다. 봐주지 않고 끝까지 파고드는 집요함이 있다. 창조사와 맞붙었을 때가 특히 장렬했다. 상대를 '무

---

2 돤치루이段祺瑞(1865~1936): 군벌. 안후이성安徽省 출신으로 안후이安徽파 군벌의 수령이었다. 독일에서 군사학을 배우고 돌아와 위안스카이의 심복 부하가 되었다. 전후에도 다섯 번이나 국무총리가 되었으나 혁명파와의 암투로 사임했다.

3 여사대 사태: 1925년 베이징 여자 사범 대학의 양인위楊蔭楡 교장이 '학풍정돈'을 내세우며 학생들을 압박하자 학생들이 퇴임 운동을 벌이고 이에 퇴학 조치, 폐교와 복교 등이 이어졌다. 루쉰은 여사대 사태의 여파로 교육부 첨사직을 박탈당하자 교육장관을 상대로 고소했다.

뢰한'으로 여겼던 만큼 제대로 업신여기고 꾸짖고자 서로가 지불했던 노력은 보통이 아니었다. 그중의 몇 편은 지금 읽어 봐도 무관한 독자조차 눈살을 찌푸리게 할 정도다. 루쉰이 보기에 창조사(물론 제2차)가 생각해 낸 혁명 문학은 코를 가져다댈 수도 없을 만큼 젖내가 심해 비위에 맞지 않았을 것이다. "혁명, 혁혁명, 혁혁혁명, 혁혁〔……〕"[4](『어사語絲』4권 1기, 첸싱춘錢杏邨「아Q의 시대는 지나갔다死去了的阿Q時代」로부터)

이건 루쉰의 장난이다. 다만 기능하는 장난이다. 그러고는 심혈을 다해 서로를 매도한다. 당시 창조사(및 태양사太陽社) 대 어사파語絲派의 논전은 일본에서도 그랬지만, 한쪽이 마르크스주의의 공식을 들이대면 다른 쪽이 찬물을 끼얹는 식이었다. 매도의 말을 교묘하게 고안해 낼 뿐이었다. 당시는 혁명을 머리로만 하려 했다. 그 와중에 루쉰 홀로 냉정하게 문학상의 리리싼[5] 노선으로 향했다고 말한다면 사실을 왜곡하는 일이다. 루쉰을 위한 변명도 되지 못한다. 그건 루쉰의 다음 발언을 보면 알 수 있다.

"그때 나는 마르크스주의의 사격술을 터득한 자가 나타나 나를 저격해 주기를 기다렸다. 그러나 결국 나타나지 않았다."(「좌익작가연맹에

---

4 1927년 장제스蔣介石의 반공 쿠데타가 일어나자 루쉰이 쓴 문장이다. 당시 국민당은 '혁명 정당'을 자칭하며 국민당에 반대하는 자들을 '반혁명'이라며 내몰았다. 혁명을 명분 삼아 폭력이 난무하는 상황을 루쉰이 반어적으로 비판한 것이다.

5 리리싼李立三(1896~1967): 공산당 지도자. 1928년 이후 공산당의 실질적 지도자가 되어 코민테른의 지시에 따라 '리리싼 노선'으로 알려진 혁명 전략을 추진했다. 이 노선은 마오쩌둥의 농촌 근거지 혁명 전략과 달리 마르크스-레닌주의의 원칙에 근거해 대규모 노동자의 도시 폭동을 조장하는 것이었다. 그러나 이에 근거한 창시 폭동이 실패하자 중국 공산당 활동의 중심은 마오쩌둥의 게릴라 노선으로 옮겨갔고, 리리싼은 코민테른의 탄핵을 받아 당 중앙에서 제명되고 모스크바로 소환되었다.

대한 의견對於左翼作家聯盟的意見」)

　좌익작가연맹의 성립 대회에서 연설한 내용이다. 태도는 드러나지만 여느 때와 달리 무기력하다. 속내도 알기 어렵다. 하지만 그 너머로 진심을 헤아릴 수 없는 바도 아니다. 결국 누구 하나 마르크스주의를 이해하지 못했던 것이다. 루쉰은 물론이다. 오히려 그는 최후의 인간이었다. 저렇듯 신랄한 역설이 태어나는 것 자체가 대체로 격렬한 자기모순의 결과며, 바깥에서는 이해할 길이 없다. 타인을 향하는 칼날이라면 좀 더 부드러울 수 있었을 터이다. 혁명 문학을 야유하던 시기는 스스로 혁명을 이해하려고 힘을 잔뜩 주던 때였다. 창조사도 여유가 있어 "지양奧服赫變/Autheben"이나 "환관 루쉰"을 내세웠던 것이 아니다. 밀어붙이는 압박에 내몰린 충동이었다. "오늘 혁명 8월 8일의 이 혁명일의 혁명, 아침의 혁명, 9시의 혁명 시각에 『혁명신보革命申報』 위에 혁명 광고를 보았다"(「혁명광고」)던 위다푸도 선택의 여지가 없었다. 루쉰만 피투성이가 된 게 아니다. 창조사만도 아니다. 물론 돤치루이에게 살해당한 여사대 학생 류허전劉和珍(루쉰, 「류허전 군을 기념하며」)만도 아니다. 그런데도 가공할 속론俗論은 루쉰을 선각자로 만들었다. 만약 루쉰이 영웅이라면, 바로 그 반대의 이유, 즉 분열된 채로 자신을 받아들이는 그 범용함으로 인해 영웅이어야 한다.

　이제, 작품을 보자. 「광인일기」는 1918년 『신청년』의 4권 5기에 발표되었다.

「광인일기」가 『신청년』에 처음 발표되었을 때, 본디 문학이 무엇인지 몰랐던 나는 다 읽고 나자 이상하게 흥분해서는 친구를 만나는 대로 그들에게 떠들었다. '중국의 문학은 새로운 시대로 접어들었다, 너는 「광인일기」를 읽어 봤느냐' 하며 거리에서는 길 가는 사람에게 내 생각을 들려줘야겠다고 생각했다〔……〕"(마스다 와타루增田涉, 「광둥의 루쉰」, 『루쉰전』에서)

이 흥분은 「광인일기」가 불러일으킨 열광을 전한다. 여기서는 두 가지 내용을 보태야 할 것이다. 첫째, 신문학에서 최초의 작품이었다는 것은 문학자로서의 자각을 담은 최초의 태도였음을 의미한다. 하지만 둘째, 이데올로기적으로는 당시의 진보적인 지식 계급층보다 조금도 앞서 있지 않았다. 이미 1년 전에 우위[6]는 「가족 제도는 전제주의의 근거다家族制度爲專制主義之根據論」를 썼다. 더욱이 반년 후에는 이미 저우쮜런[7]의 『인본주의 문학人的文學』이 등장했다(덧붙이자면 우위는 「광인일기」때문에 역사상의 식인에 관한 문헌을 조사했다. 「식인과 예교吃人與禮敎」, 이상 모두 『신청년』).

「광인일기」는 봉건적 질곡을 저주하지만 그 반항 심리는 본능적·충

---

6 우위吳虞(1874~1949): 사상가. 1906년 일본으로 유학해 메이지 유신으로 부강해진 모습을 보고 중국은 유교 사상의 속박과 가족 제도의 질곡으로부터 벗어나야 한다고 판단했다.『성군보醒群報』의 주필로 새로운 사조를 고취했으며,『신청년』에 기고하며 5·4 운동의 일익을 담당했다.

7 저우쮜런周作人(1885~1966): 작가이자 번역가. 루쉰의 동생이다. 일본 유학 후 미국과 유럽 그리고 러시아 문학을 번역하고 소개하는 작업에 매진했다. 귀국 후에는 베이징대학 교수로 취임하여 루쉰과 함께 5·4 운동을 주도했다. 저서로『영일집永日集』,『과두집瓜豆集』등이 있다.

동적 증오에 머물렀으며, 자유로운 개인주의적 환경을 향한 갈구가 또렷이 드러나지는 않았다. 따라서 대중의 감정을 조직하기는 했어도 선구적 의의는 몹시 약하다. 대체로 그의 작품에 늘 따라다니는 동양식 음영은 생활에 녹아든 민간 풍습에서 유래하거나, 기질상의 특징으로 말미암아 유교적이지는 않더라도 특히 윤리적 색채에서 근대 의식에 반하는 백성 근성을 충분히 지우지 못한 데서 비롯한다(당연한 이야기지만 소재만을 두고 하는 말이 아니다). 「광인일기」, 「아Q정전」 등의 두세 편을 제외한다면 루쉰의 작품은 문제시된 일이 드물다. 인간적 흥미에서 루쉰의 견실한 고전적 수법을 감상한 독자는 있지만, 그것이 루쉰을 위한, 또 현대 중국 문학을 위한 명예가 되지는 않는다. 위다푸는 이보다 3년 늦게 「침륜沈淪」을 썼다. 「광인일기」는 후타바테이[8]의 「뜬구름」에, 「침륜」은 다야마[9]의 「이불」에 대응할지 모른다. 이러한 도식이라면 루쉰을 후타바테이와 견주는 편이 외형상 여러모로 유사하겠으나, 루쉰은 이상가가 아니라서 약점이 있다. 달리 말해 루쉰에게는 뚜렷한 목적의식이나 행동 규범이 없었다. 기질적으로 크게 다르지 않은 저우쭤런은 북유럽풍의 자유사상을 받아들여 일종의 개인적 허무철학을 만들어 냈지만, 루쉰은 끝까지 문학자의 생활을 유지했으며 그런 까닭에 관념적 사색의 훈련을 결여한 채 18세기적 향을 풍긴다. 한

---

8 후타바테이 시메이二葉亭四迷(1864~1909): 소설가. 언문일치체와 사실주의를 바탕으로 『뜬구름浮雲』을 발표해 근대 일본 문학의 선구자로 꼽힌다. 그 이외의 소설 작품으로 『평범平凡』, 『광인일기狂人日記』 등이 있다.

9 다야마 가타이田山花袋(1871~1930): 소설가. 초기 작품은 낭만주의적이었지만 평론 「노골적인 묘사露骨なる描寫」를 거쳐 사실주의적 방향으로 나아갔으며 사물을 있는 그대로 묘사하려는 그의 시도는 사소설私小說의 발전으로 이어졌다. 한 중년 작가가 젊은 여학생에게 빠져드는 모습을 세밀하게 묘사한 『이불蒲團』로 명성을 얻었으며, 자전 소설 3부작 『생生』, 『처妻』, 『연緣』 등으로 일본 자연주의 문학의 독특한 형식을 정착시켰다.

걸음은 앞섰을지 모르나, 요구되는 것은 열 걸음이었으니 결국 시대를 넘어서지 못했다. 고골[10] 내지 안드레예프[11]일 수는 있어도 니체일 수는 없었다(「중국 신문학 대계 소설 2집 도언」의 자기비판 참조). 이는 루쉰의 숙명적 모순이자, 루쉰으로 표현된 현대 중국 문학의 모순이기도 하다. 후년 창작을 그만둔 것은(『고사신편故事新編』의 작품들은 문제가 되지 않는다) 루쉰만의 선택이 아니었으나 "손으로 쓰기보다 다리로 도망치기에 바쁘다"(마스다 와타루의 『루쉰전』)는 사정 때문이 아니라(여기에는 루쉰의 '거짓말'이 있다) 그의 손이 머리를 따라가지 못한 결과다. 부정적 정열이 아니고서는 자기의 모순을 관념적으로 처리할 수 없었기 때문이다.

이 모순은 「아Q정전」에서 더욱 두드러진다.

의심의 여지없이 이 농민 소설(이라고들 한다)은 농민을, 룸펜 농민을 묘사하려 든 최초의 작품이지만, 결국 주관적 색채가 짙은 채로 끝나고 말았다. 현실에 있어선 안 될 존재 같지만 실은 지극히 현실적인 아Q의 성격은, 무색이라 할 만큼 추상화된 유형인지라 고골식의 풍자적 존재에 가깝다. 풍자로 보자면 「아Q정전」이 "일단 발표되자 이미 루쉰과 껄끄러웠던 자들이 여기저기서 자신에게 악담을 던졌다며 개구리처럼 소란을 피웠다"(마스다 와타루 「아Q정전적 성인」, 『루쉰전』 참조)는 것도 고골의 경우와 닮았다. 문학사가식으로 말하자면, 두 민족과 그

---

10 니콜라이 바실리예비치 고골Николай Васильевич Гоголь(1809~1852): 소설가이자 극작가. 러시아의 당대 현실, 특히 지주 사회의 도덕적 퇴폐와 관료 세계의 모순 등을 사실적으로 그려 내 러시아 리얼리즘의 시조로 평가받는다. 『죽은 혼』, 『광인일기』, 『외투』 등의 작품을 남겼다.

11 레오니트 안드레예프Леонид Андреев(1871~1919): 소설가. 생활고를 뼈저리게 체험한 후 고리키의 추천으로 문단에 등장하고 나서 죽음과 삶의 신비를 주제로 삼아 『붉은 웃음』, 『사제 바실리 피베이스키의 삶』, 『인간의 삶』 등 염세적인 작품을 다수 남겼다.

들의 시대 사이에는 확실히 공통된 요소가 있겠지만 고골을 잘 모르니 지금은 어떤 말도 꺼내기 어렵다. 루쉰만을 두고 말하자면, 적어도 「아Q정전」이 작성된 진실성 앞에서는 아Q가 농민이라는 것이 한낱 우연에 불과했다고 말할 수 있다. "아Q의 성격은 당시 지나支那의 누구든 그 전부 혹은 일부를 가지고 있었다"(마스다 와타루, 전술)고 한다면, 무엇보다 아Q는 루쉰 자신의 찢겨진 분신이 아니었겠는가. 이 가정이 어쩌면 근거 없는 망설로 들릴지 모르겠으나, 앞서 적었듯이 그의 역설적 필법 그리고 아포리즘 형식이 자기모순의 표현이라는 견해에 입각한다면, 루쉰이 아Q 속에서 자신의 희화戲畵를 바라봤다는 게 그리 억측만은 아니라고 생각한다. 여기서 아Q적 존재는 응당 루쉰에게 비판 대상이지만, 아Q 또한 자연주의 작가 루쉰(예를 들어 「축복祝福」)의 비판자로서 등장하는 것이다.

「아Q정전」의 주제가 "혁명은 성공했다. 그러나 혁명은 성공하지 않았다"에 있음은 주목할 필요가 있다. 「광인일기」에서는 부정적 정열로써 작가의 생을 불태운 모순이 여기서는 정치와 이데올로기의 괴리라는 역사적 사실을 매개해 자기비판으로 전개되는 것이다. 따라서 이러한 인간적 성장 ─ 역사와 함께하며 폭로해 가는 자기모순 ─ 의 반면反面에는 작가로서의 연소燃燒가 종언을 향한다는 비극이 숨겨져 있는지 모른다. 사실 루쉰의 '방황'은 이제부터 시작이다. 그리고 이것이 비극이라면, 현대의 중국 문학 전체를 비극이라고 말할 수도 있다.

정치와 예술의 상극은 현대 중국 문학의 기본적 성격이다. 전환기의 문학은 본래의 진보성으로 말미암아 스스로 껍질을 깨는 모험을 감수해야 한다. 역사에서는 위진 시대나 명나라 말이 그랬다. 1925년부터 1930년까지의 소위 대혁명 시대에 루쉰이 스스로 묘사한 아Q의 역할을 재연해야 했던 것은, 다른 누구도 짊어질 수 없는 예술가의 짓궂은 운명일 것이다. 더구나 이 전환을 그는 몹시도 생생하게 수행해 냈다. 1930년, 자유대동맹을 거쳐 성립한 좌익작가연맹(이하 좌련)의 의자에 앉아 있던 이는 바로 루쉰이었던 것이다. 이를 준비하기 위해 그는 창조사와 험한 욕설을 주고받는 동안 여러 마르크스주의 문학 이론을 번역하고 있었다. 따라서 이 전환은 그의 남다른 총명함을 증명하지만, 동시에 그 장면에서 현대 중국 문학의 취약성도 엿볼 수 있다. 사상의 범람이라고 하면 적절한 표현이 아니고, 오히려 발효되지 못한 채 내몰리는 사상성의 결여가 공연히 소품문파에게 온상을 내준 것이다. 자신의 개인적 철학을 구축할 수 없었던 루쉰의 모순이 육체적으로 해결되지 않은 채 새로운 객관 세계에서 영합적 통일에 안주한 것에 불과하다.

나는 루쉰이기에 이렇게까지 가혹하게 비판하는지 모른다. 그는 작가로서의 파멸보다 소위 '문화의 지도자'로서의 소생을 바랐으며, 또한 그 경지에 만족했을 것이다. 그게 옳은지 그른지는 차치하고 나는 거기서 전환기의 한 모습을 본다. 루쉰으로서도 결코 쉽지 않았을 이 고행의 길을 루쉰적 정신 — 삶의 방식으로 받아들이기에는, 신인들은 너무도 젊고 떨쳐 버려야 할 과거의 문화적 교양 자체를 결여하고 있었다. 얼마간의 예외는 있었지만 헛소동 일색이었다. 소설에서도 변변찮은 무리가 '중국의 고리키[12]'를 참칭했다. 이들은 루쉰의 등에 올라

12　막심 고리키Алексей Максимович Пешков(1868~1936): 작가. 19세기 러시아 문학과 20세기 소비에트 문학의 교두보 역할을 한 작가로 평가받는다. 1905년 정치적 이유로 러시아를 떠나 망명 기간 동안 『어머니』, 『고백』, 『필요 없는 인간의 삶』 등을 발표했다. 이후 내전 기간 중에는 러시아의 문학 역량을 하나로 모은 『세계문학』을 계획하여 당시 정치적 이유로 경제적 곤란을 겪고 있던 젊은 작가들을 도왔다.

타 소품문파를 공격하기는 했으나 문화 개혁을 스스로 짊어지겠다는 열의는 보이지 않았다.

최근의 루쉰에 대해서는 아는 바가 적다. 평소에 잡지류를 너무 안 읽고 있었다. 이 루쉰론을 쓰기 전에 대충이라도 훑어볼 작정이었던 저작들을 반도 못 읽었고, 특히 전환 이후 나온 것은 거의 읽지 못했다. 설령 전부를 읽었던들 루쉰을 이해하지는 못했을 것이다. 루쉰의 문제가 전체의 문제를 포괄하기 때문이다.

(여기까지 쓴 다음에 최근 손에 넣은 잡지를 읽는 동안 생각이 바뀌었다. 결국 이 또한 쓸데없는 말에 불과하다는 느낌이 짙다. 최근 문장은 절박한, 몹시 거친 숨결만이 들려올 뿐 달리 아무것도 전해지지 않는다. 태평스러움에 익숙해진 눈으로는 간파하기 어려운, 현실의 깊은 구석을 좀 더 면밀하게 탐색해야 할 것 같다.)

루쉰은 문학의 우위를 믿지 않는다. 문학 세계의 존재를 믿지 않는 게 아니라 문학 세계가 그 자체로 존재한다는 것을 인정하지 않는다. 그는 청년들에게 자국의 고전을 읽지 말라고 했다. 그것은 우즈후이[13] 등과 달리 넓은 의미의 문화주의적 계몽이라는, 루쉰의 독특한 공리적 입장에서 연원한다. 그의 체험은 사상이 미숙한 청년들은 자국의 고전을 읽기보다 서구의 근대정신을 접하는 편이 유익하다고 가르쳤다. 그

---

13 우즈후이吳稚暉(1865~1953): 혁명가이자 교육자. 중국동맹회 이후의 혁명파 인사로서 5·4 운동의 정신적 지도자 역할을 했다. 언어학자로서도 주음자모注音字母, 주음부호注音符號의 창출을 주도했다.

리하여 루쉰은 판화를 장려하거나 한자의 라틴화 운동을 지도하는 등 문화 공작을 펼쳤다. 이것은 딱히 전환 이후 등장한 사상이 아니다. 앞서도 적었듯이 그의 본원적 모순이 해소되지 않은 채 새로운 사태에 적응해 모습을 바꾼 데 불과하다. 따라서 이 반면反面에서 루쉰은 지극히 순수한, 거의 가치만이 존재하는 세계에서 문학을 관념하고 있었다고도 말할 수 있지 않을까.

이 대목에서 초기에 작성한 『중국소설사략中國小說史略』을 언급한다면 부당할지도 모르지만, 그 책에서 이상하리만큼 예민한 루쉰의 후각은 작품을 변별하는 데 발휘될 뿐 역사적 탐구의 의욕은 조금도 보이지 않는다. 마스다 씨도 역자 서문에 적었듯이 후년의 루쉰은 이 지점이 불만스러웠을 것이다. 그러나 그 불만이 어떠한 해결을 요구하는지를 아직 루쉰의 입으로는 듣지 못한 듯하다.

결벽에 가까운 루쉰의 순수함이 고전에 대한 소유욕 탓만은 아니다. 루쉰은 때로 문학을 정치주의적 편향에서 지켜 내는 데도 지극히 충실했다. 이렇게 말하면 일견 루쉰이 무너지는 문학의 대도大道를 떠받치는 데 힘을 쏟고 허튼 짓을 하지 않았다는 인상을 주기 십상이지만, 사람들은 적극적으로 정립된 방향을 그에게서 들어 본 적이 좀처럼 없다. 따라서 그가 몸으로 하는 쩡쟈[14] 속에서 현세로부터 격절된 문학의 절대 가치를 좇았다고 하더라도, 그것을 '작가' 루쉰의 잊기 힘든 과거의 꿈이라며 깊이 의심할 필요는 없을지도 모른다. 말하자면 1930년에 스스로 죽인 육체를 그리워하는 정신의 비통한 광란에 불과한 것이

---

14 쩡쟈掙扎: 『루쉰』의 주석에서 다케우치는 이렇게 적는다. "쩡쟈chêne-cha라는 중국어는 참다, 용서하다, 발버둥 치다, 고집을 세우다 등의 의미를 지닌다. 루쉰의 정신을 이해하는 데 중요한 단서라 여겨 원어 그대로 종종 인용한다. 굳이 일본어로 옮긴다면 요즘 말로는 '저항'에 가깝다."

다. 현세의 문학은 어디까지나 우리 '문화의 지도자'의 욕구를 만족시켜야 한다. 설령 "파지에프에 미치지 못한다"(샤오쥔[15], 「팔월의 마을八月的鄕村」서문)는[15] 탄식이 있더라도 신진 작가의 미숙한 작품에는 일상적 계몽성으로 말미암아 언제나 결벽과는 무릇 반대되는 최대의 관용이 주어져야 할 것이다.

고전이 구체적인 문화의 소산이라면, 「광인일기」저자의 마음씀씀이는 기우에 불과한 게 아닐까. 우리로서는 오히려 젊은 작가가 자기 생활의 본원來源에 대한 이해가 너무도 얕다는 사실에 불만을 느끼지 않을 수 없다.

1936년 11월

---

15 샤오쥔蕭軍(1907~1988): 작가. 만주 사변 이후 동북 지방 농민들의 빨치산 활동을 묘사한 『8월의 마을八月的乡村』로 주목받았고, 관리와 군대를 배경에 둔 대지주인 촌장과 농민들의 대립을 담은 『제3대第三代』가 대표작으로 꼽힌다.

루쉰의 죽음에 대하여

    루쉰은 민국 25년인 1936년 10월 19일에 숨을 거뒀다. 올해는 루쉰 서거 10주년을 기념해 여러 행사가 열릴 것이다. 사람들은 10년간 신산으로 가득 찬, 그러나 희망으로 넘쳤던 세월을 되돌아보며 루쉰이 죽음으로써 건넨 교훈이 얼마나 큰 것이었는지를 다시금 떠올리고, 그럼에도 루쉰의 희망이 아직도 절반밖에 실현되지 못했음에 자책과 더불어 새로운 격려를 느낄 것이다.

    우리는 루쉰이 죽음을 반년 앞두고 부러 일본의 독자를 위해 "이런 글을 쓴다는 것도 그다지 기분 좋지는 않다. 하고 싶은 말이야 몹시 많지만 '일지日支친선'이 더욱 진행되는 날까지 기다려야 할 것이다. 머잖아 지나에서는 일본을 배격하는 자는 곧 나라의 역적으로 간주되고 ─ 듣자하니 공산당이 일본을 배격하는 구호를 이용해 중국을 멸망시키고 있기 때문에 ─ 도처의 단두대 위에서 일장기가 나부낄 정도의 친선이 이뤄지겠지만, 혹여 그리되어도 아직 진정한 마음을 내보일 때는 아니다"(「나는 사람을 속이고 싶다」, 『개조』 1936년 1월 호)라던 경고를 귀담아듣지 않고, 이 글의 말미에 "마지막으로 개인의 예감을 피로써 몇 마디 적어 답례로 삼는 바입니다"라고 쓴 예감이 불행하게도 적중한 어두운 날이 끝났다는 것, 그리고 이를 위해 "내가 생각건대 일본인과 지나인이 서로를 알게 되는 날은 반드시 온다"(「살아 있는 지나의 모습」 서문)는 희망이, 비록 먼 장래라 해도 근본적 장해물이 사라졌기에 우리가 노력하기에 따라 실현될 전망이 생겼으며, 지금은 그 실현을 위해 노력하는 것이 우리로서는 루쉰을 기념하는 가장 올바른 방법임을 기억해야 한다.

루쉰은 오늘날 본국인들 사이에서 결코 죽은 존재가 아니며, 우리들 사이에서도 죽지 않았다. 루쉰을 연구하고 평가하고 거기서 교훈을 얻는 것은 우리에게도 유용하고 또한 필요하다. 그리고 이 작업은 진행 중이다.

그중 한 가지 방식은 루쉰을 아쿠타가와 류노스케[1]와 비교하는 것이다. 루쉰과 아쿠타가와 류노스케가 걸은 길은 전혀 달랐지만, 삶에 배인 고독감은 닮았다. 그리고 그 고독감이 몰락하는 중산 계급의 지식인이라는 환경 속에서 태어났음을 자각했다는 데서도 닮았다. 또한 그 고독감이 비할 데 없는 인간적 성실함으로 떠받쳐졌음도 공통된다. 그 성실함으로 인해 아쿠타가와는 죽음을 택할 수밖에 없었지만, 그로 인해 그의 죽음은 그의 문학을 관통했으며 사람들은 지금도 그의 죽음과 그의 문학 속에서 새로운 문학의 싹을 구한다.

루쉰의 죽음은 아쿠타가와와 달리 자연사다. 그러나 그 자연사는 아

---

[1] 아쿠타카와 류노스케芥川龍之介(1892~1927): 소설가. 초기 작품은 오래되고 괴이한 사건을 소재로 삼아 거기에 근대적인 심리 해석을 가미한 경우가 많았다. 『코鼻』, 『라쇼몬羅生門』이 대표적이다. 1923년부터는 서서히 죽음을 의식해 신경쇠약으로 인한 강박관념에 시달렸다. 『신기루蜃氣樓』, 『톱니바퀴齒車』는 날카로운 심리를 적나라하게 묘사한 작품이다. 1927년 자택에서 수면제를 먹고 스스로 목숨을 끊었다.

쿠타가와의 죽음이 지닌 비장함에 뒤지지 않는 비장함, 어떤 결의의 형태로서 멈출 수 없는 문학적 영위를 느끼게 하는 자연사다. 아쿠타가와를 죽음으로 내몬 것은 '망연茫然한 불안'이었다. 루쉰에게는 그런 불안이 없었다. 그의 사상은 명쾌했다. 지나칠 만큼 명쾌하고, 오히려 그 명쾌함으로 인해 아쿠타가와가 새로운 문학의 길을 개척했던 아슬아슬한 행위를 루쉰은 다른 의미에서 감당해야 할 사정이 당시 있었던 것이다.

그 사정이란 무엇인가? 한마디로 말하자면, 루쉰의 죽음은 그 죽음에 의해 항일 민족 전선이 통일로 향하는 길이 열리려 했던 시기에, 그러한 상태에 걸맞게 이루어졌다. 루쉰이 죽을 때까지 다투던 문단은 루쉰의 죽음을 경계로 하나의 깃발 아래 통일되었다. 루쉰의 죽음이 없었다면 그렇게 통일될 리 없으리라 싶을 만큼 훌륭하게 통일되었다. 루쉰이 사랑하고 또 루쉰을 사랑한 청년들의 통곡, 그리고 루쉰의 적조차 심각한 상처로 망연해진 듯한 흥분 속에서 차이위안페이[2]를 주석으로 삼는 모든 문화인文化人이 의지를 표명해 '루쉰 선생 기념 위원회'를 발족했으며, 그것은 "루쉰 정신의 영향을 확대해 국혼을 환기하고 광명을 쟁취한다"를 목표 삼아 제대로 된 루쉰 전집의 간행을 이어 갔다. 루쉰이 죽은 다음 해부터 대규모 전쟁이 시작되었음에도 그 버거운 과업을 완수해 그 속에서 이후의 긴 항전에도 꺾이지 않을 강력한 것을 길러 냈다. 루쉰의 죽음은 그러한 죽음이었던 것이다. 루쉰은 순교자가 아니다. 그러나 그의 죽음은 순교자적이었다.

---

2   차이위안페이蔡元培(1868~1940): 교육자. 중국교육회中國教育會와 급진적 혁명 결사 단체인 광복회光復會를 조직했고 『소보蘇報』 발간에 참여했다. 중화민국이 성립된 이후 초대 교육총장이 되어 근대 중국 학제의 기초를 세우고 베이징대학 학장을 역임하며 5·4 운동의 아버지로 불렸다.

루쉰의 죽음이 지니는 의미를 이해하려면, 당시 문단의 사정을 살펴봐야 한다. 당시 문단은 두 개의 당파로 갈라져 격렬한 논쟁을 이어 갔다. 두 개의 당파는 '문예가협회'와 '문예공작자'다. '문예가협회'는 루쉰이 죽은 해, 즉 대규모 전쟁의 발발보다 한 해 앞선 6월에 결성되어 정관定款과 강령, 사무국을 갖추고 문단의 대부분을 산하에 모은 조직이다. '문예공작자'는 정관이나 강령, 사무국 없이 그저 비슷한 시기에 선언을 발표했을 뿐인데, '문예가협회'에 참가하지 않았던 문학자와 한편으로는 '문예가협회'에도 참가했던 소수의 문학자가 함께한 모임이다. 그리고 루쉰은 '문예공작자'의 중심인물이었다.

두 단체는 무엇을 두고 언쟁했던가. 먼저 '문예가협회'의 선언을 보면, 대강의 요지는 다음과 같다.

"광명과 암흑이 정면으로 맞붙고 있다. 중화 민족은 생사존망의 기로에 놓였다.

작년 12월부터 전국으로 퍼져 간 구국 운동은 중화 민족 해방 운동의 새로운 단계를 전개했다. 중국이 가야 할 길은 두 가지 밖에 없다. 싸우든지 굴복하든지다. (……) 문예 작가는 전 민족이 하나 된 구국 운동 속에서 자신의 역할을 갖는다. 중국문예가협회는 오늘 성립을 선포하여 역사가 결정한 위대한 사명을 스스로 짊어질 것이다.

전 민족 구국 운동의 일환으로서 중국문예가협회는 민족 구국 전선에서 최소한의 기본적 요구를 옹호한다. 즉 일치단결의 저항, 내전 중지, 언론 출판의 자유, 민중이 구국 단체를 조직할 자유를 옹호한다. 문예가의 집단으로서 중국문예작가협회는 작가들의 절실한 권리 보장을 요구하며, 같은 목표를 갖는 작가들의 집단적 창조와 집단적 연구를 촉구한다.

중국문예가협회는 특히 다음을 제의하지 않을 수 없다. 즉 전 민족 일치의 구국이라는 대목표 아래서는 문예에서 주장을 달리하는 작가들도 하나의 전선에서 동지가 될 수 있다. 문예에서 주장의 부동不同은 결코 우리가 민족의 이익을 위해 일치단결하는 것을 방해하지 않는다. 동시에 민족의 이익을 위해 일치단결하는 것은 결코 우리 각자의 문예 주장을 광대한 민중에게 호소하고 최후의 판단을 청취하는 것을 구속하지 않는다.”

(자료가 수중에 없어서『중국문학월보』18호, 1936년 9월 호에서 인용한다. 원문에 있던 선명하고 격렬한 항일의 문구가 당시 검열을 고려해 번역 중에 감춰진 것은 어쩔 수 없다.)

즉 '문예가협회'는 중화 민족이 처한 "생사존망의 기로"에서 중국이 가야 할 단 하나의 길인 항일 구국 전선을 문학자 사이에서 조직하고 "문예에서 주장의 부동"을 넘어 "민족의 이익을 위해 일치단결"할 것을 모든 문학자에게 요청했다. 이 요청이 올바르고 필연적임은 의심할 여지가 없다.

당시의 세태는 이러했다. 북쪽으로부터 침략의 물결이 밀려왔고, 국경과 주권을 유린한 '독립'과 '밀수'를 눈앞에 두고 민중 한 사람 한 사람이 민족 사활의 위기를 절감했으며, 더 이상의 양보는 견디지 못하겠다는 심정에서 민중으로부터 애국의 열의가 불처럼 타올랐다. 침략자와 그들의 선전에 속아 넘어간 사람들을 제외한다면, 이처럼 불타오르는 국민감정을 전 세계는 알고 있었고, 그 앞에서 '문예가협회'의 주장은 지극히도 당연한 것이었다. 구국의 통일 전선을 향한 절규는 민중 모두가 바라마지 않았기에 '문예가협회'는 어렵잖게 성공할 수 있었다. 성공하려 했다. 다만 루쉰과 루쉰의 동료들만이 거기에 함께하지 않았다.

루쉰은 왜 함께하지 않았던가. '문예가협회'의 무엇이 못마땅했던가. '문예공작자'도 '문예가협회'에 맞서 선언을 발표했다. 하지만 그 선언은 두 단체 사이의 이론적 차이를 분명히 설명하지 않는다. "중국이 바로 어제부터 침략당하고 억눌린 것이 아니며, 우리 민족의 위기 또한 결코 하루아침에 생긴 것이 아니"기 때문에 "우리는 결코 오늘 처음으로 구망국존[3] 운동의 중요성을 발견한 것이 아니다"라는 게 취지다. 여기서는 항일 통일 전선을 위해 새로운 조직을 만들 필요가 없다고 말하지만, 이 글만으로는 왜 새로운 조직을 만들어서는 안 되는지, 그 적극적 이유를 알 수가 없다. '문예공작자'는 '문예가협회'에 맞서 등장한 단체다. 그리고 '문예가협회'의 '국방문학'이라는 구호에 맞서 "민족혁명전쟁의 대중 문학"을 구호로 내놓았다. 이것만 봤을 때는 새로운 조직을 만드는 데 반대한다더니 실제로는 또 하나의 새로운 조직을 만드는 꼴이 아닌가, 민중의 희망인 항일 통일 전선을 실현한다기보다 깨뜨리는 것이 아닌가라는 의문이 일어나는 게 당연하다. 그리고 일어났다. 여러 문학잡지가 두 진영으로 나뉘어 격렬한 논쟁을 시작한 것이다.

'문예가협회'의 이사 가운데 한 사람인 쉬마오용徐懋庸은 같은 해 8월 루쉰에게 편지를 보내 "최근 반년간 선생의 언행은 무의식적으로 악

---

3 구망국존救亡國存: 망해 가는 나라를 살린다는 뜻이다.

렬한 경향을 조장한다"고 지적하며 그것은 후펑胡風이나 황위엔黃原 등 루쉰을 둘러싼 무리의 "사심에서 나온 극단적 종파 운동"이며 "사안을 보지 않고 사람을 보는 것은 최근 반년간 선생이 착오한 원인"이라고 경고했다. 이에 대해 루쉰은 「쉬마오용에 회답하면서 항일 통일 전선 문제를 논함」이라는 상당히 긴 논문을 발표했다. 죽기 두 달 전, 그의 죽음을 앞당겼다고 할 만큼 공들인 논문으로서 상대를 통렬하게 몰아붙이는 모습은 달리 비할 데가 없는데, 군데군데 논지가 불분명한 것은 병약해진 탓이라기보다 역시 논쟁 자체의 복잡함을 드러낸다고 봐야 할 것이다. 어쨌든 병상에 있던 루쉰은 의심할 여지없이 이 문제에 진지하게 임하고 있었다.

"지금 중국의 혁명적 정당이 전국 인민들에게 제기한 항일 통일 전선의 정책을 나는 보았고 또 옹호한다. 나는 조건 없이 이 전선에 참여한다. 나는 한 사람의 작가일 뿐 아니라 한 사람의 중국인이다. 그렇기에 이 정책이 내게 지극히 타당하다는 사실을 인정하기 때문이다"라고 루쉰은 논문의 도입부에서 잘라 말한다. 더구나 "내가 이 통일 전선에 참여한다고 한들 나는 붓 한 자루를 사용할 뿐이며, 내가 할 수 있는 일은 문장을 쓰고 번역하는 정도겠지만, 만약 이 붓에 쓰임새가 없다면 다른 무기를 들고 일어서더라도 쉬마오용 무리에 전혀 뒤지지 않을 자신이 있다"고 단언한다.

루쉰이 이처럼 정치적 견해를 명쾌하게 드러낸 것은 음영陰影이 많은 그의 문학관에 비춰 보면 이례적이다. 그는 사색을 거쳐 이렇듯 명쾌한 정치적 견해를 얻은 것이 아니다. 인간을 떠난 사상 자체, 추상적 사유와 관념은 56년의 생애 동안 한 차례도 그를 움직인 적이 없다. 그가 "지금 중국의 혁명적 정당"이 제창한 항일 통일 전선의 정책을 "조

루쉰의 죽음에 대하여

건 없이" 지지할 만큼 신뢰하는 것은 그 정당의 강령과 정책에 공명해서가 아니라, 1934년 "소련의 존재와 성공은 당신에게 어떤 의미인가"라는 물음에 "나는 이미 낡은 사회의 부패를 통감하고 있다. 나는 새로운 사회가 오기를 희망했지만 '새로운 사회'가 어떠한 것인지를 몰랐고, '새로운 사회'가 도래한다고 반드시 좋아질지도 자신할 수 없었다. 10월 혁명 이후에야 '새로운 사회'의 창조자가 무산 계급임을 알았지만, 자본주의 각국의 반대 선전으로 말미암아 10월 혁명에 대해 냉담하고 더구나 의구심을 품었다. 현재 소련의 존재와 성공으로 인해 나는 무산 계급의 사회가 반드시 출현한다는 확신을 갖고 회의를 완전히 걷어 냈을 뿐 아니라 큰 용기도 얻었다"(「국제문학사의 물음에 답함」)고 답한 것과 같은 사정으로, 즉 체험으로 그리되었던 것이다. 그리고 그가 사색과 체험을 통해 "중국의 혁명적 정당"을 신뢰했다는 것은 문학의 각도에서 그를 이해할 때 중요한 지점이다.

논쟁의 문제로 돌아가자. 쉬마오용에 대한 반박문에서 두 번째 요점은 "문예계의 통일 전선에 대한 태도"다. 루쉰은 말한다.

"나는 모든 문학자, 어떠한 당파에 속한 문학자도 항일의 구호 아래서 통일해야 한다는 주장에 찬성한다."

즉 루쉰은 문학자 사이에서 통일 전선을 결성하자는 데도 동의했다. 그렇다면 그는 왜 '문예가협회'에 참가하지 않았던가. 루쉰에 따르면, 애초 그가 통일을 제안했을 때 지금의 이른바 '지도자'들이 그 제안을 묵살하고 거꾸로 루쉰을 '통일 전선 파괴자'로 몰아갔기 때문이다. 그래서 '문예가협회'에 참여하기를 잠시 보류하고 그 무리가 어떻게 행동하는지를 지켜볼 작정이었다. "당시 나는 자칭 '지도자'부터 쉬마오용 같은 청년까지도 실은 의심스러웠다. 내 경험에 비춰 보건대 표면에는 '혁명'을 치장해 놓고 타인을 경솔하게 '내간內奸'이나 '반동분자', '트로츠키주의자' 내지 '한간漢奸'이라고 모함한다면 대체로 제대로 된 인간일 리 없기 때문이다."

누가 통일 전선을 처음으로 제창했던가, 그동안 어떤 복잡한 사정이 있었던가. 당시의 문단 사정에 어두운 나는 알지 못한다. 그러나 '문예가협회'와 '문예공작자'의 대립이 단순히 조직 문제로 인한 대립은 아니며, 설령 조직 문제의 대립이 있었다고 하더라도 그 안쪽으로는 바닥 깊숙이 뒤얽힌 문제가 존재했을 것임은 상상할 수 있다. 문단이라는 사회는 일반 사회와 다를 바 없이 권모술수가 횡행한다. 권모술수가 본질적 움직임을 가리는 일이 드물지 않지만, 본질적 움직임은 권모술수가 뒤덮는다고 사라지지 않는다. 루쉰은 "자칭 '지도자'부터 쉬마오용 같은 청년까지"를 미워했지만, '문예가협회'에 맞서 다른 당파를 세운 까닭이 그저 통일 전선의 주도권 문제나 뒤얽힌 개인감정 탓은 아닐 것이다. 오히려 루쉰의 경우에는 개인감정조차 '사상'을 씻어 내는 경우가 잦다. 앞서 나는 루쉰의 정치적 견해가 '체험'에 근거해 확립되었다고 말했는데, 이와 깊은 관계가 있다. 그가 "중국의 혁명적 정당"의 호소에 "조건 없이" 응하면서도 조직의 문제로 '문예가협회'와 필사적으로 싸운 데는 따로 떼어 낼 수 없는 의미가 있었다고 봐야 한다.

물론 루쉰은 이러한 이유만으로 '문예가협회'를 비난한 것이 아니다. "'문예가협회'에 대한 나의 태도는"이라며, 루쉰은 말한다. "나는 그것을 항일 작가 단체라고 인정한다." 그리고 루쉰에 따르면 그 항일 작가 단체에는 다음과 같은 결함이 있다.

"'문예가협회'조차 그러하다면, 문예계의 통일 전선은 성공할 수 없다." 왜냐하면 "모든 당파의 문예가를 하나로 묶지 않았"기 때문이다. "'문예가협회'에는 여전히 종파주의와 길드적 형태가 지극히 농후한 데 그 원인이 있다."

"나는 생각한다. 항일의 문제를 두고 문예가는 무조건 연합해야 한다. 그가 한간이 아닌 이상, 항일을 희망하고 거기에 찬성하는 이상." "하지만 문학의 문제에 관해서라면 우리는 역시 서로를 비판해도 지장은 없다."

"나는 다음과 같이 말해야 한다고 생각한다. 작가는 '항일'의 깃발 혹은 '국방'의 깃발 아래서 연합해야 한다. 하지만 작가는 '국방문학'의 구호 아래서 연합해야 한다고 말해선 안 된다. 왜냐하면 작가에 따라서는 '국방을 주제로 한' 작품을 쓰지 않아도, 역시 각 방면에서 항일의 연합 전선에 참가할 수 있기 때문이다."

루쉰은 주로 이상의 이유로 '문예가협회'를 비판했다. 즉 그는 두 가지 점에서 '문예가협회'를 문제 삼았다. 한 가지는 종파주의, 한 가지는 정치주의적 편향이다. 루쉰의 견해는 지당하다. 분명 '문예가협회'

는 결함이 많았다. 그 결함으로 인해 모임 내부에서도 서로가 서로를 비판했으며, 궈모러⁴처럼 "국방문예는 작가 관계 간의 기치旗幟이지 작품 원칙상의 기치가 아니다"라는 점을 인정하는 이도 있었다. 그 결함은 해결해 나갈 수 있는 결함이다. 만약 결함을 따진다면, '문예공작자'인들 상대에게 비좁은 문이 아니던가. 구국이 민중의 일치된 요구이며 항일 민족 전선의 통일이 정치적 요청이라면, 조직 내부에서 결함을 해결해 나가는 대신 서로를 종파주의라고 몰아세우거나 구호를 두고 다투려고 별도의 조직을 만들 필요가 있겠는가. 물론 필요치 않을 것이다. 겉보기에는 지당한 이론적 대립이지만, 그것은 루쉰이 분쟁하는 진정한 이유를 보여 주지 못한다.

쉬마오용에 대한 논박문에 두 달 앞서, 루쉰은 병상에서 「우리의 현 시기 문학 운동을 논한다」는 구술을 발표했다. 이 글은 '문예공작자'의 실질적 선언이었는데, 도입부에는 이런 구절이 나온다.

"'좌익작가연맹'이 수년간 지도하고 또 투쟁해 온 것은 무산 계급의 혁명 문학 운동을 위해서다. 이 문학과 운동은 일관되게 발전하고 있으며 지금은 더욱 구체적이고 더욱 투쟁적으로 민족혁명전쟁의 대중 문학으로 발전했다. 민족혁명전쟁의 대중 문학은 무산 계급 혁명 문학이 한 걸음 발전한 것이며, 현 시기에서 무산 계급 혁명 문학이 진실해지고 보다 광범위해진 내용이다. 이런 문학은 현재 이미 존재하며, 그 기초 위에서 실제 전투 생활을 통해 더욱 육성되어 확실히 만

---

4   궈모러郭沫若(1892~1978): 시인이자 사학자. 낭만주의 문학 단체인 창조사를 결성하고 국민
      혁명군의 북벌에 정치부 비서차장으로 참가했다. 저서로 『중국고대사회연구中國古代社會研
      究』, 『여신女神』, 『측천무후則天武后』 등이 있다.

루쉰의 죽음에 대하여

개하려 하고 있다. 그러니 새로운 구호가 나온 것을 혁명 문학 운동의 멈춰섬 내지 '막다름'으로 간주해서는 안 된다. 이 새로운 구호는 결코 파시즘에 반대하고 모든 반동에 반대하던 종전의 피로 물든 투쟁을 중지하려는 것이 아니라 이 투쟁을 더욱 심화, 확대하고 더욱 실제화하고 더욱 세밀화하려는 것이며, 투쟁을 항일抗日 반한간反漢奸의 투쟁으로까지 구체화하여 모든 투쟁을 항일 반한간 투쟁이라는 전체에 합류시키려는 것이다. 또한 그것은 결코 혁명 문학이 계급적 지도의 책임을 버리는 것이 아니라 전 민족이 계급과 당파를 불문하고 일치단결해 외래 침략자에 반대하며 투쟁하도록 그 책임을 더욱 무겁게 하고 더욱 확대하려는 것이다. 이 민족적 입장이야말로 진정한 계급적 입장이다."

이 글에서 루쉰은 무엇을 의도했던가. 그는 현재 항일 통일 전선이 지닌 문제를 역사적으로 기초 지으려 했다. 즉 "우리는 결코 오늘 처음으로 구망국존 운동의 중요함을 발견한 것이 아니다"라는 '문예공작자' 선언의 의미를 설명한 것이다. '문예공작자'가 '좌익작가연맹'의 발전이며 '민족혁명전쟁의 대중 문학'이 좌익 혁명 문학의 확충된 내용임을 주장하여, 누가 진정 현재의 항일 통일 전선을 짊어지고 있는지를 분명히 밝힌 것이다. 그리하여 "자칭 '지도자'부터 쉬마오용 같은 청년까지"에 대한 미움의 감정이, 문단의 헤게모니를 둘러싼 분쟁을 겪으며 그들을 업신여기게 된 개인감정이 아님을 증명하고 있다.

1931년 9월의 만주 사변滿洲事變, 1932년 1월의 상하이 사변上海事變으로 발단한 침략의 기세는 1935년 지둥冀東, 수이웬綏遠의 분할을 기하여

전에 없이 고조되었다. 그에 따라 항일을 위한 전선의 통일은 민중의 일치된 열망이 되어 나타났다. 그 열망의 격렬함이란 일찍이 항일에 반대한 자가 지금은 '한간'으로 몰릴까 봐 두려워 앞다퉈 전선의 통일을 외칠 지경이었다. 그 격렬함이란 일찍이 국민혁명 중이었던 1927년 "혁명은 아직 성공하지 않았다"는 쑨원[5]의 유촉을 거역하고 "혁명은 성공했다"며 적인 군벌에게 혁명을 팔아 치운 혁명 관료조차 "중국의 혁명적 정당"의 제창을 여지없이 승인해야 했을 정도였다.

그러나, 루쉰은 알고 있었다. 1931년 9월, 대일 출병을 청원하려 난징으로 걸어간 학생단을, 무기를 쥔 "훈련된 '민중'"(「중국 문단의 요괴」)을 보내 마중했던 혁명 관료가 1919년 5월 4일 항일 학생을 살해한 군벌 관료와 마찬가지로 다가올 항일전의 진정한 수행자가 아님을. 또한 루쉰은 알고 있었다. "'연합 전선'의 설이 나오자 과거 적에게 투항했던 '혁명 작가'들이 점차 '연합'의 선각자인 양 행세하고 있다. 열심히 적과 내통한 비열한 행위가 이제 와서는 '전진'의 훌륭한 사업이 되었"(「반하소집」)음을. 탄압이 두려워 혁명적 작가의 대중 조직인 '좌익작가연맹'을 배반한 '민족주의' 문학자가 민족주의의 올바른 내용인 민족혁명전쟁의 진정한 수행자가 아님을. 내적內敵에 대한 투쟁에서 아군을 배반한 비열한은 외적에 대한 투쟁에서도 아군을 배반할 위험

---

5 쑨원孫文(1866~1925): 혁명가. 1894년 일청전쟁 때 미국 하와이에서 흥중회興中會를 조직했으나 실패하고 1900년 후이저우 사건惠州事件을 일으켰지만 실패했다. 1905년 일러전쟁이 일어나자 도쿄에서 유학생 등 혁명 세력을 통합해 중국혁명동맹회를 결성했다. 1911년 귀국해 임시 대총통으로 추대된 그는 1912년 1월 1일에 중화민국을 발족했으나 이윽고 위안스카이袁世凱에게 정권을 넘겨주었다. 하지만 다시 중화혁명당中華革命黨을 창설해 광둥을 중심으로 정권 수립에 힘썼다. 러시아 혁명을 본받아 국민당을 개조해 공산당과 제휴(국공합작)에 나섰다. 그리고 국민 혁명을 추진하고자 북벌을 꾀했으나 뜻을 이루지 못한 채 "혁명은 아직 이룩되지 않았다"는 유언을 남기고 베이징에서 객사했다. 그의 정치적 이념은 『삼민주의三民主義』에 담겨 있다.

이 있음을. 무엇보다도 루쉰은 알고 있었다. 전선의 통일이 아무리 시급하더라도, 그럴수록 타협하여 겉보기만 그럴싸한 통일을 꾀한다면 진정한 통일을 저해할 뿐임을.

　루쉰은 그 모든 것을 알고 있었다. 루쉰은 사상으로서 알고 있던 것이 아니다. 육체로서 그 속에 몸을 던지는 '쩡쨔'로써, 문학자의 성실함을 건 행위로써, 전 생애에 걸친 자신의 체험으로써 알고 있었다. 1918년 「광인일기」를 썼을 때 그는 인간이 봉건 도덕에서 해방되어야 한다고 외치던 전사였다. 인간은 봉건 도덕에서 해방되어야 한다. 이리하여 그는 봉건 도덕의 지주인 군벌 관료와 필사적으로 싸웠지만, 그렇게 싸우던 중에 인간은 봉건 도덕만이 아니라 인간의 노예임으로부터도 해방되지 못했음을 깨달았다. "주인이 되어 모든 사람을 노예로 부리다가도 주인을 모시게 되면 노예로 자처한다"(「속담」)는 것을 깨달았다. "세상에는 두 종류의 인간, 압박자와 피압박자가 있다"(「중러의 문학 교류를 축하한다」)는 것을 깨달았고, 군벌 관료와 혁명 관료를 불문하고 모든 관료주의는 인간 자유의 적임을 깨달았다. "오로지 민혼만이 고귀하며, 그것이 발양되어야 비로소 중국에 진정한 진보가 있"지만 "관이 말하는 '민'과 민이 말하는 '민'"(「학계의 세 가지 혼」)이 같지 않음을 깨달았다. 그가 그것들을 깨달은 것은 『이십사효도』[6]에서 허위를 발견한 유년 시절의 기억을 평생 잊지 않고 아동물에서 어른의 부자연스러운 요구를 씻어 내고자 일관되게 노력했다는 사실이 드러내듯 본바탕의 변치 않는 성실함, "사람은 살지 않으면 안 된다"는 강인한 생활자로서의 신념 덕분인데, 이로 인해 지금 그는 '문예가협회'에서 한 가지 위험한 경향을 직시하고는 성실한 생활자로서 살아온

6　이십사효도二十四孝圖: 유교 성인 스물네 명의 고사를 소재로 효를 강조한 그림이다.

56년의 생애를 걸고 인간 해방에 관한 근본적 의문을 꺼내지 않을 수 없었던 것이다.

> "타민족의 노예가 된 고통을 붓과 혀로써 가르치는 것은 물론 잘못이 아니지만, 모두들 '그렇다면 우리처럼 자기 민족의 노예가 되는 편이 낫겠군'이라는 결론을 내리게 되지 않도록 특히 조심해야 할 것이다."(「반하소집」)

 루쉰의 강인한 생활 철학과 그로부터 격렬한 전투 정신이 태어나는 근거에 대해서라면 『루쉰』에서 다룬 적이 있으니 여기서는 생략하겠다. 그는 비열한 배신자를 용납할 수 없었을 뿐 아니라 배신자를 용납하는 자신도 용납할 수 없었다. 그가 "영원의 혁명가"(「중산 선생 서세 후 1주년」)라고 추모한 쑨원처럼 위대한 정치가였다면, 비열을 용납할 수 없는 자신 역시 조직할 수 있었을지 모르나, 그는 그처럼 위대한 조직자를 '영원의 혁명가'라고 추모함으로써 자신을 정치 안에서 깨뜨렸던 것이다. 혹은 깨뜨림으로써 문학가가 되었던 것이다. 그가 할 수 있는 일이란 어디까지나 적과 싸우는 것이었다.
 그리고 그에게 싸운다는 것은 자신을 표현하는 일이었다. 그는 자신의 문단 생활 18년 동안 그 싸움을 이어갔고 한 번도 물러서지 않았다. 반동의 바람이 거세져 집필이 금지되고 루쉰의 저작이 도서관과 출판사로부터 내쫓겼던 긴 시간 동안에도 그는 익명으로 원고를 쓰고 자비로 저작을 냈다. 많은 벗이 생을 빼앗겼고, 그는 살해된 친구들을 위해 추도문을 쓰고 유서를 출판했다. 적은 그를 당해 낼 수 없었다.

이제 한때의 적이 민족의 위기에 떠밀려 루쉰 앞에서 무릎을 꿇을 수밖에 없는 역사의 위대한 순간이 다가오고 있다. 문학자로서의 성실함을 살아 내면서, 이를 통해 한편으로는 민중의 바람에 답해야 하는 위대한 순간이 다가오고 있었던 것이다. 병상에 누워서도 그는 비겁자를 용납하지 않는 문학자로서의 긍지 어린 자신의 운명을 자각하고, 자연이 주는 마지막 기회를 자신이 사랑한 민중에게 바치는 날을 손꼽아 기다렸는지 모른다. 죽기 한 달 전, 그는 유서 형태로 발표한 '작품'에서 운명에 따르는 몰아의 기쁨을 토로했다.

"유럽인은 종종 임종 때 남이 너그럽게 용서해 주기를 바라며 자신도 남을 너그럽게 용서한다는 의식을 생각해 냈다. 나는 적이 많은 편이다. 만약 신식인 사람들이 물으면 나는 뭐라고 답할지 생각해 봤다. 그리고 작정했다. 그들이 증오하라면 하라지, 나 역시 한 사람도 절대 용서하지 않을 테니."(「죽음」)

고독한 영혼은 물처럼 조용히 민족혁명전쟁의 승리를 향해 돌격하는 민중의 대행진을 꿈에서 보고 있었는지 모른다.

1946년 8월

「후지노 선생」

마스다 와타루가 이와나미 문고에서 『루쉰 선집』을 번역해 출판하려고 작품 가운데 무엇을 골라야 할지를 루쉰에게 묻자, 루쉰은 선택이야 역자의 자유지만「후지노 선생」만은 수록해 달라는 바람을 밝혔다고 한다. 루쉰이 죽자 저널리즘이 진짜 후지노藤野嚴九郎 선생을 호쿠리쿠北陸의 시골에서 찾아냈을 만큼「후지노 선생」은 일본에서 유명해졌다. 루쉰은 그 정도로 후지노 선생을 경애했던 것일까. 그랬을 것이다. 그래서 후지노 선생의 사진을 서재에 걸어 두는 걸로는 모자라 반쯤은 후지노 선생과의 약속을 지키지 못했다는 오랜 울적함을 풀고 싶어 자전적 회상기 속의 한 편으로「후지노 선생」을 골랐을 것이다. 그리고 후지노 선생에 관한 한 문제는 거기에서 해결되지만, 그 해결과 관계없이 자신의 작품이 일본어로 번역된다고 하니 그 사실을 후지노 선생도 알게 될지가 마음 쓰였을 것이다. 루쉰이 생전에 후지노 선생의 건재함을 알지 못한 것은 우리로서도 유감이지만, 그것은 '후지노 선생'을 일본인의 대표로 꾸며 내어 '문화 교류'를 구가하려는 가증스러운 의도에서 비롯되는 유감이 아니다. 설령 후지노 선생의 건재를 루쉰이 살아 있는 동안 알릴 수 있었다 한들 그것만으로는 우리 측에서 문제가 해결되었다고 말할 수 없다.

루쉰의 회상기 속에서 등장하는 다른 인물들처럼 '후지노 선생' 역시 하나의 상징적 존재다. 후지노 선생과 헤어진 뒤 「후지노 선생」을 쓰기까지 루쉰은 긴 세월 동안 극악한 환경과 싸웠고 루쉰의 후지노 선생은 그 싸움을 거치며 루쉰의 내면에서 점차 위상이 높아지고 정화되어서야 완성된 인물이다. '후지노 선생'을 향해 드러낸 루쉰의 애정은 우리로서도 진정한 것이었음을 느끼게 되는데, 그 남다른 애정을 떠받친 것 혹은 반대로 애정이 떠받친 것을 문제 삼지 않고 '후지노 선생'을 향한 루쉰의 애정만을 거론한다면, 애정 자체도 올바로 이해하기 힘들 것이다.

후지노 선생은 「후지노 선생」 속에서 고립되어 있는 존재가 아니다. 신세를 졌다고 할 만큼 루쉰을 잘 보살펴 준 호인, 교실에서 후지노 선생을 노골적으로 헐뜯는 천진난만한 낙제생, 루쉰의 좋은 성적을 의심하는 학생 간사의 비열함을 루쉰과 함께 공격한 정의파, 그러나 그 정의파가 움직이는 발단이 된 익명의 괴롭힘 편지를 루쉰에게 건네 문제가 해결된 후에도 "중국은 약소국이다. 따라서 중국인은 당연히 저능아다. 60점 이상을 받은 것은 자기 힘이 아니다. 그들이 이렇게 의심하는 것은 무리가 아닐지 모른다"라며 루쉰을 슬프게 만든 소심한 학생 간사, 일러전쟁의 환등幻燈을 보며 갈채하고 그 환등의 한 장면에서 중국인이 첩자로 총살당하는데 그것을 "둘러싸고 구경하는 무리도 중국인"이며, 그것을 보고 있는 "교실 안에는 그 외에도 한 명, 내가 있"는 것을 아랑곳하지 않고 무심하게 갈채를 보낸 일반 학생. 후지노 선생은 그들 속에 있었던 것이다.

의학을 그만두고 앞으로는 문학을 하겠다며, '석별'이라 적힌 후지노 선생의 사진 한 장을 품고 센다이를 떠남으로써 루쉰은 이 굴욕에서 벗어났다. 짓궂은 사건뿐이라면 루쉰은 센다이를 떠나지 않았을지 모른다. 그러나 거기에 환등 사건이 겹쳐지자 루쉰은 떠나는 수밖에 없었다. 떠나는 것은 루쉰으로서는 문제의 해결이며,「후지노 선생」의 독자는 그렇게 납득한다. 하지만 루쉰이 이 해결을 얻기까지는, 즉「후지노 선생」을 작성하기까지는 굴욕이 사랑과 증오로 또렷하게 승화되고 아울러 회고되기 위한 긴 생활의 시간을 치러야 했다. 그리고 루쉰이 작품 활동으로 센다이를 떠난 다음에도 천진난만한 호인, 소심한 학생 간사, 그리고 아마도 후지노 선생조차 루쉰이 센다이를 떠난 이유를 이해하지 못했으며 지금도 이해하지 못하고 있다. 그들만 이해하지 못한 것이 아니다. 무수한 루쉰의 무수한 센다이 퇴거를, 무수한 후지노 선생이 이해하지 못한 것이다.

다자이 오사무의 「석별惜別」은 이 문제를 해결하지 않는다. 「석별」속의 루쉰이 다자이식의 독설이며, 또한 루쉰의 사상과는 정반대이자 일부 일본인의 머릿속에나 있을 저급한 상식적 관념인 "공맹의 가르침"을 퍼뜨리고, 루쉰이라면 조소했을 '충효'의 예찬자로서 등장하는 내용 등은 작품과 작가가 지닌 제약을 감안해야 할 테니 굳이 따지지 않겠다. 다만 괴롭힘을 당한 사건과 환등 사건을 작가가 따로 처리하고, 그로 인해 환등의 도중에 루쉰이 자리를 떠난다는 식으로 가볍게 묘사한 점, 두 사건이 루쉰에게 타격다운 타격을 가하지 못한 점, 그로 인해 문학에 뜻을 품게 된 이유를 바깥에서 가져와야 하는 점, 학생 간사를 향한 미움이 확고하지 않아서 후지노 선생을 향한 애정이 낮은 데에 머무는 점, 따라서 결국 센다이를 떠나는 루쉰의 뒷모습이 떠오르지 않는 점 등은 지적하지 않을 수 없다. 루쉰이 겪은 굴욕에 대한 공감이 작아서 사랑과 미움이 분화되지 못했고, 그로 인해 작자의 의도여야 할 드높아진 애정이 이 작품에서 실현되지 못한 게 아닐까 싶다. 그리고 그것은 「후지노 선생」 속에서 비열한 학생 간사는 잊고 후지노 선생만을 담고 싶어 하는, 그 후지노 선생에게 '일본인' 혹은 '나'라는 옷을 입히고 싶어 하는, 일종의 착한 아이가 되고 싶어 하는 심정과 공통의 지반을 갖는 게 아닐까 상상한다.

루쉰이 사랑한 것을 사랑하려면, 루쉰이 증오한 것을 증오해야 한다. 루쉰을 센다이로부터, 따라서 일본으로부터 떠나게 만든 것을 증오하지 않은 채 루쉰을 사랑할 수는 없다. 루쉰은 말한다. "나는 내가 미워하는 자들에게 미움을 사기를 즐긴다." 나는 사랑으로 결정結晶을 이룰 만큼 강한 미움을 갖고 싶은 것이다.

1947년 3월

루쉰과 마오쩌둥

한때 '일본의 민주화'와 관련해 중공中共의 신민주주의가 문제로 부
상했다. 여전히 문제일지도 모른다. 아울러 '문학의 민주화' 내지 '문
학의 근대화'와 관련해 중공의 문화 정책 내지 마오쩌둥[1]의 문학론이
문제시되어, 문학자의 해석 방식이 문학 내부의 문제로서 논의된 시기
가 있었다. 그것은 지금도 이어지고 있다. 마오쩌둥은 우리 문학의 문
제로서 여러 입장으로부터 여러 각도로 조망되고 있다.

일본 문학의 관점에서 마오쩌둥을 바라보는 방식은 두 가지가 아닐
까 한다(물론 무관심한 경우는 논외다). 하나는 마오쩌둥의 문학론을 올바
르다고 받아들이는 것이다. 환경이 다르니 적용 방식이야 달라지겠지
만 전체적으로는 마오쩌둥의 정신과 방법을 포함해 그것을 전적으로
배우려는 것이다. 다른 하나는 다양한 이유에서 그것을 거부하는 것이

---

1   마오쩌둥毛澤東(1893~1976): 공산주의 이론가이자 정치가. 1931년 이래 중국 공산당의 지도
    자였으며 1949~1959년에는 중화인민공화국의 국가 주석을 지냈다. 국가주석을 사퇴한 이
    후에는 사망할 때까지 당 주석을 역임했다. 자신의 혁명 투쟁 경험을 바탕으로 연합 전선의
    상황 아래서 어떻게 혁명을 수행할 것인지를 『실천론實踐論』, 『모순론矛盾論』, 『지구전론持久
    戰論』 등의 저작에 담았다.

다. 다양한 이유 가운데 근본적인 것이라면 "마오쩌둥의 문학론은 정치주의로 편향되었다" 혹은 "마오쩌둥 문학론의 해석이 그렇다" 혹은 "적어도 오늘날 일본 문학의 문제로서는 그렇다"라는 견해인 모양이다. 그리고 이렇듯 견해가 대립하는 근본 원인은 마오쩌둥 문학론의 집약적 표현인 "문학은 정치에 종속된다"라는 한 구절에 있는 듯하다. 그리고 사람마다 이 구절을 다른 것과 연관시켜 해석하기에 루쉰에 대한 마오쩌둥의 평가가 문제시되는 모양이다. 즉 마오쩌둥은 루쉰을 정치적으로 활용하는 것이 아닌가, 마오쩌둥이 루쉰에게 경도된 것이 정치적 의도에서 기인하지는 않더라도, 최소한 그의 문학론 내지 문화 정책에서는 정치적으로 활용되고 있는 것이 아닌가, 그것은 마오쩌둥이 위대한 정치가임을 입증하지만 문학 내부의 문제로서는 잘못이 아닌가, 정치적 해석을 문학 내부로 반입한다면 혹은 문학의 문제를 정치적으로 조립한다면 문학에서 인간의 제약 없는 발전을 구속해 문학의 근대화를 훼손하는 것이 아니겠는가라는 여러 의심이 있는 듯하다.

마오쩌둥의 문학론은 마오쩌둥의 입장을 생각한다면 올바를 것이다. "문학이 정치에 종속된다"는 말은 정치가 문학 바깥에서 문학에 명령한다는 의미일까. 마오쩌둥의 「현 단계에서 중국 문예의 방향」을 꼼꼼히 읽어 보면 그렇지 않음을 알 수 있다. "문학이 정치에 종속된다"라 함은 문학이 구체적인 역사 세계의 소산이며, 자아실현으로서 무한히 개체를 넘어서는 문학의 영위 자체가 역사적·사회적으로 제약되고 있다는 것, 더구나 그 제약을 박차고 나아갈 때 문학은 문학일 수 있으며, 그 문학을 성립시키는 포괄적 장소로서 정치가 존재한다는 의미라고, 나는 생각한다.

내 표현으로는 부족하지만(마오쩌둥의 문학론에 대해서는 다키자키 야스노스케[2] 씨가 「신문학의 정치성과 예술성」에서 일반적 형태로 해설하고 있다. 미야모토 유리코[3] 씨의 「세계관에 대하여」 등도 이 문제를 다루고 있다) 내가 부족한 표현으로 그려 내고자 한 것을 마오쩌둥은 명확한 표현으로 밝히고 있다. 무한하게 살아가려는, 개화하려는 문학의 힘을 바깥에서 내리누르려고 하지는 않는다. 오히려 주춤거리는 문학에 가까이 다가가 왜 성장하지 않는지, 이쪽으로 가야 성장할 수 있다며 보살피려는 듯이 보인다. 문학의 성장을 방해하는 장애물을 치우려는 진지한 기백이 느껴진다. 즉 그는 어디까지나 문학적이다.

그러나 나도 마오쩌둥의 문학론에 의문이 가는 대목이 있다. "문예비평에는 두 가지 표준(원어일 것이다. 일본어로 옮기면 규준에 해당될 것이다)이 있어 한 가지는 정치적 표준이며, 다른 한 가지는 예술적 표준이다." "모두 정치적 표준을 첫째로 두고 예술적 표준을 둘째로 둔다"는 대목이 그렇다. 보기에 따라서는 수년 전 일본에서 일어난 예술 가치와 정치 가치의 이원론을 떠올리게 하는 문구다. 나는 마오쩌둥이 "예술에 정치 가치 따위는 없다"라는 일갈로 건너뛰는 어리석은 주장을 꺼냈다고는 생각하지 않는다. 이 대목은 앞뒤를 잘 살펴서 판단해야 한다.

전후 맥락을 살펴보고 아울러 그 발언이 등장했던 때와 장소도 고려한다면, 그것은 온전한 존재인 예술을 의식의 내부에서 분열시키는 주

---

2   다키자키 야스노스케滝崎安之助(1914~1980): 문학가이자 평론가. 1939년 도쿄제국대학 독문과를 졸업하고 나서 좌익문학운동에 가담했으며, 전후 '신일본문학회'에 가입하고 『인민문학』에도 참여했다. 저서로 『현실로부터의 문학現実からの文学』, 『정감의 차원과 창조주체情感の次元と創造主体』 등이 있다.

3   미야모토 유리코宮本百合子(1899~1951): 소설가. 1930년대 프롤레타리아 문학 운동의 패배기에 방황하는 작가들을 지탄한 「겨울을 난 꽃봉오리冬を越す蕾」 등의 평론을 쓰고, 전시하에 『유방乳房』, 『삼나무 울타리杉垣』 등의 작품으로 파시즘에 대한 저항 자세를 견지했다.

루쉰과 마오쩌둥

관주의도, 예술 이외의 것을 예술로 반입하는 정치적 편향도 아님을 알 수 있다. 그는 실로 문학을 적으로부터 지키기 위해, 문학의 순수함을 감싸기 위해 그 주장을 꺼냈다. 당시 중공은 밖으로부터의 침략과 안으로부터의 관료 독재라는 내외의 적과 싸우고 있었다. 전쟁은 모든 것을 정치적으로 만든다. 침략자는 침략을 위해 예술을 이용하고, 더구나 저항하지 않는 예술은 저항하지 않기에 침략에 이용당한다. 우리도 뼈저리게 겪어 봤다. 마오쩌둥이 거론한 두 명의 문학자, 저우쭤런과 장쯔핑[4]은 정치 일반을 거부했기에 적의 정치에 봉사한 꼴이지 않았던가. 마오쩌둥은 문학이 문학으로서 성장하려면 적과 싸워야 하며, 그래야 보다 굳게 뿌리내려 성장할 수 있다는 것을 문학의 입장에서, 문학 옹호의 입장에서 논한 것이라고 나는 생각한다. 그리고 문학론을 철저하게 사고하던 오랜 기간(아마도 무척 오랜 기간이었으리라), 그는 루쉰이 살아 낸 고투의 생애를 떠올리며 격려를 받고 또 받았으리라고 생각한다.

마오쩌둥은 예사롭지 않을 만큼 루쉰에게 심취했으며, 더구나 루쉰을 바라보는 관점이 실로 문학적이었다. 마오라는 인간이 형성될 때 루쉰이 중요한 요소로서 더해졌다는 인상이다. 루쉰이 「광인일기」를 발표했을 때 마오는 베이징 도서관의 사서로 일하고 있었다. 「광인일기」의 발표에 조금 앞서 『신청년』에 익명으로 기고한 적도 있다. 마오쩌둥은 루쉰이 문학 인생을 시작하던 때부터 루쉰을 존경했고, 그 존경은 줄곧 이어지고 갈수록 깊어져 매사에 루쉰으로부터 격려와 교훈을 얻었던 듯하다. 그것은 루쉰이 쑨원에게서 얻은 교훈보다 컸을지

---

4 장쯔핑張資平(1893~1959): 작가. 창조사의 설립자 가운데 한 명이다. 청년들의 자유연애 추구, 봉건 도덕으로 인한 구속 상태 등을 작품으로 표현했다. 『충적기화석沖積期化石』, 『청춘靑春』, 『홍무紅霧』 등의 작품을 남겼다.

모른다. 루쉰은 전진했다. 마오쩌둥도 전진했다. 루쉰은 문학에 무한의 고양을 요구했으며, 현 상황에 만족한 적이 없다. 그는 단 한 번도 쉬지 않았다. 끝없이 영원히 걷는 유대인 아하스베루스[5]에게서 자신의 분신을 보기도 했다. 마오 또한 그의 이상을 위해 현 상황을 계속 깨부쉈다. 지금도 마찬가지인 듯하다. 무서우리만큼 현실주의적인 이상주의자라는 점에서 둘은 닮았다. 루쉰이 죽자 많은 청년이 울었다. 가장 진심으로 울었던 한 사람은 마오였을 것이다.

　루쉰은 죽기 직전에 유서 형태로 쓴 글에서 자신이 죽거든 기념 같은 걸 하지 말라고 경고했다. 그것은 루쉰이 "쑨원이 죽어도 굳이 기념할 필요가 없다. 일찍이 존재하지 않았던 중화민국이 존재하며, 그것을 발전시키는 것이 가장 큰 기념이다"라고 말한 것과 조응한다. 루쉰이 죽자 마오쩌둥은 루쉰의 이름을 단 도서관과 학교를 옌안延安에 세우자는 안건을 발의했다. 만일 루쉰의 뜻을 따를 마음 없이 발의한 것이라면, 정치적 이용일 테며 루쉰이 혐오하고 멸시한 속물로 전락하는 짓이다. 그러나 스노우Edgar Snow가 묘사한 그의 일상생활에 보이는 소박성, 성실성, 진정성(그것은 루쉰의 소박성, 성실성, 진정성과 정확히 포개진다)은 그 혐의를 깨끗이 지운다. 그는 루쉰을 존경한 나머지 그리하지 않을 수 없었던 것이리라.

　마오쩌둥은 루쉰을 추억한 강연에서 세 가지를 높게 평가했다. 첫째, 정치적 안목, 둘째, 투쟁 정신, 셋째, 희생정신. 나는 제대로 봤다고 생각한다. 루쉰 연구자의 한 사람으로서, 나는 이처럼 간결하고 정확하게 루쉰을 평가하는 일은 루쉰을 매우 깊게 응시하고 문학을 음미하

5　하스베루스Ahasverus: 예수가 골고다 언덕으로 십자가를 지고 가다가 잠시 쉬어 가려 하자 욕설을 하며 쫓아낸 죄로 최후의 심판 때까지 죽지 않고 세상을 유랑하게 되었다고 한다.

고 육체의 바닥으로부터 그 단언을 퍼 올릴 만큼 생활의 체험이 풍부한 사람이 아니고서야 어렵다는 사실을 절감하고 있다. 마오는 루쉰을 "중국 최고의 성인"이라고까지 상찬한다. 그리고 "공산당 조직에 속한 사람은 아니지만 루쉰의 사상, 행동, 저작은 모두 마르크스주의화되어 있다"라고 평가한다. 정작 루쉰은 한 번도 자신이 마르크스주의자라고 선언한 적이 없지만 말이다.

루쉰은 문학에 한없이 높은 것을 요구했다. 그리고 한 걸음 또 한 걸음 그곳으로 향하려 노력했다. 진보를 방해한다면 누구든 용납하지 않았다. 적을 용납하지 않았을 뿐 아니라 아군도 용납지 않았다. 자신도 용납하지 않았다. 그가 응석을 받아 주지 않자 불만스러워진 청년들이 그에게 등을 돌렸을 정도이다. 그러나 그는 청년들에게 가혹한 것을 요구하지 않았다. 그는 "다만 한 걸음을" 그러나 "한없는 한 걸음을" 요구했을 뿐이다. 그러나 청년들은 "갑자기 두 걸음"을, 즉 영웅주의를 바랐다. "지도자를 찾지 말라. 친구를 찾으라"고 루쉰은 말했다. "나는 지도자가 아니다"라고 그는 거듭해서 말했다. 그리고 세상의 지도자를 "나는 믿지 않는다"고 말했다. 그러나 청년들은 루쉰에게 지도자를 요구했다. 또한 그는 신분, 지위, 재산과 마찬가지로 추상적 논의나 간판을 중시하지 않았다. "나는 『자본론』을 수중에 둔 적이 없습니다"라고 말했다. 여기에는 과장이 보태졌을지도 모르지만 『자본론』이라는 간판을 신용하지 않았음을, 신용하지 않는 것에 확신이 있었음을 알 수 있다. 그 말에 이어 "중국만으로 충분합니다. 그것도 현재의 중국만으로"라고, 그는 웃으며 말했다. "진실이면 충분합니다. 그 밖에는 굳이 필요하지 않습니다"라고도 말했다. 그는 "표지에 기마騎馬의 영웅을 그린" 혁명 문학 잡지를 미워하고 "주먹을 머리보다 크게 그린" 프롤레타리아 화가를 미워했다.

마오쩌둥은 그 모든 것을 이해했기에 존경을 바쳤다고 생각한다. 마오 또한 간판을 신용하지 않는 데 확신을 가진 자다. 그리고 "진실만으로 충분한" 사람이다. 그리하여 그는 루쉰을 인간적으로 보고 루쉰의 고투에 감동하며, 『자본론』을 읽지 않은 루쉰을 '마르크스주의적'이라고 평할 수 있었으리라. "나는 낡은 인간이다"라고 루쉰은 말했다. "따라서 낡은 사회의 나쁜 구석을 잘 알고 있다"고 말했다. 그는 몸소 낡은 사회를 멸하려 했다. "미워하는 자를 위해 산다"는 그의 사상이 거기서 생겨났다. 마오쩌둥은 그 점을 간파했다. 루쉰은 개체를 부정함으로써 개체를 넘고 계급을 넘고 역사를 넘었다. 마오는 그 점을 자신의 절실한 체험으로 알고 있었다. 스스로 리리싼 노선과 악전고투한 바 있는 마오쩌둥은, 1930년 전후로 루쉰이 자신을 쁘띠부르주아로 매도하는 혁명 문학파와 타협 없이 악전고투를 벌인 결과 좌련을 단결시킬 수 있었음을 누구보다 잘 알고 있었을 것이다. 루쉰을 평가하고자 마오쩌둥이 꺼낸 세 가지 표현은 그대로 마오쩌둥을 평가하는 말로 쓰일 수 있을 것이다.

마오쩌둥이 문학을 얼마나 깊게 이해했는지를 알게 된다면, 그가 옌안의 작가들에게 서재에서 나와 민중 속으로 들어가라고 권한 의미도 헤아릴 수 있을 것이다. 그것은 전쟁 중에 일본 정부가 문학자에게 명령했듯 폭력으로 문학을 굴복시키려는 자포자기적인 혹은 교만한 태도가 아닐 것이다. 마오는 문학을 사랑했다. 너무도 깊이 사랑했다. 그러므로 문학에 높은 것을, 보다 높은 것을 요구했다. 옌안에는 딩링[6]과

---

6   딩링丁玲(1904~1986): 작가. 초기에는 인습에서 벗어나려는 젊은 중국 여성들을 주로 조명하다가 중국 공산당과 긴밀하게 관계하면서 프롤레타리아 계급을 다룬 작품들을 써냈다. 농촌 생활을 바탕으로 한 『태양은 상거하를 비추네太陽照在桑乾河上』는 대표적인 프롤레타리

샤오쥔이 있었다. 그들은 일본 저널리즘의 표준에서 보건대 과거에 상당히 높은 수준의 작품을 써냈다. 그러나 그들은 저널리즘에 응석 부릴 마음이 없었고, 마오쩌둥도 그들이 응석을 부리도록 두지 않았다. 문학을 깊이 사랑한 마오는 문학의 현 상황에 만족하지 않고 보다 높은 것을, 보다 어려운 것을 그들에게 요구했다. 그는 "루쉰을 보라"고 말했다. 그것은 "인민을 보라"와 동의어다. 루쉰은 정치를 넘어섰다. 문학은 정치를 넘어서야 할 것이다. 넘어서야 할 것으로서 정치를 "알지 않으면 안 된다." 알아야 자유로워질 수 있다.

　마오는 문학이 성장하는 힘을 내리누르지 않았다. 그러나 마오의 적은 문학을 내리누르려 하고 있다. 전중戰中과 전후戰後, 국내와 국외를 불문하고 그렇다. 마오뚠[7]은 항전 중의 문예에 성적을 매기며 향후의 동향을 생각하는 글에서 그 사정을 말하고 있다. 항전 후의 문예 역시 주요 임무는 여전히 대외적으로는 제국주의로부터의 독립, 대내적으로는 민주의 획득이며, 이 큰 목표 위에서 문예의 개별 문제를 논해야 한다고, 그는 말하고 있다. 마오뚠은 마오가 말하는 "당 조직 내의 사람"이 아니다. 그러나 그의 의견은 마오의 의견과 모순되지 않았다. 그리고 그야말로 대작인 『단풍은 2월의 꽃처럼 붉다霜葉紅似二月花』(제1부에만 여러 가족, 60명 이상의 인물이 서로 얽히며 등장한다)를 써내고 있는 유능한 낭만 작가다.

　나는 옌안의 작가들이 마오쩌둥의 비판을 어떻게 받아들였을지를

아 소설로 추앙받는다.

7　마오뚠茅盾(1896~1981): 작가. 마르크스주의가 요구하는 계급성과 역사적 전망을 치밀하게 결부한 작품을 남겼다. 중국 근대 문학의 최초 문학 단체인 '문학연구회'의 주요 발기인이며 혁명 운동에 가담하기도 했다. 1930년대 상하이를 배경으로 제국주의와 매판 자본의 협공 속에서 몰락하는 민족 자본의 운명을 그린 『새벽이 오는 깊은 밤子夜』은 중국에서 마르크스주의와 리얼리즘을 결합시킨 최초의 작품으로 꼽힌다.

상상해 본다. 마오쩌둥의 비판을 문학 바깥에서 가해진 강제라고는 생각하지 않았을 것이다. 그들은 낯부끄러웠을지 모른다. 자신에게 정나미가 떨어졌을지 모른다. 나라도 그리될 것 같다. 그러나 옌안에 없고 일본에 있는 내가 지금 같은 비판을 받더라도 같은 기분을 맛볼 수는 없을 것이다. 생각해 보면 정말이지 심각한 문제다.

루쉰은 철저하게 우상을 배척했다. 주인이 되는 것, 노예가 되는 것으로부터 몸부림쳐 벗어나고자 했다. 문학자에게 우상이란 '말'이다. 그는 말의 지배로부터 자유로워지고자 고투했다. 마오 또한 철저히 우상을 배척했다. 정치가의 우상은 '사상'이다. 그는 사상에 몸을 맡기지 않고, 그것을 넘기 위해 그것과 싸웠다. 실로 철저하게 그들은 자유인이었다. 자유인으로서의 자기를 밝혀 가는 과정이 그대로 민족의 역사가 된 듯한 사람들이다.

마오의 문학론이 "당 조직 내의 사람"이 아닌 내게도 울림이 있는 까닭은 그것이 '주인'을 두고 있지 않기 때문이다. 그것은 중공에서만이 아니라 내게도 진리, 보편적 진리다. 나는 노사카 산조[8] 씨의 「옌안에서의 민중 예술」이라는 강연(『문화혁명』 창간호)을 읽었다. 노사카 씨가 "정치가 제일이며 예술이 제이이니, 그런 고로 예술은 정치에 따라야 한다"고 말하는 것은 마오쩌둥이 "문학은 정치에 종속된다"고 한 의미를 곡해하고 있든지, 적어도 독자가 곡해할 위험이 있다고 생각한다. 그리고 "문학자는 일본인의 인간으로서의 성장을 결코 어떤 식으로도 제약해서는 안 되는"(나카노 시게하루[9], 「일본 문학의 문제들」)데도 일본공

---

8   노사카 산조野坂参三(1892~1993): 정치가. 1950년대 후반에서 1960년대에 걸쳐 일본 공산당에서 지도적 역할을 맡았다. 공산당이 평화적으로 의회 정치에 참여해 당의 혁명적 목표를 달성해야 한다고 주장했다.

9   나카노 시게하루中野重治(1902~1979): 소설가이자 평론가. 1929년 전일본무산자예술단체협

산당이 그렇게 제약한다고 트집 잡을 빌미를 반동 세력에게 내줄 여지가 있다. 이 오해를 불식시키지 않는다면, 일본에서 문학론이 바로 설 기반은 마련되지 않을 것이다.

1947년 7월

의회 결성에 중심적 역할을 했으며 프롤레타리아 문학과 전후 민주주의 문학의 대표적 작가로 꼽힌다. 『예술에 관해 갈겨쓴 메모芸術に關する走り書的覺え書』, 『노래의 헤어짐歌のわかれ』, 『사이토 모키치 노트齋藤茂吉ノォト』 등의 저작을 남겼다.

루쉰과 쉬광핑

루쉰 선생님

지금 이 편지를 쓰고 있는 저는 선생님의 소설사 수업을 들은 지 어느덧 2년째 접어드는 학생입니다. 일주일에 한 번뿐인 선생님의 강의 시간이 오기를 손꼽아 기다리며 맨 앞줄에 앉아서 때로는 당돌하고 거침없이 질문하던 왜소한 학생입니다. 이렇게 편지를 쓰게 된 것은 지금까지 가슴에 쌓아 두었던 수많은 의혹과 회의감을 더 이상 참을 수가 없기 때문입니다.

루쉰이 쉬광핑許廣平에게서 첫 편지를 받은 것은 1925년 3월 11일, 루쉰이 45세 때였다. 38세에 첫 작품 「광인일기」(그것은 최초의 근대 문학 작품이었다)를 쓴 그는 그때까지 「쿵이지」, 「고향」, 「아Q정전」과 「축복」을 발표했고 또한 산문시나 고유한 에세이를 통해 베이징 문단(남방에서 새로운 문단이 형성되고 있었지만, 문학 혁명을 주도했던 베이징 문단은 아직 와해되지 않았다)의 중심적 지위에 서 있었다.

작가로서 다채로운 활동을 펼쳤던 직후가 아니라 베이징대학과 여자사범대에서 소설사를 강의하고 『어사語絲』의 편집자로서 여러 학생과 일반 독자를 대상으로 계몽적 활동을 하고 있던 시절이다. 남방에서는 혁명의 물결이 서서히 고조되었지만, 베이징은 아직 문학 혁명이 세차게 일어나는 새 정신(봉건제에 맞선 휴머니즘의 싸움)의 수확기였다. 이후 각자의 방향으로 분화하는 세 명의 휴머니스트인 루쉰, 저우쭤런, 린위탕[1]이 『어사』라는 한 진영에 속해 공동의 적과 싸우던 때였다.

모든 봉건 도덕으로부터 인간 해방을 지향하던 '문학 혁명' 운동은 당연히 부권적 가부장제에서 약자인 여성과 아이를 해방하기 위해서도 노력했다. 입센의 『인형의 집』이나 요사노 아키코与謝野晶子의 『정조론』 번역이 이를 보여 준다. 쉬광핑 역시 그러한 신시대의 영향 속에서 등장했다. 제도 교육은 여성도 해방하고 있었지만, 새로운 형태의 인간은 아직 등장하지 않았다. 그들은 그것을 스스로 만들어 내야 했으며, 이를 위해 청춘의 넘치는 정열을 배출할 곳을 찾았다. 문학의 문제, 인생의 문제에 대해 자신의 사상을 자유롭게 발표하고 싶다는 욕구, 현실 문제와 부딪혀 자신을 확인하고 싶다는 욕구가 용솟음쳤다. 그리고 그 지지대로서 비판이라도 좋으니 반응이 있기를 원했다.

쉬광핑은 루쉰에게 그것을 요구했다. 루쉰은 쉬광핑을 여러 학생 혹은 여러 독자 중의 한 사람으로 대했다. 쉬광핑의 편지를 어느 미지의 독자로부터 받은 편지처럼 대했다. 즉 곧바로 답장을 썼다. 더구나 상

---

1 린위탕林語堂(1895~1976): 소설가. 신랄하게 사회를 풍자하는 다수의 작품을 남겼으며 세계 정부를 제창하기도 했다. 『인간세人間世』를 창간해 소품문小品文을 유행시켰으며 자유주의자로 불렸다. 미국에서 영어로 주로 집필했는데 『내 나라 내 민족My Country and My People』, 『베이징의 좋은 날Moment in Peking』, 『생활의 발견The Importance of Living』, 『폭풍 속의 나뭇잎A Leaf in the Storm』 등을 썼다.

대를 납득시킬 만큼의 생각을 담아 답장을 썼다. 루쉰은 답신을 쓴다는 엄격한 규칙 같은 것을 스스로에게 부과했던 듯하다. "실망은 크든 작든 괴롭다는 것을 나 스스로 겪어 왔기에, 내가 무언가 쓰기를 바라는 사람이 있다면 사상과 입장이 지나치게 다르지 않은 이상 펜을 들려고 노력하여, 다가오는 자에게 아주 자그마한 기쁨을 줘 왔다"고 그는 말한다. 답신도 상대를 실망시키지 않는 데 유익했으리라.

루쉰과 쉬광핑의 왕복 서간은 한 권의 책(『양지서兩地書』으로 묶였으며, 그것은 문학이 인생의 교사로서 어떤 의미인지에 관해 깊은 계시를 준다. 며칠 간격으로 편지와 답장이 오갔다. 쉬광핑은 수수한 성격이지만 내향적이며 정열적인 사람인 것 같다. 편지에서는 여성다운 이지理智와 그것을 찢어 버릴 만큼 끓어오르는 혈기를 볼 수 있다. 이 편지는 문학적 재능이 있는 젊고 우울한 영혼이 닫힌 사회 속에서 살짝 열린 창을 통해 신선한 공기를 한껏 들이마시고자 얼마나 애썼는지, 그리고 편지가 한 번씩 오갈 때마다 스스로도 의식하지 못할 만큼 얼마나 빠르게 성장했는지를 충실히 기록하고 있다.

편지에 사랑의 고백은 나오지 않는다. 서간집에서 빠졌을지도 모르지만(베이징에서 오간 편지는 1925년 7월에 끝난다), 나는 쓰지 않았으리라고 생각한다. 만약 루쉰이 베이징에서 계속 살아갔다면, 둘의 관계는 달라졌을지 모른다. 쉬광핑의 마음은 스승을 향해 빠르게 기울었고(루쉰의 신변을 섬세히 살피고, 그것을 거의 순진해 보일 만큼 드러낸다), 마침내 사제師弟의 벽을 넘으려 했지만 그 애정이 결실을 맺도록 이끌어 주는 계기가 밖에서 주어지지 않았다면, 루쉰은 아마도 사제의 벽을 넘는 일을 허락지 않았을 것이다. 그 계기는 바로 루쉰이 "민국 이래 가장 어두운 날"이라 부른 1926년 3월 18일의 사건, 즉 군벌 정부가 학생단을 향해 발포해 여자사범대의 자기 학생이 희생된 사건이다. 그것은 신구新舊의 대립이 절정에서 폭발한 반동 공세였다. 그 결과 진보적 교수단의 한 사람이었던 루쉰은 베이징을 탈출했다. 그리고 자유를 갈구해 남방으로 떠나는 탈주자 가운데는 일찍이 그의 학생이었으며, 지금은 루쉰에 의해 인간=여성으로 성장한 쉬광핑의 모습도 찾아볼 수 있다.

1926년과 1927년, 샤먼과 광둥에서 방랑했던 시기는 루쉰의 생애에서 중요한 전환기다. 그는 사상적으로도 생활면에서도 그리고 애정 문제에서도 깊이 괴로워했던 듯하다. 샤먼과 광둥 사이에서 오간 왕복 서간은 둘의 관계가 이미 사제의 벽을 넘어섰음을 보여 준다. 이때도 그 방향을 결정하는 계기는 밖에서 주어졌다. 1927년 4월 12일에 벌어진 국공國共 분열의 쿠데타를 겪으면서 루쉰은 정치적 폭력은 증오해 마땅하며, 군벌 관료와 마찬가지로 혁명 관료 역시 인간 자유의 적임을 깨달았다. 그는 아마도 그때 복수(일생에 거친 망명)를 결의했을 것이다. 그리고 그해 10월부터 상하이의 조계지에서 쉬광핑과 동거 생활을 시작했다. 3·18이든 4·12든 그가 필요로 했던 위기는 아니지만, 결국 그것들을 겪으며 그는 인간애를 심화하는 방향으로 나아갔다.

루쉰은 사상이 온건한 사람이다. 「노라는 가출하고 나서 어떻게 되었는가」(1923)라는 강연에서 그는 부인 해방을 위해서는 겉보기에 그럴 듯한 참정권 획득보다 경제권 독립이 근본적으로 중요하다고 말하며, 이를 위한 가장 안전하고도 확실한 수단으로서 앞으로 각자 친권親權을 활용해 자신들의 자녀를 해방하자고 권한다. 봉건제를 깨기 위해 봉건제 아래서 절대적이었던 친권을 활용하자는 취지다.

시어머니에게 구박당하는 며느리가 나중에 자기가 시어머니가 되었을 때 며느리를 괴롭히지 않으려면 지금을 똑똑히 기억해야 한다. 루쉰이 말하기에 "인간은 쉽게 잊기 때문이다." 한 사람의 노라라면 세상의 동정으로 살아갈 수 있겠지만, 100만 명의 노라라면 굶어 죽든지 타락하는 수밖에 없다. 루쉰은 그것이 견실한 길은 아니라고 본다. 이러한 자기희생과 반反영웅주의는 루쉰에게 거의 신조 같은 것이며, 스스로 택한 길이기도 했다. "나는 아무것도 두렵지 않다. 생명은 자기 것이다"라고 루쉰은 쓰고 있다. 그러나 청년들이 뭔가 이끌어 줄 만한 발언을 요청하면 "그건 힘들다"고 답한다. 루쉰은 청년들이 스스로 사지에 뛰어들까 봐 두려워했다. 더구나 청년이 흘린 피는 누구보다도 루쉰에게 육체적 고통과 자책의 마음을 심었다.

온건한 사상의 소유자인 루쉰이 점차 급진적 혁명 문학자로 성장해 간 것은 자기희생을 매개 삼아 그의 인간애가 적을 향한 미움을 키워 갔기 때문이라고 생각한다. 그리고 그 사정은 쉬광핑과의 관계에서 그가 취한 삶의 방법에서도 드러난다고 본다. 1927년 상하이에 정주해 1936년 사별하기까지 루쉰과 쉬광핑은 원만한 부부 생활을 영위했다. 파탄 같은 것은 한 번도 없었다. 서로에 대해 애정과 신뢰와 절도를 지켰던, 거의 이상적인 공동생활이었다. 나이가 스무 살 이상 차이 난다는 사실을 제외한다면, 적어도 표면적으로는 세상의 여느 행복한 한 쌍과 다를 바 없었다.

그 사이의 사정은 1929년 루쉰이 베이징으로 짧게 여행을 떠났을 때 주고받은 둘의 서간에서도 엿볼 수 있다. 여기서 쉬광핑은 내성적인 새댁의 모습이다. 여행지에 있을 남편의 건강을 염려하며 뜨개질을 하거나 남편에게 온 우편물을 정리하거나 일과표대로 독일어를 복습하고, 그러다가 늘 새벽까지 작업하던 남편이 자리를 비웠음에도 그 시각이 되면 습관적으로 눈을 뜨는 자신을 안쓰러워하고, 다시 그러한 일상의 자잘한 사건을 하루걸러 한 번 정도로 여행지의 남편에게 전하고, 역시 하루걸러 한 번 정도로 답장을 애타게 기다린다.

격정적이었던 학생 시절의 쉬광핑과는 딴사람 같다. 루쉰 역시 가정생활에 만족한 듯하다. 병상에 자주 눕게 된 만년에 작성한 글에서는, 아내로서 아이의 어머니로서 비서로서 또 간호사로서의 쉬광핑에게 절대적 신뢰를 보내는 구절들을 엿볼 수 있다. 쉬광핑 역시 그러한 루쉰으로부터 끊임없이 정신의 양식을 흡수했다는 것은 루쉰 사후에 작성된 추억의 문장이 증명한다.

'혁명가' 하면 '조직자'나 '당 생활자'를 연상하기 십상인 사람은 혁명적 문학자인 루쉰이 이처럼 평화로운 가정생활을 누렸다는 것이 의아할지 모른다. 어떻게 봐도 루쉰에게는 '당 생활자'와 같은 비인간적 생활, 혁명을 위해 애정마저 비인간적으로 뒤틀어야 했던 비참한 생활은 없었다. 그에게는 "집필이 직업이며 독서가 휴식"인 서재 생활이 있었을 뿐이다. 그러나 그것은 일신의 안온을 구하기 위함이 아니었다. 상하이 시절에도 3·18과 유사한 위기가 몇 차례 찾아왔다. "손으로 쓰기보다 다리로 도망치기에 바쁘다"는 유명한 표현(사실 함의가 복잡한 표현이다)이 등장한 1930년 전후의 대반동기에는 집필할 자유는 고사하고 살아갈 자유마저 잃을 뻔했다. 그 환경 속에서 타협도 침묵도 않고 작업을 이어 간다는 것이 얼마나 지난한지는 우리가 겪었던 전시기를 돌이켜 보면 알 것이다. 루쉰과 동시에 출발한 사람들(천두슈[2], 취

---

2   천두슈陳獨秀(1879~1942): 사상가이자 혁명가. 1916년 『신청년』을 발간하고 문학혁명을 주창하여 5·4 운동의 사상적 근거를 마련했다. 1917년 베이징대학 문과대 학장으로 후스와 함께 백화문을 제창하는 한편 유교 사상을 비판하는 글을 발표했다. 1921년 중국 공산당 제1차 전국 대회를 개최하고 중앙 서기에 선출되었다. 코민테른의 지시를 따라 중국 국민당

추바이[3] 등) 및 젊은 세대의 사람들(러우스[4], 딩링 등)의 운명에 비하건대 상처가 없는 것은 그와 궈모러 정도이다. 그가 테러를 면한 것은 거의 우연에 가깝다. 다만 크로체[5]가 무솔리니 치하에서 무사했다는 의미에서의 우연이다. 그는 위기를 피하지 않고 위기를 양식으로 살았다.

사람은 살아가겠다는 집착에서 벗어났을 때 진실로 살아갈 수 있다. 나는 "사람은 살지 않으면 안 된다"는 루쉰의 근본 사상을 이렇게 풀이한다. 그의 생활이 현실 생활을 탈각한 후에, 그의 문학이 문학을 부정한 후에 축적되었듯이 그의 애정 또한 무상無償의 행위라고 할 만한 성질의 것이 아닐까. 그렇지 않다면 그처럼 아름답고 맑은 결혼 생활이 불가능하지 않았을까 하는 의문을, 나는 갖는다.

여기서 쉬광핑과의 연애=결혼 생활에 그림자를 드리우는 그의 첫 번째 결혼이 문제가 된다. 루쉰은 스물두 살부터 스물아홉 살까지 일본에 유학했는데 그 사이, 1906년 센다이의 의학교에 있던 스물여섯 살 때 한 차례 귀향하여 "산인山陰의 주 여사"와 결혼했다. 그리고 곧바로 일본으로 돌아와 이후 의학을 그만두고 문학으로 옮겨 갔다. 이 점

과 합작했으나 1927년 국공합작이 깨지자 총서기직에서 축출당했다.

3 취추바이瞿秋白(1899~1935): 공산당 지도자. 1927년 공산당 총서기가 되었다. 그는 도시를 점령해야 승리할 수 있다는 천두슈의 주장을 계승했다. 그러나 공산당원이 일으킨 광저우 봉기가 사흘 만에 국민당에게 분쇄되자 난관에 부딪혔다. 그 결과 그는 '좌익 편향주의자'라는 비판을 받고 모스크바로 소환되었다. 저서로 『다여적화多餘的話』, 『아향기정餓鄕紀程』, 『적도심사赤都心史』 등이 있다.

4 러우스柔石(1901~1931): 작가. 신문학 운동에 참가하다가 백색 테러로 살해당했다. 『구시대의 죽음旧時代之死』에서는 애정 문제로 고민하는 젊은이를, 『이월二月』에서는 격동의 시대에 퇴락하는 지식인을, 『노예가 된 어머니为奴隶的母亲』에서는 빚에 팔려 남의 집 자식을 낳아 준 어머니를 그려 냈다.

5 베네데토 크로체Benedetto Croce(1866~1952): 철학자. 파시즘 시대에 정부에 대한 협력을 거부하고 반파시스트 지식인의 의견을 대변했으며 망명·추방·투옥된 파시즘 반대자들을 도왔다. 전전戰前에는 월간지 『비평La Critica』을 발행했으며 제2차 세계 대전 후에는 자유당을 지도했다.

은 '연보'에 기재되어 있으니 틀림없는 사실일 것이다. 그러나 그의 자전적 글에서 '주 여사'에 관한 내용은 전혀 나오지 않으며, 결혼해서 아내가 있다는 사실을 짐작케 하는 문구조차 발견할 수 없다. 상대적으로 자기 이야기를 털어놓지 않는 루쉰이지만, 그렇다 해도 이것은 이상하다.

소설 『고향』은 1919년 말, 그가 고향 집을 정리하고 가족을 베이징으로 데려갔을 때의 체험에 근거하고 있는데, 거기서는 모친만 언급될 뿐 모친과 더불어 당연히 묘사되어야 할 '아내'는 말살되어 있다. 그것은 작품의 필요에 따른 말살이 아니라 명백히 고의적인 말살이다. 루쉰은 내심의 고뇌가 있을 때 그것이 깊을수록 섣불리 언어로 꺼내지 않는 사람이다. 안이한 고백의 형태로는 문장을 쓰지 않는다. 무언가에 대해 그가 쓰지 않는다는 것은 그 타격이 그만큼 크다는 뜻이다. 고백해서 가벼워져야 할 텐데, 그의 죄의식은 너무도 깊다. 비교할 수 없는, 거의 종교적인 자기희생의 근원이 거기에 있지 않나 싶다.

그의 첫 번째 결혼에 관해서는 그것을 연구한 전기가 아직 나오지 않았으니, 나는 그의 문학의 각도에서 그것을 상상하는 수밖에 없다. 내가 상상하건대 불행한 결혼이었다. 아마도 가문과 가문을 잇는 인습적 결혼이었으며, 루쉰은 주어진 아내에게 애정을 느끼지 않았다. 형식적 결혼일 뿐, 부부 사이에 정신적 유대는(육체적 유대도) 없었다. 내가 가진 자료만으로는 기질적으로 정의관이 강한 루쉰이 왜 허위의 결혼을 감수했는지를 제대로 파악하기 힘들지만, 그가 몰락한 집안의 장남이고 어머니를 부양할 의무가 있으며 극진히 사랑했던 점, 그리고 그 밖의 여러 조건이 더해졌으리라고 막연히 짐작해 본다. 네 살 연하인 남동생 저우쭤런이 도쿄에서 연애결혼을 했다는 점을 감안한다면,

이 결혼이 루쉰이 원한 게 아니었음은 분명해 보인다. 사상이 전혀 다르고 구습에 매인 여자인 '주 여사'를, 루쉰은 사랑할 수 없었을 뿐 아니라 미워했으리라고 나는 생각한다. 상대를 사랑하는 일을 그 자신에게 허락할 수 없었기 때문이다. 그렇다고 이혼할 수도 없었다. 낡은 여자에게 이혼은 사형 선고나 다름없기 때문이다. "나는 낡은 인간이니 낡은 것의 나쁜 점을 잘 알고 있다"고 그가 말할 때, 그는 자신의 결혼도 떠올리고 있었을 것이다.

나는 루쉰이라는 인간의 이미지를 그려 볼 때, 풍랑 없이 잠잠한 대해大海 같은 것을 느낀다. 조화를 이룬 모순 덩어리, 그 자체가 앙시앙 레짐인 신新정신, 루쉰은 그런 존재가 아니었을까. "구도덕에 따르든 신도덕에 따르든 자신이 손해를 보고 남이 득을 본다면, 그는 그런 일을 도맡았다"며, 루쉰은 비명에 떠난 젊은 벗을 애도한 바 있는데 그 말은 루쉰에게도 그대로 바칠 수 있을 것 같다. 만일 문학 혁명이 일어나지 않았다면 루쉰은 고전 연구 속에서 생애를 보냈을 테며, 만일 외부 사건이 일어나 그와 쉬광핑을 묶어 주지 않았다면 루쉰은 인습 속에서 결혼 생활을 보냈을지 모른다. 어느 경우건 그는 바깥의 계기로 움직이고 있다. 그러나 결과로 미루어 보자면, 십 년간 이어진 칩거가 문학 혁명의 폭발을 준비했듯 인고의 결혼 생활이 올바른 결혼을 준비했다고 생각되는 면이 있다.

위기는 밖에서 오지만, 그는 그것을 안에서 맞이했다. 쉬광핑과 동거를 시작했을 때 루쉰은 마흔일곱이었다. 그와 나이 차가 크지 않았을 첫째 아내는 낡은 여자이니 새로운 모험보다 여생의 안온을 바랐을 것이다. 시집살이를 천직이라 믿어 남편이 바깥에서 일하려고 아내를 새로 들이는 것을, 낡은 사회의 관례에 익숙해진 눈으로 바라보며 만족했을 것이다. 결혼이란 이런 것이라는 운명관이 있었으니 스무 해 부부였던 남편을 원망하는 일은 결코 없었으리라. 그런 심정은 새 아내를 향하며, 그런 만큼 자신이야말로 올바른 결혼을 했다고 믿고 있는데 상대가 그것을 이해하지 못하니 상대를 연민한다. 고령의 어머니는 아들의 사회적 지위에 어울리는 새 신부에게서 손자를 얻었으니 그로써 흡족하다. 바깥에서 보면 이중 결혼임이 분명한 형식 속에서, 각자가 천성의 방향으로 그것을 활용해 모순된 채 조화를 이루는 그림은 기분 나쁠 정도다. 거의 도덕의 피안이다. 그렇게 본다면 이 또한 루쉰 정신의 근원, 즉 모순을 허락하여 자신을 허무하게 만드는 자기희생의 인간애=속죄의 장소에서의 자기실현이라 하지 않을 수 없다.

　루쉰이 죽은 이듬해 상하이로 전화戰禍가 번졌다. 그 와중에 쉬광핑을 중심으로 하여 루쉰 전집을 간행하는 사업이 진행되었고, 전 문화계의 지지 속에서 완성되었다. '민족의 영혼'은 민중 사이에 뿌리를 내리고 자유의 싸움을 떠받쳤다. 전쟁 중 상하이에 머물러 침묵과 불복종으로 '루쉰의 유적'을 지킨 쉬광핑은 전후에 비로소 자유의 땅이 된 상하이에서 충칭重慶의 옛 친구를 맞이해 다시 활발하게 문학적 발언에 나선다. "루쉰 정신의 영향을 확대하고 국혼을 환기하여 광명을 쟁취하"는 일은 오늘날 더욱 중요해지고 있다.

　1947년 7월

루쉰과 린위탕

만주 사변 이듬해인 1932년, 상하이에서 『논어』라는 잡지가 나왔다. 4·6배판 56페이지 정도로 한 달에 두 번 발행하는 수필 잡지였다. 정가는 10전. 이 잡지는 내용과 형식이 신선해 독서계에서 반향이 컸다. 곧 전국으로 퍼져 이르는 곳마다 화제를 낳고, 독자들은 앞 다투어 읽었다. 일본에서 지진 재해 이후 『문예춘추』가 나왔던 때와 몹시 닮았다.

『논어』는 유머를 간판으로 내세웠다. 유머의 원조다. 이때부터 '유머 시대'가 등장했다. 린위탕은 『논어』 편집진의 중심인물이었는데 '유머 대사幽黙大師'로 통했다. 이때부터 린위탕의 이름이 널리 알려졌다.

린위탕의 유머는 골계나 억지웃음을 자아내는 것이 아니다. 단순한 위트도 아니다. 웃음의 요소를 머금었지만 좀 더 지성적이다. 린위탕은 장자莊子나 오마르 카이얌Omar Khayy'am을 유머의 원조로 삼는다. 린위탕에 따르면 유머는 인생의 일부다. 인생에 어떤 여유를 머금은 초탈의 태도로 높은 지성에서 나온다. 따라서 도학道學에 반한다. 그는 메러

디스George Meredith나 체스터턴Gilbert K. Chesterton이나 쇼George Bernard Shaw를 사례로 들어 설명한다(우리는 소세키[1]를 떠올려도 좋을 것이다). 도학 선생은 인생을 딱딱한 틀 속에 끼워 맞추고 정통 문학은 유머를 경멸한다. 그러나 린위탕은 진정한 인생이라면 유머로 충만하다고 말한다.

애초에 『논어』라는 잡지명이 기발하다. 『논어』는 공자의 언행록이다. 근대 이전에는 성전으로 떠받들어졌다. 성전 중에서도 통속적으로는 성경처럼 가장 유명한 서적이었다. 그런 '논어'를 잡지명으로 삼는다는 것은 여간해선 생각하기 어려운 일이다.

1917년 문학 혁명 시기, 최초의 그리고 최대의 목표는 공자 타도였다(천두슈, 우위 등). 루쉰의 「광인일기」는 '식인의 예교禮教'에 대한 희생자의 분노를 주제로 삼고 있다. 따라서 보수파가 예교를 옹호해 반격하는 일은 여러 형태로 일어났고 앞으로도 일어날 것이다.

린위탕도 신시대의 한 명이었으니 예교를 옹호하려고 『논어』를 들고 나왔을 리 없다. 그렇다고 적의 허를 찌르려는 속임수도 아닐 것이다. 그는 의외로 제법 진지했으리라 생각한다. 그가 보기에 옹호에만 골몰하는 근직파謹直派는 완고한 바보지만 그 바보를 상대로 싸우는 것도 유머가 부족한 일이며 일종의 경직이다. 『논어』는 두 가지 경직에 맞선 린위탕의 아이러니로서, 그가 지닌 철저한 자유인으로서의 직감(혹은 감각)에서 연원한다.

일본에서는 린위탕의 영문 저서만 소개되어 오해를 사고 있다. 린위탕 스스로가 영문으로 된 서적은 애초에 선전 목적으로 작성했음을 고

---

1 나쓰메 소세키夏目漱石(1867~1916): 소설가. 근대 일본의 소외된 지식인들이 처한 곤경을 묘사하는 작품을 남겼다. 당시의 자연주의 경향에서 벗어나 근대 소설의 형태를 확립한 메이지 시대의 대표 작가로 평가받는다. 『마음心』, 『산시로三四郎』, 『나는 고양이로소이다吾輩は猫である』, 『도련님坊っちゃん』 등의 작품을 남겼다.

백하고 있다. 중국어로 작성했을 때와 달리 영문 저서에서는 자국의 약점을 들추는 통렬한 풍자가 없다. 그는 꾸훙밍[2]이나 량슈밍[3]과 같은 동방주의자가 아니며(최근 약간 닮아 갔지만) 후스[4]와도 다르다.

한漢 이후 절대제의 통치를 뒷받침하는 규범으로 활용된 유교, 또한 송학宋學으로 불교를 매개해 형이상학화된 유교, 린위탕은 그것을 부정하지만 공자는 부정하지 않는다. 중세 교회의 지배로부터 그리스도를 해방하듯이 인간 공자를 해방하려 한다. 린위탕이 보기에 인간 공자는 풍부한 지성을 갖춘 자유인이며, 때로는 유머 작가이기도 하다 (유일한 그의 희곡 「자견남자子見南子」는 그러한 공자상을 그려 낸다).

현대 문학자들이 제시하는 상이한 공자관을 비교하는 작업은 흥미로운 주제인데, 예를 들어 저우쬒런은 공자 속에서 근대인의 고뇌를 본다. 루쉰도 거기에 가깝다. 그러나 루쉰이 만년에 쓴 「지나의 공자님」에서는 거의 민중의 감정에 근거해 공자를 비판하고 있다. 그 글은 루쉰의 진보를 증명하며, 내가 이해하기로는 지금껏 나온 공자 비판 중에 가장 철저하다.

여담이지만 루쉰은 이 글에서 유학 시절의 에피소드를 적었다. 고이시카와小石川에 있는 고분학원弘文學院(예비학교)에 있던 어느 날 일본인 교사가 "제군은 공자의 제자이니 이제 유시마湯島의 공자묘에 참배

---

2 꾸훙밍辜鴻銘(1857~1928): 학자. 동방화학東方華學을 주창했으며 동방 문화를 서양에 전파하는 데 크게 공헌했다. 사서 중 『논어』, 『중용』, 『대학』을 영어로 번역하고 『중국의 옥스퍼드 운동中國的牛津运动』, 『중국인의 정신中國人的精神』 등을 썼다.

3 량슈밍梁漱溟(1893~1988): 학자. 베이징대학에서 인도 철학을 강의했으며 1919년의 5·4 운동 시기에는 신청년파와 대립하기도 했다. 1921년 신유교적 입장에서 『동서 문화와 그 철학東西文化及其哲學』을 출판했다.

4 후스胡適(1891~1962): 사상가이자 정치가. 1922년 백화白話가 공식 문어로 정착되는 데 공헌했다. 중화민국 수립 후에는 정치적 혁명이 아니라 대중 교육을 통해 새로운 중국을 건설해야 한다고 역설했다. 저서로 『중국철학사 대강中國哲學史大綱』, 『상시집嘗試集』 등이 있다.

하러 가자"라고 하는 바람에 루쉰과 중국인 유학생들은 깜짝 놀랐다. "공자님에게 정나미가 떨어져서 유학까지 왔는데 또 절을 하러 가야 하나 싶어 이상했다"고 쓰고 있다. 루쉰은 이렇게 일본 문화의 낙후를 비판했다. 더구나 10년 후 다자이 오사무[5]라는 소설가가 『석별』이라는 소설에서 루쉰을 '공자교도'로서 등장시키는데, 이는 한 소설가가 지닌 무지의 소치라기보다 근 40년 동안 일본 문화가 퇴화했음을 보여 주는 징후일 것이다.

그런데 린위탕은 왜 유머 잡지 『논어』를 발간했는가, 그리고 『논어』는 왜 환영받았는가. 『논어』의 권두에는 린위탕의 필적으로 작성된 「논어사 동인계조」가 수록되어 있다. 10조인데 모두 '불不'로 시작한다. 제1조는 '불반혁명不反革命'이다.

'혁명'이라는 말은 중화민국이 성립하기 전부터 이어져 왔고, 민족의 통일과 독립을 지향하는 구호로서 거의 신성시되었다. 그러나 내용은 변해 왔다. 혁명이라는 말의 의미가 어떻게 변천했는지를 더듬어 가면 현대사가 그려진다. 1925년 쑨원이 "혁명은 아직 성공하지 않았다"는 말을 남기고 죽은 지 2년, 두 상속인이 쑨원의 유산인 혁명을 두고 겨뤘다. 그것이 지금까지 지속되는 불행한 분쟁의 발단이다. 서로 자신이 혁명의 적자라고 우기며 상대를 반혁명으로 내몰았다. 그것은 혁명의 혼란 시대다. 인텔리겐치아의 절망과 자기 분열의 시대다. 좌익 문학에 대한 압박과 테러, 그에 맞선 반항이 조직되는 한편으로 국난의 목소리가 날로 비등했다. 가치를 상실해 문화 퇴폐와 정치 혐오

5　다자이 오사무太宰治(1909~1948): 소설가. 제2차 세계 대전 기간에 고유한 작품 세계를 구현해 낸 소수의 작가 가운데 한 명이다. 어둡고 뒤틀린 작품 분위기로 허무주의적 면모를 드러냈다. 작품으로는 『쓰가루津輕』, 『사양斜陽』, 『인간실격人間失格』 등이 있다. 『굿바이グッドバイ』라는 미완성 소설을 남긴 채 1948년 자살했다.

가 만연했다. "혁명적인 것은 반혁명적인 것에 살해당하고, 반혁명적인 것은 혁명적인 것에 살해당하고, 불ﾊ혁명적인 것은 혁명적인 것으로 여겨져 반혁명적인 것에 살해당하든지 반혁명적인 것으로 여겨져 혁명적인 것에 살해당하든지, 혹은 아무것도 아닌 것으로 여겨져 혁명적인 것 혹은 반혁명적인 것에 살해당하"(루쉰)는 시대였다.

그러한 시대에, 그러한 인텔리겐치아의 한 사람으로서 린위탕도 행동했다. 그는 1927년에 우한武漢 정부(국민당 좌파)에 가담했지만 우한 정부가 해체하자 "정치에 절망"해 상하이에서 칩거했다. 목사의 집에서 태어나 기질적으로도 환경적으로도 자유인으로서 살아가기에 충분조건을 갖추고 있던 그가 거기서 무얼 느꼈을지는 어렵잖게 짐작할 수 있다. 그는 수렁처럼 좌우가 대립하는 세태를 "경직"된 것으로 바라보며 거기서 자신을 구해 내려 했을 것이다. 너무도 당연한 '혁명'이라는 말을 사용하지 않고 '불반혁명'이라고 말한 데서 그의 아이러니가 드러난다.

「논어사 동인계조」에서 흥미로운 내용을 두세 가지 골라 보겠다. 이것들은 지금의 우리에게도 들어맞을 것 같다.

"우리 손으로 감당할 수 없는 자는 평론하지 않는다. 그러나 우리가 애호하는 것에 대해서는 마음껏 비평한다(가령 우리의 조국, 현대적인 군인, 유망한 작가 및 희망이 완전히 없다고는 할 수 없는 혁명가 등)."

"공평을 주장하지 않는다. 성실하게 개인적 의견만을 밝힌다."

"자신의 문장이 서투르다고 말하지 않는다."

『논어』에는 기고자가 많았는데『낙타샹쯔』로 유명해져 미국으로 초
대받은 라오서[6]는 단골 가운데 한 명이었다. 린위탕은 「나의 말」을 연
재했다.

『논어』는 매호 뉴스란을 뒀다. 이 또한 인기를 모았다. 일례는 다음
과 같다.

"9·18에는 아무 일도 없었다."

9·18은 류타오거우[7]의 기념일이다. 여느 때라면 반제국주의 행사가
있어야 하지만, 그마저 허가받지 못한 민족의 굴욕이 한마디에 제대로
집약되어 있다.

"후난성 항공처장 황페이黃飛는 비행기를 통해 모르핀을 수송 판매하
다가 한커우漢口에서 체포되었다."

---

6   라오서老舍(1899~1966): 소설가이자 극작가. 낙타라는 별명을 가진 베이징의 인력거꾼 샹쯔
의 비참한 운명을 그려낸『낙타샹쯔駱駝祥子』로 국제적 명성을 얻었다. 그밖에『사세동당四世
同堂』,『기황飢荒』등의 작품을 남겼다.

7   류타오거우 사건柳條溝事件: 만주 침략을 위해 일본 관동군이 계획한 사건이다. 일본 관동군
이 침략의 구실을 만들기 위해 1931년 9월 18일 밤 10시 30분경 류타오거우에서 만철 선로
를 스스로 폭파하고 이를 중국 장쉐량 군대의 소행으로 몰아 군사 행동을 개시했다.

항공처장이 비행기를 사용한 대목이 유머다. 그러나 오늘날 우리는 그 유머를 너무도 보편화했다. 우리에게는 유머마저 사라지려 하고 있다.

"일본 귀족원 의원 미카미 산지는 의회에서 중국이 중화민국을 칭하
는 것은 분수에 맞지 않는다고 연설했다."

이 또한 우리에게는 유머 이상이다.

좌익 진영은 『논어』를 맹렬히 공격했다. 나라가 위기에 빠졌는데 진지하지 않다, 현실을 회피한다고 비난했다. 그러나 그러한 반反유머가 유머를 더욱 조장한 면이 있다. 많은 독자는 『논어』에서 유일한 진실을 발견했다.

루쉰은 『논어』를 어떻게 대했을까. 그는 유머에 반대했다. "나는 유머를 사랑하지 않는다." 『논어』 1주년을 맞이해 린위탕이 감상을 요청하자 루쉰은 이렇게 썼다. 그에 따르면 유머는 "자진해서 원탁회의를 여는 국민"만이 즐길 수 있는 놀이이며, "중국에서는 의역意譯조차 어렵다." 그러나 루쉰은 풍자의 존재 의의를 인정했다. 암흑시대에는 웃음을 빌려야만 가슴 속 응어리를 꺼낼 수 있기도 하다. "아직 웃음까지 법률로 금지되지는 않았으니"라고, 그는 말한다. 하지만 사회는 진보한다. 유머도 변화해야 한다. 만약 변화하지 않는다면 사회의 진보에서 뒤처져 단순한 익살, 시시한 말장난, 서문장[8]식의 웃음으로 굳어 버

---

8 서문장徐文長(1521-1593): 명대의 문인. 스무 살에 수재로 뽑힌 뒤 여러 차례 과거에 응시했

릴 것이다. 루쉰은 그러한 타락의 위험성을 지적했다.

1923년 린위탕이 4년간의 유학을 마치고 베이징대학에 신진 언어학자로 초빙되었던 때 열네 살 연상인 루쉰은 이미 「아Q정전」을 쓰고 『중국소설사략』을 완성했다. 린위탕은 학자로서의 루쉰을 깊이 존경했다. 루쉰이 죽은 뒤에도 존경은 변치 않았다. 1926년 그들을 포함한 신시대가 군벌 반동 세력과 대립하던 절정기에, 린위탕은 자신을 초빙했던 샤먼대학에서 예를 갖춰 루쉰을 맞이했다. 하지만 이 공동생활은 학교 당국의 무성의로 길게 이어지지 못했다. 이듬해 린위탕은 우한 정부에 들어갔고 루쉰은 광둥으로 떠났다. 루쉰에게 낭만적 혁명 문학과의 악전고투는 그때부터 시작되었다. 다시 상하이라는 같은 땅에서 살게 되었을 때, 둘의 사상적 입장은 달랐지만 우정은 옛날 그대로였다. 린위탕은 루쉰에게 『논어』 1주년 기념호에 실을 글을 요청했고, 루쉰은 흔쾌히 유머 반대론을 보냈던 것이다.

실은 그들이 베이징에서 『어사』라는 잡지를 만들던 시기에도(이 잡지는 몇 년 전 문학 혁명 시기에 그들과 같은 진영에 서 있었던 후스 등의 『현대평론』에 맞섰다. 그리고 1926년에 베이징을 떠나지 않았던 저우쭤런도 『어사』의 중심 멤버였다) 린위탕과 루쉰은 한 차례 논쟁을 벌인 적이 있다. 린위탕이 페어플레이를 제창하자, 루쉰은 이중 도덕이 현존하는 중국에서 페어플레이를 제창하면 결국 억압자에게 득이 된다며 반대했다. 체험에 의거한 루쉰의 사회적 통찰과 서구적 개인주의가 짙은 린위탕의 자아 해방 요구가, 다른 형태의 자유인을 낳게 되는 첫걸음이 그때 새겨진 것이다.

지만 모두 낙방하고 문단의 주류로부터 배제되어 곤궁하게 살았다. 사회의 뒤안길을 헤매면서도 자유롭게 살고 싶은 마음을 시와 그림으로 표현했다.

루쉰은 유머가 저속화될 위험을 경고했는데, 과연 이는 사실로 드러났다. 총명한 린위탕이 그 점을 몰랐을 리 없다. 그는 자신이 꾸린 『논어』에 만족하지 않고 곧 다른 잡지를 시작했다. 그것이 소품문 잡지 『인간세人間世』다.

『인간세』는 "자아를 중심으로 삼고" "한적함閑適을 필조筆調로" 삼았다. 『논어』의 반사회성을 내면적으로 심화하면 당연히 그리될 터이다. 그것은 자유의 두 가지 도정 가운데 하나다. 그리고 저우쭤런이 택한 길이다. 『인간세』에서 린위탕은 저우쭤런 등 베이징파의 문인과 다시 만났다. 그는 영국식 에세이스트와 전통적 문인 정신이 합류하는 지점에 자신을 뒀다.

『인간세』 역시 시대를 만들었다. 소품문이 유행하고 자아 주장의 색채가 강렬한 문학가를 고전에서 발굴해 냈다. 특히 청조淸朝에 금기시되었던 명말明末의 퇴폐파(원중랑[9] 등)를 찬미했다.

루쉰은 이때도 반대했다. 그는 소품문이 저항과 전투에서 유력한 무기임을 인정했지만, 그것이 '한적함'으로 향하는 데는 반대했다. 그는 무기로서의 소품문을 '비수'에 비유했다. 명말 문인의 퇴폐와 방종은 그저 음풍농월[10]이 아니며 거기에는 불평, 자조, 공격의 의미가 배어 있음을 지적했다. 사실 루쉰 자신이 독특한 소품문가이며(그의 단문은 정말이지 비수처럼 날카롭다) 또한 신랄한 풍자가이다.

사물은 자체의 운동 법칙을 갖는다. 소품문은 취미적이고 복고적이고 일화적이 되었다. 『인간세』에서 『우주풍宇宙風』이 태어나고 『우주

---

9 원중랑袁中郞(1568~1610): 명대의 문인. 반전통, 반권위적 성향으로 작품 활동을 했다. 옛 법에 따라 공부하자는 의고 운동에 반대하고 격조에 얽매이지 않는 개성의 자유로운 발로를 주장했다.

10 음풍농월吟風弄月: 바람을 읊고 달을 보고 시를 지으며 즐긴다는 뜻이다.

루쉰과 린위탕

풍』에서는『일경逸經』이라는 손자가 태어났다. 그리고 각각 굳어 갔다. 그러나 린위탕은 무엇에도 만족하지 못한 듯하다. 그는 스스로 만든 것을 차례차례 버렸다. 이는 변덕 탓이라기보다 자유를 집요하게 추구하고자 현 상황을 파괴해 나간 까닭이다. 끝으로 그는 미국의 저작가가 되어 자국의 문단에서 벗어나 안주했다.

그러나 그는 어쨌든 한 시대를 만들었다. 그의 자아 주장은 신선함과 당파성을 잃어 가는 과정에서 반대 측 문학에 흡수되어 그것을 심화시켰다.

유머와 소품문의 시대에 루쉰은 무엇을 했던가. 그는 수수한 길을 택했다. 그는 청년에게 리얼리즘의 정신과 기술을 가르쳤다. 가령 유머와 함께 만화가 유행하던 무렵(『논어』도 매호 만화를 실었다) 그는 만화가 범하는 위험을 경고하고(고야Francisco Goya나 도미에Honoré Daumier는 반대하지 않았지만), 한편으로 목판화를 장려했다. 번각翻刻을 하거나(콜비츠Käthe Kollwitz 등) 강습회를 열고 통역도 맡았다. 그의 활동은 눈에 띄지 않았지만, 우리는 그가 죽은 뒤 항전 속에서 아름답게 개화했음을 전후에 실물로 볼 수 있다.

린위탕도 항전에 공헌했다. 그는 자기 방식으로 공헌했다. 즉 나라 밖에서 혼자 힘으로 글을 써 나갔다. 1943년, 그는 『Between Tears and Laughter』라는 책을 썼다. 그 책에서 린위탕은 외국이 자국의 항전을 제대로 원조하지 않는다고 비난하고, 전후 처리 문제와 관계해 데모크라시와 제국주의의 모순을 지적했다. 세계 평화는 숫자로부터 나오는 게 아니며, 동방의 정치 즉 유교 윤리에 기반한 신념만이 진정한 평화를 낳는다고 설파했다. 그는 물질보다 정신이 우위에 있다는 량수밍梁漱溟식의 동방주의에 다가간 것 같다.

이어서 1945년에는 『The Vigil of a Nation』이라는 책을 썼다. 이는 그가 1943년에 반년 정도 내지內地를 여행했을 때 얻은 인상에 기초하는데, 책 제목은 당시의 충칭을 새로운 국가의 탄생 전야라고 축복한다는 데서 유래한다. 그는 이 책에서 스노우 등이 써낸 여행기 속의 중공을 찬미하는 대목을 두고 격렬하게 항의한다. "중국에서는 마르크스와 공자의 싸움이 진행 중이다. 나는 공자에게 건다"고 그는 말한다. 왜냐하면 공산주의는 전체주의이고 개인의 자유를 인정하지 않으며, 그것은 청년의 경거망동함을 이용할 뿐 민족이 지닌 과거의 역사적 가치를 무시하기에 성공할 리 없다는 것이다. 그는 '정치적으로' 자신의 위치를 분명하게 규정했다.

이러한 자기 규정은 그가 『논어』 이후 자신의 길을 똑바로 걸었음을 시사한다. 그는 『자전自傳』에서 "나는 공산주의자가 되지 않을 것이다. 왜냐하면 나는 사상가이지 행동가가 아니기 때문이다"라고 말했다. 이 말 자체에는 논리적 결함이 있지만, 그에게는 진리다.

문제는 첫걸음이다. 그것이 무엇일지 나는 잘 알지 못한다.

루쉰은 공산주의자가 아니었다. 그러나 그의 사상은 거기에 가까웠다. 마오쩌둥은 그를 "실로 마르크스주의적"이라 평했다. 그도 린위탕이 말하는 '행동의 인간'은 아니었다.

아마도 첫걸음은 복잡할 것이다. 다만 내 눈에는 한편은 부정적으로 한편은 긍정적으로 자신을 형성해 나간 것처럼 보인다.

베이징 시대에 저우쭤런과 린위탕과 루쉰은 같은 당파에 속해 있었다. 한 사람은 안을 향해 개체를 심화하고, 한 사람은 밖을 향해 개체를 주장하고, 한 사람은 개체를 주장하지 않음으로써 부정적으로 개성적이었다. 그리고 시간이 경과하자 셋의 운명은 갈라졌다. 다만 그들은 한결같이 개성이 강렬했고 뚜렷한 인간상을 갖췄다.

최근 셋의 글을 다시 읽어 보았다. 린위탕으로부터는 조금도 감명을 받지 못했다. 전에도 그의 글을 좋아하지 않았지만, 새로운 발견도 없고 전보다 빛이 바랜 느낌이었다. 저우쭤런과 루쉰은 다시 읽을 때마다 신선한 감촉이 있다. 이것이 나의 취향 탓인지 글 자체에서 기인하는지는 잘 모르겠다.

1947년 8월

루쉰의 언ᆖ과 행行

    루쉰은 언과 행이 일치하지 않는 사람이었다. 그 불일치를 자각했으며, 그리하여 일생 괴로워한 사람이었다. 사람들은 대개 자신의 언과 행이 일치한다고 생각한다. 자신이 완전한 인간인 줄 안다. 완전함을 따지자면 '파리의 완전' 또한 완전하다. 하지만 '완전한 파리'는 '결점 있는 전사' 위에 설 수 없다(「전사와 파리」).

> "내가 말하는 것은 내가 생각하는 것과 언제나 다릅니다. 왜 그런가
> 하면 〔……〕 자신의 사상을 남에게 전하고 싶지 않기 때문입니다. 왜
> 전하고 싶지 않은가 하면 나의 사상은 너무나 어둡고, 또한 정확한 것
> 인지 스스로도 확실치 않기 때문입니다."(「양지서」1-24)

    사람들은 대개 이런 괴리를 느끼지 않는다. 따라서 절망을 설교함으로써 절망 위에서 느긋하게 좌정하고 있을 수 있다.

조개는 껍질을 닫아서 자유로울 수 있다. 그리하여 생선 가게에 진열되어서도 안심하고 있을 수 있다. 루쉰에게는 "고승의 입적"조차 "노예가 지닌 환상의 자유"(「망각을 위한 기념」)였다. 조개는 껍질을 부수는 게 자유임을 이해할 리 없다. 자신을 풍파로부터 지켜 준 껍질에 감사하는 조개들로서는.

많은 사람에게 길이란 '있는 것'이다. 있는 것은 규범이며, 규범은 권위를 예감케 한다. 많은 사람은 길이 있어서 걷는다고 생각한다. 이것과 저것 중 어느 쪽이 권위인지를 고를 따름이다. 저항을 느끼지 않고 걷는 사람은 모든 권위를 거부하는 것, 길이 없는 곳으로부터 걷기 시작하는 것이 어떤 일일지 짐작조차 못 한다. "원래 땅 위에는 길이 없다. 오가는 사람이 늘어나면 그것이 길이 된다."(「고향」) 만약 창조적 행위의 의미를 알고 싶다면, 눈을 감고 오가면 된다. 분명 사람과 부딪치든지 차에 치이든지, 아니면 걷기를 그만두게 될 것이다.

루쉰의 조의조식[1]에 관해 많은 사람이 쓰고 있다. 그는 늘 무명옷을 입고 딱딱한 침대에서 잤다(만년에야 스프링 있는 침대를 사용했다). 상하이의 한 호텔에 투숙하는 외국인을 방문했을 때는 엘리베이터 보이가 거부해 7층까지 걸어 올라간 이야기를 우치야마 간조內山完造가 쓰고 있다. 베이징에서는 학생들과 함께 자주 자기 집에서 밥을 지어 먹었다. 샤면厦門에 갈 때 상하이에서, 다음날 광둥으로 출발하는 쉬광핑이 방문했을 때는 볶음밥에다 술을 마시고 있었다. 이를 본 쉬광핑은 자신도 검약해야겠다는 감상을 편지에 쓰고 있다. 대수롭지 않지만 마음이 가는 이야기다.

버스표를 파는 청년이 나이산 서점에 책을 사러 왔다. 루쉰이 번역

---

1   조의조식粗衣粗食: 거친 옷을 입고 좋지 않은 음식을 먹는다는 뜻이다.

한 『궤멸潰滅』을 골랐지만 수중에 돈이 부족해 망설였다. 안쪽에서 체구가 작은 노인이 나왔다. 청년으로서는 왠지 본 기억이 있는 듯한 얼굴이었다. "이것을 사세요"라며 노인은 차오징화曹靖華가 번역한 『철의 흐름鐵流』을 권했다. "저는 이쪽이 좋은데요." 청년은 주저했다. 그가 지닌 돈은 분명히 부족했다. "1원은 있지 않나요, 1원은"이라고 노인이 말했다. "이것은 차오 군의 책이니 공짜로 줄 수는 없습니다. 차오 군에게 미안하니. 원가만은 받아야겠군요. 내 책은 줄 테니." 청년은 1원을 내고 두 권의 책을 받았다. 루쉰이 죽었을 때 청년은 "루쉰 선생이 우리와 함께 계신다"는 생각으로 그 후 몇 년 동안의 괴로운 생활을 견뎠다고 추억했다(아레이阿累, 「일면一面」).

　루쉰의 필명은 전집의 부록에 열거된 것만으로도 일흔여덟 개다. 하지만 남들이 뿌린 헛소문과 매도는 더욱 많을 것이다.

　하나는 '한간'이다. 항일 통일 전선이 제창되었을 때 루쉰은 이를 성심껏 지지했지만, 권위로 통일을 내리누르는 조직에는 참가하지 않았다. 그리하여 권위에 기대는 편승형 애국자가 그를 조직의 파괴자로 매도하고, 그가 일본인과 개인적으로 교제하는 것을 '한간'의 증거인 양 몰아붙였다. 루쉰은 이렇게 답했다. "만일 내가 한간이라면, 개의 주인이 자신에게 손을 내밀 것이다." 개의 주인은 그에게 손을 내밀지 않았다. 그러나 루쉰이 죽고 나자 다른 개가 이렇게 말했다. "루쉰은 좋은 때 죽었다. 만일 살아서 이번 전쟁을 겪었다면, 분명 진퇴양난이 되어 곤란했으리라. 그토록 일본을 사랑했으니." 루쉰이 '한간'이 아니라서 이 개는 유감이었던 모양이다.

　"양주[2]에게는 저서가 없다"고, 그는 두 차례 썼다. 그는 이 가공할 에

2　양주楊朱(BC440?~BC360?): 전국 시대의 사상가. 사회는 인간의 힘으로 바꿀 수 없으며 인위

고이스트가 마음에 걸렸던 모양이다. 그러지 않고서야 썼을 리 없을 것이다. 따라서 루쉰을 에고이스트라고 부른다면 난폭한 주장이지만, 에고이즘을 전혀 마음에 두지 않은 휴머니스트가 아니었음도 분명하리라.

만약 공자, 석가, 예수 그리스도가 아직 살아 있다면 그 신도들은 아무래도 두려워할 것이다. 그들의 행위를 두고 교조들이 얼마나 개탄할지 모를 일이다. 그러므로 만약 살아 있다면 박해받을 수밖에 없다. 위대한 인물이 화석이 되어 사람들이 모두 그를 위인이라고 부를 때가 되면, 그는 이미 꼭두각시로 변한 것이다. (「꽃 없는 장미」)

그는 자신의 운명을 예감했는지 모른다.

1947년 11월

는 해악을 부른다는 도가 사상을 주창했다. 아울러 개인의 쾌락을 근간으로 삼아 위아설為我說을 주창했다고도 일컬어진다.

「광인일기」에 대하여

　루쉰의 「광인일기」가 고골의 「광인일기」에서 착상을 얻었다는 사실은 루쉰 자신이 인정하고 있다. 그리고 그 "의도는 가족 제도와 예교의 폐해를 폭로"하는 데 있었기에 "고골의 울분보다 깊어지고 있었다"(「중국 신문학 대계 소설 2집 도언」)는 점 또한 그가 토로하는 바다. 거기에는 1830년대의 고골과 1918년의 루쉰의 차이가 다른 여러 차이에 섞여 있을 것이다.

　「광인일기」로 출발한 루쉰이 고골의 『죽은 혼』을 번역하며 죽어 갔다는 사실은 의미하는 바가 크다. 그는 니체를 제외하면 거의 슬라브계 문학자에게서만 영향을 받았는데, 그중에서도 고골을 가장 친밀하게 느낀 듯하다. 고리키에 관해서는 고리키의 만년을 존경한 모양이지만, 기질이 완전히 달라서 가까워질 수 없었을 것이다. 안드레예프나 가르신[1]으로부터도 깊은 영향을 받았지만 부분적이다(실제로 「광인

1　프세볼로트 가르신Всеволод Михайлович Гаршин(1855~1888): 작가. 1876년 러시아·투르크 전쟁이 일어나자 의용병으로 지원했다가 부상으로 후송되었다. 그때의 전쟁 체험으로 『4일간』을 썼다. 대표작 『붉은 꽃』에서 정신병자의 생활을 묘사하는 등 주로 사회악에 대한 반항과 절망적인 번민을 표현했다. 서른세 살의 나이로 자살해 생을 마감했다.

일기」의 강박관념은 가르신적이다). 푸시킨[2] 등도 영향을 주었는데, 이상하게도(실은 이상하지 않을지 모르지만) 투르게네프는 일반적으로 이른 시기부터 읽혔으나(일본에서도 그렇다) 그와는 한 번도 만나지 않았던 것 같다.

「광인일기」는 그가 인정한 대로 "가족 제도와 예교의 폐해"를 폭로한 작품이다. 비단 「광인일기」만이 아니라 루쉰의 많은 작품의 주요 모티프다. 가령 『고향』은 어린 시절의 친구와 성인이 되고 나서 재회했으나 신분 차에 매여 자유로이 소통하지 못하는 괴로운 심정을, 아직 그런 억압이 없었던 어린 시절과 대비해 묘사하고 있다. 『축복』은 아무리 살려고 발버둥 쳐도 낡은 사회 속에서 살아갈 수 없는 과부의 운명을 그린다. 신분 의식에 구속되어서 생활 능력을 상실한 채 몰락하는 독서인도 단골 소재다. 미신과 권위에 맹종하는 우매한 민중의 심리도, 그처럼 인간을 압박하는 낡은 권위를 향한 분노로부터 그가 기꺼이 취하는 주제다.

'가족 제도와 예교'에 대한 반항은 '문학 혁명'을 꿰뚫는 기본 줄기이며, 천두슈나 우위가 격문을 쓰고 후스나 저우쭤런이 인간 해방을 요구하는 것도 그 반항에서 나오는 신시대의 절규였다. 그들이 신학적 권위나 차리즘[3] 대신 '가족 제도와 예교'를 적으로 삼은 것은 그들의 해방 문학이 지닌 민족색이다. 그 민족색은 많든 적든 루쉰과 동시대인이라면 누구든 가지고 있고, 발전된 형태로서 오늘날에도 계승되고

---

2   알렉산드르 푸시킨Александр Сергеевич Пушкин(1799~1837): 작가. 낭만주의 시인으로 평가받지만, 농노제 하의 러시아 현실을 정확히 그려 내는 데 공을 들이기도 하였다. 새로운 단어나 표현을 사용함으로써 러시아어의 발전에도 기여했다. 『루슬란과 류드밀라』, 『집시』, 『대위의 딸』 등의 작품을 남겼다.

3   차리즘tsarism: 차르(황제)를 중심으로 한 제정 러시아의 전제적인 정치 체제를 가리킨다.

있다. 그들의 문학은 인간 해방의 문학으로서 관철되고 있다. 일본에서는 메이지 20년대에 등장했다가 사라지고 난 뒤로 끊겼다 이어졌다가 하지만 그들의 문학에서는 일관적인 기조가 되었다. 그 기조를 마련한 근대 문학의 개척자가 루쉰이었다.

'문학 혁명'이 '가족 제도와 예교'에서 악을 발견하기 전에, 근대 문학에는 전사前史가 있었다. 청말의 정치 문학이다. 량치차오[4]의 정치 문학론으로 대변될 수 있을 만한 하나의 시기가 있었다. 그것은 메이지 10년대에 있었던 일본의 정치 문학으로부터도 영향을 받았지만, 드러나는 방식이 달랐다. 이때의 주된 경향은 일종의 자유주의-반관료주의였다. 이는 절대제를 보강하는 위로부터의 개량주의(부국강병), 군주입헌, 공화주의와 이민족의 지배에 맞선 민족주의 등의 정론이 뒤섞이면서 점차 올라온 혁명열을 배경으로 한다. 이후 '문학 혁명'을 짊어지게 되는 선구자 가운데 상당수는 이 시대에 전기前期적 역할을 맡았다. 예를 들어 후스는 당시에 속출한 구어의 정치 계몽 신문에 관여하고, 루쉰은 동구 약소민족의 문학과 저항 시인을 소개하는 데 힘을 쏟았다. 그리고 이 경향의 차이가 이후 '문학 혁명'에서 대표적인 두 가지 면으로 드러나고, 더구나 이후 둘의 운명을 결정짓는 기연起緣이 된다.

1911년 신해혁명은 이민족이 통치하는 절대제를 무너뜨렸지만, 그 절대제를 떠받치던 관료 기구는 무너뜨리지 못했다. 무너뜨리지 못했을 뿐 아니라 그것과 타협하지 않고는 앞으로 나아갈 수 없을 만큼 혁명 세력은 약했다. 그 틈을 노려 외부의 제국주의와 손을 잡고 황제를

---

4   량치차오梁啓超(1873~1929): 계몽사상가이자 문학가. 중국 청말과 중화민국 초에 계몽 활동에 힘썼다. 신문과 잡지를 발행하거나 정치 학교를 개설하는 등 혁신 운동을 지도했으며 변법자강 운동에도 참가했다. 저서로『음빙실전집飮氷室全集』,『중국근삼백년학술사中國近三百年學術史』,『선진정치사상사先秦政治思想史』등이 있다.

부활시키려는 군벌의 음모 등도 있어 반동의 암흑시대가 이어졌다. 새로운 사회 건설의 희망을 신해혁명에 걸었던 지식층은 이 반동 정치로 인해 심대한 타격을 입었다. 그들은 정치에 절망했다. 그리고 정신의 세계에서 고뇌했다. 그것이 그들로 하여금 낡은 제도와 낡은 의식의 악에 눈뜨고, 정치로부터 멀어진 장소에서 인간 해방을 외치도록 이끌었다. 정치에 절망한 지점에서 출발했기에 '문학 혁명'은 정신세계에서 자율성을 얻었다.

그러나 결국 '문학 혁명'을 성공으로 이끈 것은 정치였다. 신해혁명에 실패한 쑨원은 다시금 민중을 조직하러 나섰다. 그는 실망하지 않았다. 그리고 당시의 베이징을 지배하던 북양 군벌이 '문학 혁명'을 탄압하려던 때 '문학 혁명'을 구한 것은 민중 사이에서 고조되던 혁명열이었다. '문학 혁명'에서 격발된 신정신의 침윤과 쑨원이 이식한 민중의 반항 의식이 합류하는 지점에서 1919년 '5·4'의 국민적 계몽 운동은 일어나고 성공했다.

'문학 혁명' 무렵을 전후해 작품을 쓰기 시작한 사람들(대부분은 '문학연구회'에 속해 있었다)에게는 어떤 공통된 상태가 있다. 뤄화성落華生이나 빙신冰心이나 예사오쥔葉紹鈞이나 루옌魯彦에게 공통된 것(나중에 소설을 그만둔 위핑보兪平伯나 왕징시汪敬熙 등도 그렇다), 얼마간은 루쉰에게도 공통되는 어떤 상태가 있다. 어두움, 비애, 우수, 체념 등. 작가마다 배색은 조금씩 다르지만 전체적으로 공통되며, 가령 '창조사' 같은 다른 단체와 비교한다면 그것들이 두드러진다. 이는 그들이 속한 공통의 환경에서 연원한다고 보인다. 낡은 것의 압박을 느끼고 있으며, 그러면서도 바깥으로 나가지 못하는(이는 그들이 정치에 절망했기 때문이다) 데서 오는 초조함, 갇힌 사회 속에서의 고립감, 미래를 향한 희망이 끊겼기에 잃어버린 청춘에 대한 후회 등이다. 그들은 자신들의 문제로서 인생을 생각했다. 그리고 그들에게 인생은 회색이다.

그들은 작가가 되겠다는 희망 내지 목표를 갖고서 작품을 쓴 게 아니다. 그 점이 조금 늦게 출발한 '창조사'와 달랐다. '창조사'의 동인들은 작가가 될 수 있다는 전망이 선 뒤, 작가 되기를 목표로 삼아 작가로서 자각적으로 출발했다. 그들은 작가라는 희망을 갖고서 미래의 작품 세계를 환상으로 그리며 행동했다. 그들 역시 인생을 생각하며 각자 개성적인 비애도 띠지만, 그들의 비애는 문학적이다. '문학연구회'를 인생파라고 부름으로써 스스로를 '예술파'로서 밀고 나간 것은 지당한 일이며, 그런 만큼 '문학연구회'는 그들에게 낡아 보였다.

'문학연구회'의 작가들과 통하는 바가 많지만, 루쉰에게는 다른 것도 있었다. 그것은 반항의 절규다. 루쉰 또한 신해혁명에서 타격을 입었다. 더구나 그 상처는 깊었다. 그는 청년 시절에 혁명 시인으로서 행동했기에 혁명의 좌절은 그만큼 타격이 컸다. 그는 절망으로 가라앉았다. 모든 구제를 믿지 않고 어떠한 구제도 찾지 않았다. 그에게는 암흑만이 존재했다. 암흑은 그의 바깥에 있는 것이 아니라 그 자신이 암흑의 일부였다. 그것이 괴로웠기에 외치지 않을 수 없었다. 그러나 외침은 구제받기 위함이 아니었다. 청말에 그가 저항 시인을 소개한 것은 그로써 새로운 견해를 도출하겠다는 희망 때문이었으나, 그 희망이 비참한 '실패'로 귀결되자 그는 더 이상 일체의 희망을 품지 않았다. 친구를 부르려고 외치는 데에, 그는 '실패'했던 것이다. 다만 자신의 괴로움을 떨쳐 내려면 외치지 않고서는 견딜 수 없었다. 빈사의 병자가 신음하듯 그것은 육체가 발하는 소리였다.

다른 작가들이 그랬듯 루쉰 역시 작가가 되기를 바라며 소설을 쓴

게 아니다. 작가가 되겠다는 목적을 갖지 않았을 뿐 아니라, 그는 자신이 무엇을 하려는지조차 뚜렷하게 의식하지 못했다. 그가 자기 문학의 출발점에 대해서 여러 말로 설명하면서도 끝내 설명하지 못했던 것은 그 때문이다. 암흑만이 존재할 뿐이며, 암흑 속에서 자신이 '절망적으로 저항'하고 있음을 알 따름이다. 저항하는 자신조차 아직 암흑과 분화되지 않았다. "가족 제도와 예교의 폐해를 폭로"했다는 것은 사후의 판단일 뿐, 가족 제도나 예교가 악으로서 객관화되었던 것은 아니다. 갑갑하게 자신을 에워싸고 있었다. 거기서 빠져나가고 싶었지만 그럴 수 없었다. 권위에 매달리면 빠져나갈 수 있을까. 관념이나 말의 권위에 매달려 많은 사람이 자신만큼은 빠져나온 줄로 믿었다. 그들은 빠져나온 것일까. 루쉰도 전에는 그렇게 벗어나고자 했다. 그러나 그것은 그에게 '실패'였다. 이제 그는 일체의 권위 — 외부에 있는 것을 믿지 않는다. 암흑을 지우는 빛을 믿지 않는다(「그림자의 고별」). 그 자신이 암흑이기 때문이다. 권위에 매달리면 노예가 된다. 그는 자신의 절망마저 믿지 않는다. "절망은 허망이다."

'가족 제도와 예교'로 상징되는 낡은 것을 멸하고자 많은 사람이 여러 가지를 제시했다. 그중에서도 '데모크라시와 사이언스'는 양면의 구세주로 성립되었다. 그들은 새것으로 낡은 것에 맞서고자 했다. 그로써 대상으로 골랐던 낡은 것을 매개해 새로운 것 자체가 존재화되었다. 그것은 권위로 굳어졌다. 그것을 최초로 제창한 후스가 가장 먼저 전선에서 이탈했고, 그것을 제창하지 않았던 루쉰이 끝까지 후스를 비웃었다.

루쉰은 새것을 믿지 않는다. 새것은 존재할지도 모르나 자신은 새것이 아니다. "중국에는 청년들의 선배나 지도자가 많이 있을 것이다. 그러나 나는 그 축에 들지 못하며, 나 역시 그 무리들을 믿지 않는다."(「무덤 뒤에 적다」) 그는 '가족 제도와 예교'를 멸할 만한 무기를 갖고 있지 않다. 그 자신이 '가족 제도와 예교' 덩어리다.

「광인일기」는 피해망상광의 수기라는 형식으로 작성되었다. 광인은 자신이 가족과 이웃에게 잡아먹힐지도 모른다고 두려워한다. 사람을 잡아먹은 4000년의 역사, 아이를 죽여 부모를 부양하는 식인의 도덕인 '효', 혁명자의 심장을 삶아 먹은 군벌의 이야기 ─ 자신이 언제 잡아먹힐 순번인지 알지 못한다. 이것이 광인 심리의 내용이다. 아마도 이는 어린 시절 '이십사효도'의 허위에 대해 품었던 증오에서 유래할 것이다. 쉬시린徐錫林(이후 『아침 꽃을 저녁에 줍다』에도 나오는 동향 선배인 혁명가)을 죽인 군벌을 향한 증오도 담겨 있을 것이다. 한편 동유럽 문학에서 받은 영향도 있을 것이다. "늑대는 늑대를 먹지 않지만 인간은 인간을 먹는다"는 가르신의 철학은 「광인일기」 속 광인의 심리와 통하는 구석이 있다.

그러나 가르신과 달리 이 광인은 또 다른 공포의 관념을 갖고 있다. 그는 자신이 깔보이는 게 두려울 뿐 아니라 자기 형이 남을 무시하고, 자신이 식인자의 동생이며 자신도 알지 못하는 사이에 사람을 먹고 있는 게 아닐까라는 공포를 갖고 있다. 자신이 먹힐 뿐 아니라 자신도 먹고 있다. 남을 먹은 자신이 남에게 먹히는 것은 인과의 법칙이다. 먹히는 것은 무섭지만, 먹히지 않을 수 없다. 피할 수 없다. 구제는 없다. 구제는 아직 남을 먹지 않은 아이에게 있을 뿐이다. "아이를 구하라……."

아이는 구원받을 수 있을까. 이후 그는 그조차 의심한다. 그러나 「광인일기」에서는 아직 문제가 거기까지 전개되지 않는다.

많은 사람은 자신이 타인에게 먹히고 자신 또한 타인을 먹는 무서움을 깨닫지 못한다. 따라서 많은 사람에게는 그 무서움을 자각한 사람이 이상 심리처럼 보인다. 루쉰이 광인의 수기라는 형식을 빌려서야 언어화할 수 있었던 것은 자연스럽지만(그 점에서 그는 고골적이다), 인간을 억압하는 제도와 이데올로기에 맞서고자 그가 생生의 본능을 수단으로 꺼냈을 리는 없다. 그는 살아가는 일의 어려움을 자신의 실감으로서 느끼고 있었을 것이다. 리장지李長之라는 비평가는 루쉰의 작품 가운데 죽음을 다룬 것이 많다는 사실을 날카롭게 포착했다. 그는 이 사실을 루쉰의 생물학적 자연주의 철학을 통해 설명했는데, 나는 그 설說에 무척 공감하면서도 루쉰이 비명에 쓰러진 혁명의 선각자에게 일종의 책임감을 느끼고 있었음을 지적해 두고 싶다. 그는 자신이 "죽음에 늦었다"는 것에 죄의식을 갖고 있었다. 그에게는 이상 심리와 함께 환각이 있었다. 환각은 다양하며(『들풀』 참조), 끊임없이 그에게 호소하는 환청은 그중 하나다. 그가 쉬려고 할 때마다 그 소리는 걷기를 명했다. 그는 걷지 않을 수 없었다. 길이 끊겨도 걸음을 멈출 수 없었다. 어둠 속에서도 어둠을 더듬어 가며 걸음을 옮겨야 했다. 아마도 그 소리는 사자死者가 부르는 소리였으리라.

　광인의 수기라는 형식을 빌려야만 사상을 토해 낼 수 있었던 것은 고골식 이상 심리만이 아니라 표현 형식상의 제약에서도 기인한다. 후스의 구어 제창이 '문학 혁명'에 불씨를 지폈다는 것은 잘 알려져 있다. 후스가 구어를 제창한 것은 당시까지의 그의 이력에서 보건대 지당한 일이었으며, 미국 유학 시절의 일기에 기록되어 있는 그의 사상, 언행 방식도 후스식으로 자연스럽다. 그러나 루쉰은 그 길을 따르지 않았다. 후스가 량치차오의 길을 걸었을 때 루쉰은 반대로 장빙린[6]의 길을 걸었다. 후스의 구어는 청말의 계몽 수단이었던 구어로부터 발전했다. 루쉰은 그러한 계몽에 반하여 도리어 고대로 거슬러 올라간 자다. 같은 구어라 하더라도 루쉰의 구어는 현대에 흐르고 있는 구어의 전통에 반하여 그것과 절연하며 출발하고 있다. 그것이 얼마나 지난한 일인지는 「광인일기」 이후에 나온 소설들을 볼 때, 대체로 문장만이 아니라 사상에서도 구파舊派의 구어 소설(희작 문학)의 영향이 역력하다는 것을 보면 알 수 있다(이를 감안하면 「광인일기」가 얼마나 새로웠는지를 짐작할 수 있다). 아직 문장의 형태가 드러나지 않았는데 전통을 끊고 문장을 쓰고자 한다면 이상 심리라도 빌려야 할 것이다. 구어라고도 문어라고도 부를 수 없는 일종의 구어, 그것이 광인에게 어울리는 문체다. 따라서 그것은 광인 심리를 표현하는 데 성공한 동시에 문장 개혁의 시도로서도 성공할 수 있었다.

완전히 새로운 문장이 없는 것처럼 완전히 새로운 의식도 있을 수 없다. 만약 있다고 한다면, 그것은 바깥으로부터 온 것이다. 바깥으로부터는 올 수 있을 것이다. 루쉰의 말을 빌린다면 "채찍은 반드시 온다." 채찍이 오는 것은 채찍을 맞을 때다. 자유를 빼앗길 때다. 바깥으로부터 오기를 기다리는 것은 '노예가 환상 속에 그리는 자유'로의 길이다.

노예가 되기를 원치 않는다면 바깥에서 오는 것을 거부해야 한다. 바깥에서 오는 것을 거부하려면 자신에게 주어진 것을 거부해야 한다.

---

5 장빙린章炳麟(1868~1936): 학자이자 혁명가. 전통적 교육을 받은 뒤 청의 치하에서 벼슬하기를 거부하고 신문을 편집하며 반청적反淸的인 논조를 전개했다. 투옥되었다가 3년 뒤 석방되자 일본으로 건너가 동맹회를 대변하는 글을 쓰며 논객으로 활동했다. 쑨원이 수립한 혁명 정부에도 가담했다. 학문적 입장에서는 문어체 문장 대신 구어체에 가까운 백화문白話文을 사용하자는 운동에 맹렬히 반대했다.

「광인일기」에 대하여

먹히지 않으려면 먹기를 그만둬야 한다. 이미 남을 먹어 버린 그는 구원을 얻을 수 없지만, 아직 남을 먹지 않았고 더럽혀지지 않은 영혼만은 구하지 않으면 안 된다. 이를 위해 그가 할 수 있는 것은 악悪인 자신을 멸하는 것뿐이다. 그는 자신을 멸하기 위해 살았다. "생명의 빠른 소멸을 위해" 그는 무리하게 작업을 이어 갔다. 그의 생애는 속죄자를 닮았다.

그는 무엇도 주기를 원치 않는다. 청년이 그의 "과실로 독에 물드"는 것이, 그는 두렵다. 자신은 줄 것이 없다. 줘서는 안 된다는 것이다. 그것을 받아서는 안 된다는 것이다. 그는 주려고 하는 '지도자'를 미워하며, 받으려고 하는 청년을 미워한다. 여러 사람이 여러 가지를 주려고 했다. '데모크라시'를, '사이언스'를, 자유를, 평등을, 박애를, 정의를, 독립을, 번영을 주려고 했다. 그는 믿지 않았다. "남이 네게 주기로 약속한 것을 바라서는 안 된다"고 그는 유언했다. 그는 죽을 때까지 권위 — 권위에 복종하는 것과 권위로써 남을 복종시키는 것 — 에 반항했다.

문학은 종국에는 구원의 문제에 다다를 것이다. 하지만 루쉰처럼 구원을 찾지 않는 문학자도 있다. 그는 구원자를 찾지 않고, 자신이 구원자가 되려고 하지도 않는다. 그는 악이며 그 악으로써 악에 대항할 따름이다. 사랑이 아니라 증오 때문에 "미워하는 자들에게서 미움을 사려고" 그는 살았다.

그 자신이 '가족 제도와 예교'다. 그것을 '폭로'한 것은 자신을 폭로한 것이다. 그것은 '아Q'가 자신인 것과 마찬가지다. 이 점에서도 그는 리얼리스트인 고골에 가까웠다. 그러나 그것은 그의 생활에서도 유래한다. 가령 그는 청년기에 인습에 매여 결혼한 이후에도 거기서 빠져

나가려고 하기는커녕 반대로 인습 속에 자신을 묻으려 했다. 한 차례도 사랑한 적 없는 아내와 헤어지지 않았다. 그게 허위임을 누구보다 잘 알지만, 다른 동시대인이 흔히 그러하듯 이혼으로 벗어나는 방법을 택하지 않았다. 그가 이 결혼으로 입은 타격이 얼마나 깊은지는, 한 번도 아내에 관해 말하지 않은 데서 드러난다. 그럼에도 불구하고 그는 구원을 바라지 않았다(후년 쉬광핑과 연애하고 구원받기까지는). 그것은 그가 '가족 제도와 예교'의 피해자일 뿐 아니라 가해자임을 의식하고 있었기 때문일 것이다. 잘라서 내버린들 속죄할 수 없기 때문이다.

군이 말하자면 구원을 바라지 않는 것이 그의 구원이다. 다음 세대가 그와 닮지 않는 것이, 이를 위해 악인 자신을 멸하는 것이 그의 소원이다. 1923년의 「노라는 가출하고 나서 어떻게 되었는가」라는 강연에서 그는 구원의 방법을 언급했다. 가족 제도(여기서는 남녀 재산권의 불평등)를 개혁하려면 각자 자신이 부모가 되었을 때 가족 제도 아래서 공고한 친권을 활용해 가족 제도 자체를 개혁하라는 것이다. '학자'가 보기에는 공상주의에 가까운 허튼 생각이다. 하지만 루쉰의 성실함은 내 마음을 때렸다. 아무리 생각해도 누구나 할 수 있는 일은 그것뿐이다. 그는 쉬광핑에게 보내는 편지에서 혁명이란 "국민이 스스로 자신의 나쁜 근성을 개혁하는 것"이라 쓰고 있다. 남을 향해 말할 때, 그는 상대가 할 수 있는 것만을 말한다. 그리고 그가 말하는 것은 필시 그가 하고 있는 것이다. 사회의 문제든 문화의 문제든 말이다.

「광인일기」는 청년들의 마음을 세게 때렸다. 그의 작품 중에서도 이만큼 반향이 컸던 것은 없다. 「광인일기」를 읽은 한 청년은 "나는 세계가 바뀌었다는 생각이 들었다"고 고백했을 정도이다. 새로운 시대가 시작된 것이다. 루쉰의 암흑이 상대의 내부를 파먹어 들어가 생명의 불이 자연 발화한 것이다. 새로운 인간이 이때부터 형성되었다. 예를 들어 바진[6]과 같은 다음 세대 작가는 「광인일기」의 직접적 영향 속에서 등장했다. 그리고 그는 낡은 집을 버리고 행동에 나섰다. 그러한 청년, 스스로 책임지고 문제를 해결하려는 청년이 차례차례 등장했다.

루쉰 자신은 죽을 때까지 암흑과의 절망적 격투의 의식에서 벗어나지 못했다. 하지만 그의 정신은 독립 전쟁으로 계승되고 강화되어 오늘날에도 유지되며, 더구나 새로운 것을 낳고 있다. 사람들은 그의 참혹한 싸움의 생애로부터 다시, 또다시 교훈과 격려를 얻는다.

일본 문학에는 루쉰이 없었다. 후타바테이 시메이 이래 저항 시인이 간헐적으로 등장했지만 언제나 타협이나 패배로 끝났다. 도손[7]의 『집』으로부터 시가[8]의 『화해』로 이르는 타협의 길, 다쿠보쿠[9]로부터 고바야시[10]를 거쳐 시마키[11]의 패배로 가는 길밖에 없었다. 그리고 존재하는 것은 현실 도피의 식민지 문학, 노예 문학뿐이었다. "노예임을 달가워하는 자가 노예다"라고 루쉰은 말했다. "노예는 노예주와 다를 바

---

6   바진巴金(1904~2005): 소설가. 5·4운동을 계기로 사상에 눈을 떠 난징과 상하이에서 혁명 운동에 참가했다. 루쉰, 라오서와 더불어 '중국 3대 문호'로 불리기도 한다. 『봄春』, 『가을秋』, 『게원憩園』, 『신은 없다沒有神』 등의 작품을 남겼다.

7   시마자키 도손島崎藤村(1872~1943): 시인이자 소설가. 메이지 유신 당시 급속한 근대화 과정으로 열병을 앓던 일본에서 낡은 가치관과 새로운 가치관이 맞부딪치는 충돌을 묘사했다. 작품 『파계破戒』는 사회에서 따돌림 당한 한 젊은 교사가 자아실현을 위해 노력하는 이야기로, 당시 유행한 자연주의 문학의 대표작으로 꼽힌다. 미완의 마지막 작품 『동방의 문東方の門』은 현재의 곤경에서 벗어나고자 중세 일본 불교의 지혜에 호소한다는 내용이다.

8   시가 나오야志賀直哉(1883~1971): 소설가. 1910년 『시라카바白樺』를 공동 창간했다. 강한 개성에 기반한 간결한 문체로 산문 표현의 극치를 보여 주었다. 『화해和解』, 『어린 중의 신小僧の神樣』, 『암야행로暗夜行路』 등의 작품을 남겼다.

9   이시카와 다쿠보쿠石川啄木(1886~1912): 시인. 일본 고유시인 단카短歌의 거장이다. 그의 시는 심오한 인간미로 널리 알려졌으나 그가 개척한 단카는 지적이며 냉소적이라는 평가를 받는다. 『동경あこがれ』, 『호루라기와 휘파람呼子と口笛』, 『슬픈 장난감悲しき玩具』 등의 시집을 남겼다.

없다"고도 말했다. 발돋움해서 식민지 본국의 풍부한 문학을 흉내 내던 일본 문학이, 루쉰의 눈에는 궁핍한 식민지 문학으로 보였을 것이다. 문학만 그럴 리 없다. 권위의 말로 떠드는 자는 어디든 있다. 먹혀서는 안 된다.

1947년 12월

---

10 고바야시 히데오小林秀雄(1902~1983): 평론가. 1933년 『문학계文學界』를 공동 창간했다. 프랑스 상징주의의 영향을 받아 근대적 자의식과 언어관의 문제를 파고들었으며, 프롤레타리아 문학을 넘어서는 근대 비평을 확립했다고 평가받는다. 저작으로 『다양한 의장樣樣なる意匠』, 『사소설론私小說論』, 『모토오리 노리나가本居宣長』 등이 있다.

11 시마키 겐사쿠島木健作(1903~1945): 소설가. 프롤레타리아 문학 운동의 퇴조기에 등장해 농민 운동에 참여했다. 『옥獄』, 『재건再建』, 『생활의 탐구生活の探究』 등의 작품을 남겼다.

루쉰과 일본 문학

　루쉰은 일본에서 비교적 이른 시기에 소개되었다. 일본의 여러 문학자가 상하이로 여행하여 루쉰을 만나고 회견기를 썼다. 루쉰은 그들을 두고(나가요 요시로長與善郎 등) 자기가 하는 말을 상대가 알아듣지 못해서 터무니없는 오해만 산다고 불평한 적이 있다. 결국 나라의 사정이 다르니 서로를 이해하기란 힘들 것이라고도 말했다. 루쉰의 생전에 그와 만났던 일본의 문학자는 대개 작품도 제대로 읽지 않은 채 명성에만 끌려, 즉 정치가처럼 루쉰과 만났다. 그들은 문학자가 아니라 '지나 낭인浪人'으로서 루쉰과 만났다. 루쉰만이 아니다. 또한 나가요 요시로만도 아니다. 상대의 존재로 인해 불안을 느끼지도, 따라서 영향을 받지도 않고 루쉰과 만난다. 그런 정신, 그건 그것이라고 정리해 버리고는 수상히 여기지 않는 정신, 그런 것이 일본 문학에 있었다. 그리고 지금도 있다. 이는 문학을 타락시키는 쇠약한 정신이다. '대동아 문학자 대회'라는 속이 빤히 들여다보이는 연극이 연극조차 되지 못한 것은 그러한 정신의 지배를 자각하지 못했기 때문이리라.

　나는 나라의 사정이 달라서 서로를 이해하기 어렵다는 저 발언의 의미가 깊다고 생각한다. 자신이 이해하기 어렵다고 토로한 것이라기보다, 상대의 몰이해를 파고들어 그 밑바탕을 비판한 것이라고 생각한다. 이해하지 못하는 상대를 안쓰러워하는 기색이 느껴진다. 루쉰은 일본 문학을 잘 알았다. 꽤나 세세한 곳까지도 살피고 있었다. 자신을 만나러 오는 상대가 지닌 문학적 성질, 위치 등을 꿰고 있었다. 애초에 상대에게 자신을 이해하려는 의지 따위는 없고, 눈에는 편견과 선입관이 들어차 있으며, 그것을 의심하지 않는다는 것도 잘 알고 있었다. 불안 없이 자라 온 정신을 어떻게 응대해야 할 것인가. 누구든 곤혹스러울 것이다. "나라의 사정이 달라서"라고 말하는 것 말고는 달리 방도가 없을 것이다.

"나카노 시게하루의 작품은 그 책 말고는 중국에 없습니다. 나카노 역시 전향했지요. 일본의 좌익 작가 가운데 여전히 전향하지 않은 이는 오직 두 명(구라하라 고레히토[1]와 미야모토 유리코)뿐입니다. 당신들은 분명히 놀랄 것입니다. 그들은 중국 좌익의 완강함에 전혀 못 미치기 때문이죠." 1934년 루쉰은 샤오쥔에게 보내는 편지에서 이렇게 적었다. 이 대목만 봐도 루쉰이 일본 문학을 얼마나 깊이 이해했는지, 어떤 방향에서 이해했는지를 알 수 있다. 일본 문학이 훤히 드러났다는 느낌이다. 그러나 그의 진의는 일본 좌익 문학의 전향을 비난하는 것도 "중국 좌익의 완강함"을 자랑하는 것도 아니다. 위의 소절에 이어서 말한다. "다만 모든 것은 비교해서 논해야 합니다. 그들이 살아가는 곳은 압박의 방식이 실로 조직적이며 철저합니다. 독일식의 주도면밀함

1 　구라하라 고레히토藏原惟人(1902~1991): 평론가. 1929년 전일본무산자예술연맹(나프) 결성에 나섰으며, 잡지 『전기戰旗』를 발행했다. 노동자, 농민과 결부된 문화 운동의 필요성을 주장했다. 『예술과 무산 계급芸術と無産階級』, 『프롤레타리아 문학을 위하여プロレタリア文学のために』, 『서간 여행기書簡旅行記』 등을 썼다.

을 갖추고 있습니다. 만약 중국에서 그것을 흉내 낸다면 사정은 또한 달라지겠죠."

군 관료 지배 체제를 통찰하고 있을(그것은 나라의 사정이 다른 결과의 일부다) 뿐 아니라 그것을 육체적으로 느끼며, 바깥에서 바라보는 게 아니라 그 안에 몸을 두고 자신이라면 어찌하겠다는 결의를 마음속으로 다지고, 즉 행동의 장에서 문학자로서 일본 문학을 언급하고 있음을 잘 알 수 있다.

그가 '중국의 좌익'이라고 말할 때 그것은 대체로 '중국좌익작가연맹'을 가리키는 것처럼 보인다. 이 조직은 1930년에 생겨났다. 그리고 '독일식'은 아니지만 '아시아적'인 압박을 받았다. 결국 자연 소멸처럼 되고 말았지만 루쉰이 죽은 1936년의 대논쟁을 거치며 항일 통일 전선의 결성에 전통으로서 이어지고 있다. 나는 '좌련'에 관해 아는 바가 적다. 그러나 어쨌든 '자유대동맹'으로부터 발생했으며, 루쉰도 '방위의 조직'이라 불렀으니 역사적으로 보아도 분명히 인민 전선의 모태가 된다. 일본의 나프[2]처럼 당파적 결사는 아니었던 것 같다. 일종의 대중 조직이며, 본래 인민 전선적 요소를 품고 있었다고 보인다. 1936년의 대논쟁에 관해서도 사정은 밝지 않지만, 항일 통일 전선의 결성(주로 조직 문제)을 두고 문단이 둘로 분열되었다. 루쉰은 소수파로서 세론世論에 맞서 목숨을 걸고 싸웠다. 그가 왜 그처럼 완강했는지를, 내가 아는 범위에서 말하자면 '좌련'의 전통을 고집했기 때문일 것이다. '좌련'은 느슨한 조직이었으며 압박에도 심하게 시달려(압박의 정도는 일본과 다

---

2   나프NAPF: 프롤레타리아 예술을 주장하는 문예가의 단체로서 '전일본무산자예술연맹' 및 이를 개편한 '전일본무산자예술단체협의회'의 약칭이다. 1928년 창립했으며 기관지 『전기戰旗』, 그 후 『나프ナップ』를 발행해 일본 프롤레타리아 문학의 전성기를 이끌었다. 1931년 결성한 코프KOPF(일본프롤레타리아문화동맹의 약칭)에 합류되어 해산했다.

르다. 그리고 어떤 의미에서는 일본 이상이었다) 조직으로서의 활동은 뜸해지고 탈락자도 속출했다. 당시는 일본 제국주의의 침략이 노골화되어 민중 사이에서 구국 의식이 고조되던 때다. 그리고 중공 측에서 통일 전선을 제안했다. 통일 전선은 무조건이어야 했다. 그럼에도 불구하고, 아니 그로 인해 루쉰은 '좌련'의 전통을 강하게 지켰다. 결과는 통일 전선을 인민 전선의 방향으로 이끄는 데 보탬이 되었다. 그리고 루쉰의 죽음이 그것을 매개하고 있다. '루쉰 정신'이라 불리는 것이 바로 그것이다.

보다 면밀히 연구해 봐야 이 논쟁을 이해할 수 있겠지만, 어쨌든 논쟁 상대가 비난하듯이 루쉰이 분파적으로 혹은 극좌적으로 행동하지 않았다는 사실은 분명하다. 그는 오히려 그런 것들과 끊임없이 맞서 싸웠다. 그는 자신을 내세운 적이 없다. 문단적 당파를 세운 적도 없다. 그는 언제나 수동적이다. '좌련'이 태어난 1930년 무렵에 루쉰은 사상적으로 공산주의와 가까웠지만(그는 자신을 한 번도 공산주의자라고 부른 적이 없다. 동반자라고 불렀다), 그의 공산주의는 그의 본질인 반봉건과 반제국주의를 자각하도록 이끄는 방향으로 작용했을 뿐이다. 이질적인 것이 더해지는 게 아니라 본질적인 것을 강화시켰을 따름이다. 그만큼 전근대적 반식민지라는 현실에 철저한 공산주의다.

'좌련'이 등장하기까지 몇 년간 루쉰은 혁명 문학(프롤레타리아 문학)으로부터 집중 공격을 받아 악전고투했다. 당시의 논전은 격렬했던 1936년의 논전에 뒤지지 않는다. 혁명 문학의 낭만적 경향(일본의 신감각파가 좌익으로 전향한 양상과 닮았다)을 루쉰은 용납지 않았다. 그 결과 '좌련'이라는 진보적 작가의 대중 조직을 낳아 그 전통이 항일 민족 통일 전선으로 이어진 것이다.

일본의 프롤레타리아 문학을 역사적으로 평가하고자 할 때(일본 문학의 진보를 위해 반드시 필요한 일이다) '좌련'은 거울이 되리라고 본다. '좌련'과 나프는 우호 단체였지만 본질은 다르지 않았을까. 일본에서는 왜 '좌련'이 출현하지 않았을까. 그것은 왜 루쉰 같은 인간이 나타나지 않았는가와 같은 물음이기도 하다. 그 이유를 루쉰이 말한 "나라 사정의 차이"로부터 연구해 나가야 한다. 일본이 그럭저럭 부르주아 문학을 갖췄다는 것이 루쉰 같은 인간을 배출하지 못한 조건이었음은 분명하지만, 그것은 그런대로 좋으리라. 그런데 그 조건은 "나라 사정의 차이"일까. 만약 후타바테이 이래의 일본 문학을 몇 년으로 압축한다면, 거기서 루쉰 같은 인간상이 나올 수 있을까. 나는 의심스럽다.

　루쉰은 일본 문학으로부터 많은 것을 흡수했다. 그는 메이지 말기에 일본으로 유학해 일본어를 통해, 그리고 독일어를 통해 유럽의 근대 문학을 흡수했다. 그는 상당히 개성적으로 유럽의 근대 문학을 받아들였다. 예를 들어 그는 독일어를 할 줄 알았지만 니체를 제외한다면 독일 문학 자체는 그다지 파고들지 않았다(다만 만년에는 하이네에 관심을 가져 전집을 읽으려 했다고 한다). 그는 독일 문학이 아니라 독일어로 번역된 약소민족의 문학을 파고들었다. 폴란드, 체코, 헝가리나 발칸의 나라들에서 압박받는 민족의 문학, 그리고 슬라브 계통 저항 시인의 문학이다. 그것들이 절실했기에 파고들었으리라.

　이것은 루쉰만이 아니라 그의 동시대인에게도 공통되는 일종의 시대색인데, 일본 문학에서는 외국 문학을 파고드는 이러한 방식이 어떻게 비쳐질까. 일본 문학은 유럽의 근대 문학을 대할 때 그런 방식을 취하지 않았다. 갑자기 일류를 향해 달려들었다. 유럽에서 근대 문학의 주류인 것들을 차례차례 찾아다녔다. "일단 일류를, 다음에는 이류를"이 일본 문학의 방식이었다. 문학만이 아니라 문화 일반에서 그러했다. 일본 문화는 유럽의 문화에 조금 더, 조금만 더 다가간다는 자세로 자신을 근대화하려 했다. 애초에 일본 문학의 초기에는 그렇지 않은 경우도 있었다. 정치 문학이 유행하던 무렵, 그리고 후타바테이의 번역 등에는 다른 경향이 존재했지만 모리 오가이나 우에다 빈에 이르면 이미 뚜렷해진다(오가이가 괴테를 이해하지 못한 채 파우스트를 번역했다는 의미는 아니다). 이것은 하부구조와 깊이 연관된 현상이라고 생각한다. 그리고 오늘날에도 방향으로서는 그러하다.

루쉰처럼 외국 문학을 파고드는 방식이 일본 문학에서는 어떻게 보일까. 지체遲滯로 보인다. 루쉰은 유럽 근대 문학의 주류에서 보건대 이류나 삼류를 파고들었다. 주류가 아닌 방계傍系다. 주류이자 일류인 것을 내버려 둔 채 일부러 그런 것을 골라 번역하다니 이해할 수가 없다. 근대화를 위해서라면 멀리 돌아가는 짓이다. 루쉰 같은 근대 문학의 개척자가 이류나 삼류에 공감했다는 것은 그만큼 지체되어 있었기 때문이리라. 이렇게 보일 것이다.

루쉰도 약소민족의 문학이 세계 문학의 주류라고 생각하지는 않았다. 괴테나 톨스토이를 번역할 마음이 없었던 것도 아니다. 그 반대였다. 근대 문학의 모든 고전이 번역되기를 희망했으며 이를 위해 노력했다. 젊은 외국 문학 연구자를 키우는 데 루쉰만큼 헌신했던 이도 없다. 그리고 대작을 번역할 만한 힘이 자신에게 없음을 늘 한탄했다. 일본에서는 번역도 많이 이루어지며 일본인은 새로운 문학을 도입하는 데 기민하다며 칭찬하고, 이를 통해 젊은 연구자를 격려하며 자신도 일본 문학에 도입된 새로운 문학을, 어떤 점에서는 일본인 이상으로 활용했다. 그는 스스로도 평생 번역 일을 멈추지 않았는데, 만년에 번역한 서적을 본다면 새로운 문학을 소개하려고 얼마나 고심했는지를 알 수 있다. 일본의 번역서, 그것도 영세하거나 불완전한 것을 실로 세심하게 활용했다. 번역뿐 아니라 판화 등을 수입할 때도 그러했다. 다만 그는 이를 통해 자신을 주장하지는 않았다. 또한 외국 문학(비록 소비에트라고 해도)을 권위로 삼아 새로움을 주장하는 자들과는 언제나 맞서 싸웠다. 발레리[3], 로맹 롤랑[4], 루나차르스키[5]를 권위로 삼으려는 자들과 싸워 그 가면을 벗겼다.

이 점은 루쉰이 일본 문학을 어떻게 받아들였는지와도 관련이 있다. 즉 주류를 파고들지 않았다. 주류라든가 유명하다는 이유에서는 세계 문학이든 일본 문학이든 파고든 적이 없다. 그가 일본으로 유학 갔던 무렵 일본에서는 자연주의가 유행했다. 그러나 그는 일본의 자연주의도 프랑스의 자연주의도 기웃거리지 않았다. 그가 1923년에 저우쭤런과 공동으로 펴낸 『현대 일본 소설집』을 보면, 실로 잘 짜여져 있어 그들의 이해가 보통이 아니었음을 알 수 있는데(이 책을 아쿠타가와 류노스케가 일본에 소개했다. 그로써 아쿠타가와의 이해도 보통이 아니었음을 알 수 있

---

3   폴 발레리Paul Ambroise Valéry(1871~1945): 평론가이자 시인. 부단한 정신 탐구와 진실된 자아 추구에 진력했다. 2차 세계 대전 때 파리를 떠나지 않고 나치스 독일에 대한 항전을 고무하다가 영양실조에 걸려 전쟁이 끝난 뒤 사망했다. 저서로『젊은 파르크La Jeune Parque』, 『정신의 위기Crise de l'Esprit』, 『매혹Charmes』 등이 있다.

4   로맹 롤랑Romain Rolland(1866~1944): 소설가이자 평론가. 평화 운동에 진력하고 국제주의의 입장에서 군국주의와 국가주의에 반대했다. '혁명극'으로 『당통Danton』, 『7월 14일Le Quatorze Juillet』 등을 쓰고, 대하소설의 선구가 된『장 크리스토프Jean Christophe』로 1915년 노벨 문학상을 수상했으며, 국제 파시즘이 대두하자 『쟁의 15년Les Quinze ans de combat』, 『혁명으로 평화를Par la révolution, la paix』 등의 평론을 발표했다.

5   아나토리 루나차르스키Anatorii Vasil'evich Lunacharskii(1875~1933): 극작가이자 평론가. 1890년대부터 러시아 혁명 운동에 참가하다가 체포·유형당했고 이후 볼셰비키에 가입해 당 신문에서 활약했으며, 볼셰비키의 대표로서 슈투트가르트의 국제 사회주의 회의에 참석하기도 했다.

다), 그만큼 루쉰은 일본 문학에 대해서도 상당히 엄격한 비판의 눈을 갖고 있었음을 짐작할 수 있다(기호는 다르지만 저우쭤런도 마찬가지다). 루쉰은 일본 문학의 방계를 파고들었고, 주로 아리시마 다케오[6]와 구리야가와 하쿠손[7]에게 관심을 보였다. 이 점은 니체와 연관되어 루쉰의 초기 경향을 뚜렷하게 드러낸다. 그리고 실현되지는 못했지만, 만년의 아쿠타가와를 높이 평가해 소개할 마음도 먹었다. 그는 일본 문학에서도 자신에게 본질적인 것만을 취했다. 일본의 문학가가 유명하다는 이유에서 루쉰을 만나러 간 태도와는 정반대다. "나는 쇼를 좋아한다. 하지만 그의 작품 내지 전기를 읽다가 좋아하게 된 것은 아니다. 다만 어디선가 몇 구절의 경구를 읽고, 누군가가 쇼는 부르주아 사회의 가면을 벗겨 낸다고 말했기에 좋아하게 되었다. 다른 한 가지는 중국에도 서양의 부르주아를 흉내 내는 무리가 꽤 있는데 그들은 대체로 쇼를 싫어하니까. 나는 종종 내가 싫어하는 사람에게 미움을 받는 사람이 좋은 사람이라고 생각한다." 이것이 루쉰의 태도다.

유명세에 개의치 않고 자신에게 본질적인 것만을 파고드는 태도는 루쉰이 강한 개성의 소유자라서 가능했을까. 그러나 강한 개성도 사회적으로 생산될 것이다. 쑨원 역시 루쉰과 같은 유형의 인간이다. 그리고 일본인에게는 쑨원의 그런 점도 지체로 보였다. 따라서 일본인

---

6 아리시마 다케오有島武郎(1878~1923): 소설가이자 평론가. 인도주의에 입각해 본격적 사실주의를 실현한 작가로 평가받는다. 우치무라 간조의 영향으로 그리스도교로 개종했으며 크로포트킨의 무정부주의 사상에 경도되기도 했다. 작품으로 『어떤 여인或る女』, 『카인의 후예カインの末裔』, 『태어나는 고뇌生れ出づる悩み』 등이 있다.

7 구리야가와 하쿠손厨川白村(1880~1923): 평론가. 아사히신문에 '근대의 연애관'을 연재해 소위 연애 지상주의를 고취했는데 당시 지식층 청년에게 큰 영향을 주었다. 이후 중국어로도 번역되어 반향을 일으켰다. 저서로 『근대의 연애관近代の恋愛観』, 『상아의 탑을 나와象牙の塔を出て』, 『고뇌의 상징苦悶の象徴』 등이 있다.

루쉰과 일본 문학

은 쑨원의 사상도 운동도 이해하지 못했다. 지금도 이해하지 못하고 있다.

유럽 문학(문화)을 받아들일 때 루쉰형과 오가이형의 차이는 하부구조 발전 법칙의 차이를 반영할 것이다. 한쪽은 위로부터의 근대화에 성공했다. 실은 성공하지 못했지만, 성공했다고 믿음으로써 가능적으로 성공하고 있다. 그로 인해 내부 모순이 발생하면 바깥을 향함으로써 그 해결을 도모했다. 정한론[8] 이래 언제나 그래 왔다. 종종 '프러시아형'이라 불린 운동 법칙이 있었다. 이 형태의 특징은 식민지로부터 벗어나고자 스스로 식민자가 되는 방향으로 나아가는 것이다. 또한 자신의 지체를 만회하고자 황급히 최신을 향해 달려들어 루쉰이 일본인의 '근면'이라 부르는 자기 확장적 생활력을 낳는다. 그것이 의식의 수준에서 나타나면 선진국에 무한히 가까워지려는 방향의 근대 운동이 된다. 따라서 일본 문학은 언제나 바깥을 향해 새것을 기대한다. 언제든 희망이 있다. 탈락하거나 타협해 개인이 떨어져 나가도 희망만은 남는다. 절망마저 목적화되어 희망이 된다(다자이 오사무 등의 예). 루쉰 같은 절망은 낳지 않으며 낳을 수도 없다. 따라서 그것을 이해할 수도 없다.

루쉰의 법칙은 다르다. 루쉰을 낳은 사회가 다르듯 루쉰의 법칙은 다르다. 청말의 사회는 일본처럼 위로부터의 개혁을 시도했지만 모두 실패했다. 쩡궈판[9] 등의 상층 관료 운동이 실패했고, 더구나 그것을 대신한 캉유웨이의[10] 하층 관료 운동도 실패했다. 그 실패는 인간의 의식

---

8 정한론征韓論: 1870년대를 전후해 일본 정계에서 대두된 한반도 공략론이다.

9 쩡궈판曾國藩(1811~1872): 정치 지도자이자 주자학자. 태평천국의 난이 일어나자 향군을 모아 태평천국의 난을 평정하는 데 공로를 세웠다. 이후 근대화 운동인 양무운동을 추진해 강남 제조국江南製造局을 세우고 미국으로 유학생을 파견하기도 했다.

에 정착하여 반대로 하부구조에 작용했다. '위에서 밖으로'가 아니라 '아래에서 안으로'라는 경향이 발생하고 그것이 가중되었다. 쑨원의 운동은 이민족 지배의 군주제를 무너뜨리는 데는 성공했지만 그 성공은 동시에 실패였다. 외국 세력을 배후로 두는 군벌의 반동 정치를 끌어들여, 다시금 아래로부터의 국민 혁명에서 출발해야 했다. 그 국민 혁명에서 중공의 운동이 나왔다. 이처럼 운동은 언제나 아래에서 나와 안으로 안으로 진행된다. 바깥에서 더해지는 새것을 거부함으로써 부정적으로 자신을 형성해 나간 루쉰 같은 인간은 그러한 지반에서 출현할 수 있었다.

애초에 이것은 주류를 두고 하는 말이며, 루쉰형과 오가이형이라고 문제를 제기할 때 이는 개개 인간의 정신 형태가 아니라 사회적 의식의 운동 법칙을 가리킨다. 즉 루쉰적인 것을 무너뜨려 언제나 오가이적인 것이 주류로 자리 잡는 방식과 오가이적인 것이 끊임없이 루쉰적인 것으로 흡수되는 방식이라는 의미다. 후스나 린위탕 등은 루쉰과 비교하건대 반대되는 유형이지만 주류가 되지는 않았다. 1917년부터 시작된 문학 혁명에서는 후스가 주역이었다고 회자되며 실제로 그랬지만, 역사적으로 평가하자면 후스적인 것으로부터 루쉰적인 것이 나와 문학 혁명이 이루어졌다. 그것은 혁명 문학으로부터 '좌련'이 나온 1930년의 사정과 닮았다. 후스가 데모크라시를 들여왔을 때 루쉰이 대놓고 반대하지는 않았지만, 속으로는 후스의 안이함을 비웃었으

---

10 캉유웨이康有爲(1858~1927): 정치지도자. 무술변법 운동을 이끌었으나 실패했다. 이후 해외로 망명해 16년 동안 30여 개국을 떠돌다가 신해혁명 이후인 1913년에 귀국해 혁명파에 반대하는 각종 저술 활동 등을 펼쳤다. 1912년에는 유가 사상을 종교적으로 개조한 공교회孔教會를 조직했으며, 1917년에는 장쉰張勳을 도와 폐위된 마지막 황제 부의溥儀의 복벽을 도모하다가 실패했다.

루쉰과 일본 문학

리라. 루쉰의 '절망'이 이미 형성되었기 때문이다. 루쉰은 데모크라시로 구원받으려는 환상에 머물러 있을 수 없었다. 따라서 구원이 없음을 구원이 없는 채로 쓰는 수밖에 없었다. 거기서 「광인일기」가 태어났다.

1925년에 린위탕이 페어플레이를 제창하자 루쉰은 반대했다. 지반이 마련되지 않은 곳에서 부르주아 도덕을 수입해 봤자 그것은 변형될 따름이다. 페어플레이는 공평한 것이 아니라 강자를 강하게 만들고 약자를 약하게 만든다. 그렇게 말했다. 그는 지식에 근거해 그렇게 말한 것이 아니다. '절망'을 형성한 토대가 되었던 체험으로부터 깨달았다. 구원은 바깥으로부터 오지 않는다는 것이 '절망'의 내용이다. 그는 인간이 인간을 먹는 세계를 봤다. 언제 먹힐지 모른다. 뿐만 아니다. 자신이 인간을 먹고 있다. 세계가 악일 뿐 아니라 그 악을 멸해야 할 자신도 악이다. 악을 멸할 수 있는 것은 악 말고는 없다. 악의 바깥에서 악을 바라보는 선의 입장이 있는 게 아니라 악으로부터 벗어나려고 버둥거리지만 벗어날 수 없는 악인 자신이 있을 뿐이다.

일본 문학의 눈에 이러한 인간은 어떻게 비칠까. 지체로 보일 것이다. 후진국의 갑갑한 사회가 낳은 전형으로 보일 것이다. 실은 지체라고 보는 데 문제가 있지만, 그것이 문제라는 것조차 일본 문학은 의식하지 못하리라. 일본 문학은 그러한 지체로부터 벗어났다고, 혹은 언젠가 벗어나리라고 믿고 있다. 일본 문학은 가능성을 갖고 있다. 언제나 가설된 자명성을 갖고 있다. 일본 문학도 자신이 근대를 가졌다고는 여기지 않지만, 근대를 가져올 수 있다고는 여기고 있다. 일본이라는 후진적 사회로 가져오면 근대가 변형되리라는 것을 알아차렸지만, 그러면 다시금 진짜 근대를 찾아 나선다. 시행착오다. 그리고 영원히 벽에 부딪히지 않는다. 일본 사회의 모순이 언제나 바깥으로 부풀어 의사擬似적으로 해결되어 왔듯이, 일본 문학은 언제나 바깥으로 새것을 찾아 나서 자신의 빈곤함을 무마해 왔다. 스스로 벽에 부딪혀 본 일이 없는 것을 자신이 진보한 덕택이라 여기고 있다. 그리고 벽에 부딪힌 상대를 보면 거기에 자신의 후진성을 이입해 상대로부터 후진성을 발견한다. 노예는 자신이 노예주가 되려는 한 희망을 잃지 않는다. 그는 가능적으로 노예가 아니므로. 따라서 자신이 노예라는 사실도 자각하지 못한다. 노예가 노예임을 거부하고 동시에 노예의 주인임도 거부했을 때 품게 되는 절망감을, 그는 이해할 수 없다. 그러나 노예가 노예에서 벗어나려는 행동을 일으키는 것은 자신이 노예임을 자각했을 때다. 루쉰은 자국의 역사를 "노예가 되려 해도 될 수 없는 시대"와 "당분간 무사히 노예가 될 수 있는 시대"의 교체와 반복이라고 보고, "중국 역사상 전에 없었던 제3 시대를 창조하는 것"이 "오늘날 청년의 사명"이라고 말한다. 일본 문학은 이런 형태로 전통을 거부하는 것이 히스테리로 보일 것이다.

일본 문학에게 새것은 언제나 유파流派로서 바깥에서 온다. 프롤레타리아 문학도 그렇다. 그리고 그것들은 이를 기다리는 자들에 의해 권위로서 추앙받는다. 프롤레타리아 문학도 마찬가지다. 권위를 거부하라는 말이 권위가 된다. 권위가 현실에 부딪쳐 가치를 잃으면 다른 권위를 찾아 나선다.

루쉰이 권위로서의 프롤레타리아 문학을 부정해 '좌련'을 꿰뚫었던 운동이 일본에서는 일어나지 않는다. 패전이라는 벽에 부딪힌 오늘날도 프랑스형이냐 소비에트형이냐 중공형이냐를 두고 떠들 뿐 새로운 운동은 일어나지 않는다. 여러 방식으로 직수입해 봤자 소용없다는 걸

알았는데도, 방식을 어떻게 달리해 볼까 하는 생각 외에는 하지 않는다. 애초에 프랑스형이니 중공형이니 하는 것들이 형식인 듯 비치는 눈 자체가 이상한 것은 아닐까. 자신의 벽을 외면하고 싶은, 자신의 노예성을 잊고 싶은 비겁함이 드러나는 게 아닐까.

일본 문화의 분열이라는 것이 회자되고 있다. 이와나미岩波 문화와 고단샤講談社 문화라든지 도시와 농촌이라든지, 여러 양상으로 회자되고 있다. 그리고 통일이 논의되고 있다. 그러나 문화가 진정 분열하고 있는 것일까. 만약 분열하고 있다면 그 분열로 고통스러워하는 정신이 있어야 할 텐데, 그런 것이 어디에 있단 말인가. 문화의 분열로 보이는 것은 그렇게 보는 눈이 이상하기 때문이다. 실상 분열하는 문화 따위는 없으며 개개의 의사擬似 문화가 있을 뿐이지 않은가.

루쉰이 말하는 "나라 사정의 차이"는 중요하니 곰곰이 곱씹어 봐야 한다. 하부구조의 차이, 사회 및 의식이 발전하는 법칙의 차이, 그런 것일까. 그 정도의 차이일까. 보다 깊은 차이가 있는 것은 아닐까. 노예임을 자각한 것과 노예임을 자각하지 못할 만큼 노예적인 것의 차이가 아닐까. 루쉰의 눈에 일본 문학은 노예주를 동경하는 노예의 문학으로 보이지 않았을까.

"나라 사정의 차이"라는 루쉰의 말투에서 나는 그것을 느낀다. 일본 문학이 그 정도로 노예적인 것은 나라奈良 시대 이후 일본 문화가 대륙 문화의 영향으로부터 한 번도 자유롭지 못했다는 것, 그 탈출의 실패, 그 실패를 의식하지 못할 만큼 배어든 열세 의식, 그리고 유럽 문화를 들여와 탈출한 줄 알았지만 실은 탈출하지 못한 의존성에서 기인하는 게 아닐까. 독립이 두렵고 자유가 두려워서 자신의 노예성에 눈감으려고 하는 뿌리 깊은 본능이 있는 것이 아닐까. 그것이 여러 현상으로 나타나고 있다. 예를 들어 '프랑스'를 아무렇지도 않게 '불란서佛蘭西'라고 쓰고, 국어사전과 한화사전漢和辭典이라는 두 종류의 사전을 사용하면서도 이상하게 여기지 않고, '지나 숭배'의 역상逆像인 '지나 모멸'을 의식하지 못한다. 노예로부터 벗어나려는 루쉰을 지체라고 여기는 일본 문학의 또 다른 지체를 문제로 삼아야 한다.

루쉰은 만년에 일본어로 글을 썼다. 대체로 일본의 민중에게 호소하는 형태와 내용이었지만, 일본 문학은 거기에 답하지 않았다. 요즈음 루쉰이 유행한다. 나는 일본 문학에 루쉰이 필요하다고 생각한다. 그러나 그것은 루쉰마저도 불필요하게 만들기 위해 필요한 것이며, 그렇지 않고서야 루쉰을 읽을 의미가 없다. 나는 일본 문학이 루쉰을 권위로 삼아 버릴까 봐 두렵다. 루쉰 같은 민중 시인이 관료 문화의 우상이 될까 봐 두렵다. 그럴 위험성이 다분하다. 실제로 나조차도 '루쉰형'이라는 형태로만 루쉰을 다루고 있는 게 아닐까.

1948년 1월

「아Q정전」의 세계성

　중국의 근대 작가 가운데 일본에서 가장 유명한 작가는 루쉰이며, 루쉰의 작품 중에는 「아Q정전」이 가장 유명하다. 중국의 근대 문학이라고 하면, 누구든 루쉰의 이름을 입에 먼저 올린다. 그 루쉰의 대표작이라고 하면, 사람들은 대체로 「아Q정전」을 꼽는다. 그만큼 「아Q정전」은 통속적으로도 유명하다. 물론 여기에는 이유가 없지 않다.

　일본만이 아니라 본국에서도 대체로 그렇다. 중국의 근대 문학은 아직 30년의 역사를 갖고 있을 뿐이지만, 그중에서도 가장 먼저 손꼽히는 작가는 역시 루쉰일 것이다. 그런 루쉰의 대표작이라면 역시 「아Q정전」을 고르는 편이 온당하리라. 나는 루쉰의 대표작으로 혹은 중국 문학의 대표작으로 「아Q정전」을 고르는 일에 어떤 거부감을 느끼지만, 그 거부감을 감안하더라도 가장 많은 문제를 내포한다는 의미에서 고른다면 역시 「아Q정전」밖에 없을 듯하다.

　「아Q정전」의 외국어 번역은 수십 종에 이른다. 대부분의 나라말로 번역되어 있다. 이 또한 「아Q정전」을 통속적으로 유명하게 만든 원인 가운데 하나지만, 그것이 통속성의 원인이라기보다 오히려 거기서

「아Q정전」 자체의 보편성, 세계 문학성을 문제로 삼을 필요가 있을 것이다. 통속적이든 어떻든 일본 문학에는 「아Q정전」의 절반만큼도 외국어로 번역된 작품이 없으니 말이다.

「아Q정전」은 중국 문학의 고전이 될 것이다. 실제로 고전화되고 있다. 중국 문학은 「아Q정전」을 고전화하는 방향으로 움직이고 있다. 대체로 그러하다. 그러나 세계 문학의 고전이 될 것인가 하면, 쉽게 단정할 수 없다. 통속성은 고전화의 조건이 아니다. 오히려 반대의 조건인 경우가 많다. 그러나 「아Q정전」이 여지없이 띠게 된 이 분위기를 씻어 낸 뒤에도 여전히 남는 것은 있다고 본다. 그리고 그것은 세계 문학의 고전과 공통된다고 생각한다. 그것은 무엇인가. 말로 하기에는 어렵지만, 굳이 내 방식의 언어로 말하자면 인간성에 대한 신뢰, 아니 그보다는 그 신뢰를 지탱하는 정신의 높이 혹은 인간성 회복에 건 정열의 깊이다. 그러한 독립불기[1]라는 정신의 높이에서 「아Q정전」은 일류다.

나는 이렇게 말하는 동안 로맹 롤랑을 염두에 두고 있다. 로맹 롤랑이 「아Q정전」을 읽고 감동했다고 한다. 내가 확인해 본 것은 아니지만, 루쉰을 읽기 시작하던 무렵 이 일화를 접하고는 그럼직하다고 생각했다. 있을 법한 일이라고 여겼다. 그대로 수긍이 간다는 느낌이었다. 당시 나는 아직 루쉰을 좋아하지 않았다. 루쉰의 작품 중에서도 특히 「아Q정전」은 좋아하지 않았다. 「아Q정전」은 내게 너무 어려웠다. 나는 「아Q정전」에 감도는 분위기가 싫었고 그것이 이해를 방해했으며, 「아Q정전」의 반대쪽인 『고독자』나 『들풀』의 각도에서만 루쉰을 해석하려 했다. 따라서 로맹 롤랑의 일화도 로맹 롤랑에게 어울린다고 여겼지만, 그것을 '감동'이라고 표현한 것은 그 일화를 전한 자가 과장

---

1   독립불기獨立不羈: 독립하여 남에게 속박되지 아니한다는 뜻이다.

「아Q정전」의 세계성

한 것이 아니라면, 롤랑의 공치사거나 공치사가 아니더라도 롤랑식의 느슨함에서 오는 자기도취의 결과일 테니 어느 경우건 작품에 대한 평가로서는 글렀다고 생각했다. 내게는「아Q정전」의 통속성이 눈에 거슬렸으며, 그러한 자의식이 내 눈을 가로막고 있었다. 나는 로맹 롤랑도 루쉰도 이해하지 못했던 것이다.

예를 들어 소세키의 작품으로『나는 고양이로소이다』와『도련님』은『명암明暗』과 거의 대척적이다. 그러나 어느 쪽이 소세키고 어느 쪽이 소세키가 아닌지는 말할 수 없다. 내 경험을 말하자면『나는 고양이로소이다』와『도련님』의 통속성에 방해받지 않고 작품을 감상할 수 있게 되기까지,『명암』으로부터 거슬러 나아가면서 꽤 오랜 세월이 걸렸다. 어떤 점에서 루쉰과 소세키는 기질이나 천성이 몹시 닮았다. 루쉰에게도『명암』과 같은 작품이 있고『풀베개草枕』나『꿈』과 같은 작품도 있다. 만약「아Q정전」을 소세키의 계열로 옮기자면『나는 고양이로소이다』와『도련님』에 가깝다. 나는『고독자』로부터 루쉰을 읽어 나갔기에「아Q정전」에 이르기까지는 이 또한 상당한 시간이 걸렸다.

소세키와 루쉰이 닮았더라도 그 가운데서 결정적으로 다른 면이 있으니 이를 간과해서는 안 된다. 예를 들어 소세키의『나는 고양이로소이다』와『명암』에는 시간적 거리가 있지만, 루쉰에게서는「아Q정전」과『고독자』가 병존한다는 데서도 이 차이는 드러난다. 분명 둘 다 걸어갔지만 걷는 방법이 달랐다. 만약 천성이 같았다고 가정한다면, 루쉰의 괴로움이 더 깊었으리라. 그리고 그것이「아Q정전」의 세계 문학성을 촉발하는 게 아닐까 생각한다. 둘 모두 작가로서의 자각을 갖지 않은 채 출발했다. 생활인의 지반으로부터 출발했다. 그 점은 같다. 소세키는 자기 내부의 작가를 향한 자각이 깊어져 성공할 수 있었다. 루쉰은 그렇게 성공할 수는 없는 방향으로 길을 골랐다. 스스로 자기 안의 작가를 죽였다. 소세키에게 행복이었던 것이 루쉰에게는 불행이었다. 이 점에서 루쉰은 오히려 소세키를 따르려 했던 아쿠타가와에 가까웠다. 소세키가 믿고자 했던 작품 세계로부터 루쉰은 벗어났던 것이다. 소세키가 한 장 한 장 '교양'의 옷을 벗을 때, 벗고 있는 자신은 의식했겠지만 그런 자신을 보증해 주는 것을 의식했는지는 의문이라고 생각한다. 소세키의 환경은 그런 의문이 자라나지 않을 만큼 행복했으리라. 그러나 세상에는 옷을 벗을 자유조차 없는 인간도 있고, 그러한 인간을 이해하고자 스스로 모든 보증을 거부하는 인간도 있다.

예를 들어 간디가 그렇다. 그리고 톨스토이-간디-로맹 롤랑의 연관성을 그려 본다면 루쉰(특히 「아Q정전」)은 자연스럽게 그 연관성 속에 자리 잡는다는 것을 알게 된다(동시에 그것이 내가 과거에, 그리고 얼마간의 사람이 지금도 「아Q정전」에 불만을 갖는 원인이기도 할 것이다). 「아Q정전」의 세계 문학적 위치는 명료하다. 그리고 이 계열에서 말하자면, 소세키는 빠지고 만다(물론 다른 계열이라면 이야기가 달라진다).

소세키의 휴머니즘과 루쉰의 휴머니즘은 성질이 다르다. 그리고 거기서 유머의 차이가 나온다. 저우쭤런은 루쉰이 유학 시절에 소세키를 애독했다고 적었다. 그리고 "작풍은 비슷하지 않지만, 풍자적 필치의 경묘輕妙함은 소세키로부터 영향을 받았다"고 썼다. 루쉰이 일본 문학 가운데서 소세키를 빼고는 중시한 작가가 없다는 것은 사실이겠지만 소세키에게서 영향을 받았다는 말은 다소 과장이 아닐까 싶다. 유사점은 없다고 생각한다. 오히려 저우쭤런이 그 문장을 이어 "그러나 깊은 구석은 고골과 시엔키에비츠[2]로부터 왔다"고 쓴 대목이 중요해 보인

---

2   헨릭 시엔키에비츠Henryk Sienkiewich(1846~1916): 소설가. 방대한 양의 역사 소설을 써서

「아Q정전」의 세계성

다. 루쉰의 유머는 본질적으로 소세키보다 고골에 가깝다. 그것은 소세키의 유머가 메러디스나 체스터턴에 가까운 것과 마찬가지다. 비약에 가까운 비교일지도 모르지만 『고양이』가 『도카이도추히자쿠리게』[3]에 가깝다고 한다면 「아Q정전」은 『서유기』와 근친성을 가질 것이다. 그와 비슷한 질적 차이가 있는 듯하다.

　이것은 『도련님』과 「아Q정전」을 비교하면 잘 알 수 있다. 『도련님』이든 「아Q정전」이든 이런 전형적 인간 유형을 창조해 그것을 종횡으로 움직인 작자의 힘은 위대하지만, 창조 방식은 완전히 다르다. 마치 겉과 속 같다. 무력한 정의파라는 『도련님』의 주인공은 만인의 가슴에서 동정을 부르지만, 우열愚劣과 악덕의 덩어리인 '아Q'처럼 그 동정을 되받아치는 힘은 갖고 있지 않다. 『도련님』이 동감을 얻는다는 것은 보증되어 있으며 그 보증을 제공하는 사회적 통념을, 작자는 의심하지 않았다. 한 걸음 헛디디면 사사키 구니[4]로 이르는 곳에 작자는 서 있다. 물론 소세키는 사사키 구니에게 이르지 않았다. 그러나 『도련님』의 세계를 파괴하지도 않았다. 『도련님』은 청춘의 문학이며, 소세키는 그러한 청춘을 가질 수 있었다. 그리고 루쉰은 가질 수 없었다. 이것은

외세의 통치 아래서 신음하는 폴란드 국민들에게 힘을 전했다. 농민 계급의 권리를 열성적으로 옹호했고 예술가들을 위한 신탁 기금과 어린이들을 위한 학교를 설립했다. 로마에 불을 지르고 이를 기독교인에게 덮어씌운 네로 황제의 잔인성을 극화한 『쿠오바디스』로 1905년에 노벨 문학상을 받았는데 로마의 퇴폐적 일상을 부조리한 유머로써 들춰냈다는 평가를 받는다.

3　『도카이도추히자쿠리게東海道中膝栗毛』: 에도 시대에 두 주인공이 에도부터 오사카에 이르는 도카이도東海道를 여행하며 저지르는 실패담과 우행을 짓펜샤 잇쿠十返舎一九가 회화체로 그려낸 여행담이다. 이 작품은 골계와 실패로 웃음을 자아내는 골계본滑稽本의 대표작으로 평가된다.

4　사사키 구니佐々木邦(1883~1964): 소설가. 학생 시절부터 마크 트웨인 같은 서양의 유머 작가에게 심취했으며, 1936년 유머 작가 클럽을 결성하고 이듬해 『유머 클럽』을 창간해 유머 문학의 발전에 진력했다. 일본 유머 소설의 개척자로 평가받는다.

작가로서 지닌 품성의 차이보다도 그 작가를 낳은 사회적 환경의 차이에서 비롯될 것이다. 예술적 완성도의 측면에서「아Q정전」은『도련님』에 아득히 뒤처진다. 이 또한 품성의 차이보다는 처해 있는 환경의 표현이라는 측면이 강할 것이다.

루쉰에게는 청춘이 없었다. 그의 청춘은 그의 의식에서 실패의 연속으로 새겨져 있으며, 그의 '절망'(루쉰의 절망에 비해 일본 전후 작가의 절망은 얼마나 얄팍한가)을 형성하고 있다. 그것은 그가 꽉 막힌 사회 속에서 생활자로서 성실하게 길을 걸어 왔음을 보여 준다. 이런 생활자가 고골이 아닌 소세키로 향할 수는 없는 노릇이다. 과거에 대한 복수만이 그에게는 생의 의미다. 그는 자신이 증오하는 대상을 타격하기 위해 그것을 자기 안으로부터 꺼내야만 했다. 그리고 꺼냈다. 그것이 '아Q'다. 인물을 이렇게 창조하는 방법은 고골적이다. 루쉰과 고골의 본질적 유사함은 꽉 막힌 사회에서 살아가는 작가의 공통된 운명을 보여 준다. 소세키가 그 운명을 면할 수 있었던 것은 소세키에게도 일본 문학에게도 행복이었다. 다만 그것이 진정한 행복이었는지가 오늘날 내게는 의문이다.

'아Q'만큼 약점투성이인 인간은 근대 문학 속에서 드물 것이다. 아무리 과감하게 자신을 폭로할 작정이었어도 이 정도의 악덕을 대상에 담기는 어렵다. 루쉰의 괴로움이 얼마나 깊었는지가 느껴진다. '아Q'라는 룸펜 농민은 전근대적 식민지 사회의 전형이라고 일컬어진다. 맞는 말이라고 본다. 그러나 동시에 그것은 인간성 일반에 통하는 보편적 ― 돈키호테적 존재이기도 하다. 보편으로까지 고양될 수 있는 특수 ― 진정한 특수다. '아Q'와 비교하건대 '도련님'은 아직도 개별에 불과하다.

「아Q정전」은 작품으로서의 완성도가 낮다. 거의 작품이라고 부를 수 없을 정도다. 작가도 그 사실을 자각하고 있다. 이는 제작의 사정과도 무관하지 않은데, 애초에 루쉰은 소설로 쓸 의도가 없었다. 서두의 절반가량을 차지하는 장난스러운 필치를 봐도 알 수 있다. 점차 작품에 이끌려 진지해진 것 같다. 그러한 구성상의 결함 말고도 여러 결함이 있다. 또한 과장된 묘사나 양식화 등(나중에야 이것들은 작가가 의식적으로 사용하는 수법임을 알았다) 근대 소설로 보이지 않는 면이 꽤 있다. 그로 인해 오랫동안 나는 「아Q정전」과 친숙해지기가 어려웠다. 나는 「아Q정전」이 마음에 걸리면서도 해석을 못 하고 있었다. 로맹 롤랑의 느슨함을 느슨함일 뿐이라고 정리하고 있었다.

그러나 자신의 오해를 깨달을 날이 다가왔다. 자기 완결적 작품만을 작품으로 꼽는 것은 잘못이며, 그것이 놓인 시간-공간상의 폭과 무게를 기준으로 봐야 한다는 것을 깨달았다. 무엇보다 나는 이 작품을 번역하며 루쉰이 '아Q'를 얼마나 깊이 사랑하는지를 깨달았다. 그것이 내 평가를 바꾼 결정적 계기였다. '아Q'가 비웃음을 사고 얻어맞을 때 루쉰은 몸으로 아파했다. 증오하고 타격을 가하고자 루쉰에 의해 루쉰에게서 태어난 '아Q'를, 루쉰은 사랑하고 있었다. 이것은 내게 거의 계시와 같았다. 짧으면서(일본어로 백 매 정도) 파탄을 일으켜 소설의 꼴을 못 갖춘 소설이 로맹 롤랑의 어떤 작품과 비교해도 뒤져 보이지 않는다는 것의 의미를 깨달았다. 그리되자 지금껏 작품의 결점이라 여겼던 것들마저 장점으로 보이기 시작했다. 예를 들어 이 고풍스러운 영웅담은 동시에 심리적 기교를 끌어들이고 있을 만큼 새롭다. 작품으로서의 파탄은 결함이 아니라 작품을 실제의 인생으로 개방해 나가는 확장성으로 보인다. 겨우 백 매의 「아Q정전」이 천 매의 『죽은 혼』[5]과 같은 양

量의 군상을 감싸는 대우주처럼 보인다. 로맹 롤랑이 이 작품을 인정한 것은 그가 느슨해서가 아니었다. 설령 느슨하다고 해도 그 느슨함은 나 따위는 범접할 수 없는 느슨함임을, 나는 이해했다(예를 들어 전쟁 체험은 우리에게 헤세Hermann Hesse의 느슨함에 대해 곱씹어 볼 기회를 제공했다).

루쉰은 모든 부르주아 도덕을 거부한 자다. 그는 휴머니즘(어쩌면 로맹 롤랑도 포함해)을 그대로 받아들이지는 않았다. "애인이 왼쪽 뺨에 입 맞출 때 입을 다물었다고 해서 원수가 오른쪽 뺨을 물도록 내줘야 할 이유는 없다"고 그는 말했다. 이런 냉혹酷薄(이라고 일반적으로 말한다)한 에고이즘이 실은 "적에게 뺨을"이라는 바닥없이 달콤한 휴머니즘과 어느 깊은 곳에서 맞닿는 게 아닐까. 그곳이 세계 문학의 자기 현현의 장소가 아닐까. 그렇지 않다면 로맹 롤랑이 왜 「아Q정전」에 감동했는 지를 이해할 수 없다. 그러나 루쉰은 만년에 콜비츠 판화집의 복각본을 내면서 그 효용에 대해 이렇게도 말했다. "외국에 가 본 적이 없는 자는 백인이라고 하면 모두 예수의 설교를 하거나, 사업을 하거나, 의식衣食에 신경을 쓰고, 기분에 차지 않으면 바로 가죽 구두로 사람을 내쫓는다고 생각하고 있었다. 이 화집으로 실상 세계에는 여전히 '모욕당하고 시달리는' 사람들이 곳곳에 있으며 그들이 우리의 벗임을, 게다가 그 사람들을 위해 슬퍼하고 외치고 싸우는 예술가가 있음을 알릴 수 있게 되었다."

이것은 루쉰과 로맹 롤랑의 관계를 역전시킨 셈이리라. 뛰어난 예술가는 한 장의 판화에서도, 불완전한 작품으로부터도 전 인류적 의미를 읽어 내는 모양이다. '아Q'는 오늘날 모든 진보의 적을 상징하는 것처

---

5 『죽은 혼Мёртвые души』은 러시아의 극작가인 니콜라이 고골의 대표적이자 최후의 작품이
   다. 고골은 이 작품을 완성한 뒤 정신적 고뇌로 인해 정신 착란에 빠졌으며 열흘간의 단식
   으로 자살했다. 루쉰은 죽기 전날까지 이 작품을 번역하고 있었다고 한다.

럼 보인다. 실제로 마오쩌둥의 정풍 운동은 "각자가 노력해 자기 안에서 아Q적인 것을 몰아내자"는 목표를 내걸었다. 인류의 불평등이, 그리고 거기서 비롯되는 허위가 여전한 이상, 인간의 어리석고 못난 구석을 솎아 내지 않는 이상 '아Q'는 살아갈 것이다. 「아Q정전」은 세계 문학에서 사라지지 않을 것이다.

1948년 7월

루쉰과 후타바테이

  편집자는 내게 '루쉰과 후타바테이'라는 제목을 줬다. 이 주제라면 전부터 마음먹고 있었다. 루쉰은 일본에 소개된 이후 종종 후타바테이와 비교되며 문제시되곤 했다. 그야 나쁠 일은 아니지만, 나는 이러한 비교가 점차 의심스러워졌다.

  대략적 비교는 인정하더라도 파고들다 보면 비교만을 통해서는 명쾌하게 결론을 내릴 수 없는 지점에 이른다. 루쉰과 후타바테이는 상당히 닮았지만, 그 안에서 결정적으로 다른 대목이 있다. 닮은 부분도 있고 다른 부분도 있다는 것이 아니라, 겉으로는 닮았지만 본질적으로는 다르다는 것이다. 거기에 중요한 문제가 있다는 생각에, 나는 나름대로 이 문제를 다뤄 보고자 마음먹고 있었다. 지금도 생각 중이지만 공부가 부족한 탓에 아직 뚜렷한 생각이 떠오르지 않는다. 루쉰 연구는 앞으로 더욱 활성화될 테니 이 측면을 조명하는 젊은 연구자가 나타날지도 모른다. 나타나기를 기대한다. 그 기대를 위해 내가 느끼는 문제가 무엇인지를 얼마간 기록해 둔다.

  근대 문학의 개척자로서 지니는 문학사적 위치에서 보자면 루쉰과 후타바테이는 분명히 닮았다. 그 위치에서 유래하는 고독과 괴리의 심리도 공통된 바가 있다. 나아가 그것과 뒤얽힌 기질도 꽤나 유사하다. 루쉰과 후타바테이가 닮았다고 느끼는 직관에는 제법 근거가 있다고 할 것이다. 이 각도에서 살펴보면 둘 사이의 닮은 점은 얼마든지 더 찾을 수 있다. 그러나 곰곰이 생각해 보면 그 닮은 점이 그다지 닮지 않았음을 알 수 있다. 좋은 예로서 러시아 문학을 받아들이는 방식이 다르다.

후타바테이는 러시아 문학을 번역하며 문학적으로 자신을 형성해 갔다. 루쉰도 슬라브 계통의 문학으로부터 많은 것을 받았다. 루쉰은 메이지 30년대에 일본으로 유학 갔으니 후타바테이의 흐름이 사라지지 않은 시기이며, 루쉰은 후타바테이적인 것으로부터 직접 영향을 받았음 직하다. 그리고 루쉰이 번역(『역외域外 소설집』)한 것을 보더라도 후타바테이와의 공통점이 꽤 드러난다. 그럼에도 다만 한 가지는 공통되지 않는다. 그것은 루쉰이 투르게네프[1]와 가까워질 수 없었다는 점이다.

내가 느끼기에 19세기 러시아 문학에는 두 가지 면이 있다. 유럽에 저항한 면과 유럽을 수용한 면이다. 러시아의 자본주의가 완강하고 야만적인 저항에 기반하고 있었듯이, 러시아의 문학도 저항을 매개하지 않고는 자신을 근대화할 수 없었다. 작가들은 슬라브주의와 근대주의 사이에서 동요했다. 진폭의 크기나 양상은 다양하지만, 또한 저항과 수용은 본래 다른 것이 아니지만 계기로서는 서로 다른데, 예를 들어

---

1 이반 투르게네프Ива́н Серге́евич Турге́нев(1818~1883): 소설가이자 극작가. 농노제를 반대했으며 혁명 조직인 북방결사를 공동 창립해 1825년 상트페테르부르크에서 데카브리스트 봉기를 꾀했다. 그의 작품은 예술적 균형의 고려, 과장의 억제로 독자적이라는 평을 받는다. 작품으로 『사냥꾼의 수기』, 『아버지와 아들』, 『귀족의 보금자리』 등이 있다.

투르게네프와 가르신을 놓고 보면 거의 대척적이다. 그리고 루쉰은 가르신을 택했다. 물론 그는 안드레예프[2]도 번역했지만, 이 경우는 안드레예프에 담긴 근대주의적 요소가 아니라 슬라브적 요소를 포착해 낸 것이다. 이것이 루쉰의 중요한 특색이라고 생각한다. 왜냐하면 그것이 중국 문학의 방향을 상호 매개적으로 규정하기 때문이다.

후타바테이는 투르게네프와 가르신 둘 다 번역했다. 그에게 루쉰과 같은 선택의 의식은 없었던 것으로 보인다. 그 자신이 양극 사이의 방황자이며, 그런 의미에서 일본 문학사에서 특이한 위치를 차지하는 후타바테이는 러시아 문학을 일본적 형태로 충실히 재생산했다. 후타바테이가 품은 문학자로서의 괴로움은 이와 깊게 결부되어 있다고 생각한다. 그러나 일본 문학이 후타바테이로부터 길어 올린 것은 후타바테이에게 혼돈이었던 것의 일면, 투르게네프적 측면이었다. 그리고 그것은 모리 오가이[3]나 우에다 빈[4]에게로 흘러가 굳어 버렸다. 이것은 일청전쟁에서 일러전쟁을 거치며 일본 자본주의의 방향이 결정되자, 그에 따라 일본 사회 구조의 근대화 방향이 결정되어 나간 기저와 닿아 있을 것이다.

루쉰에게도 후타바테이에게서 드러난 모순이 없지는 않았다. 예를

---

2 레오니트 안드레예프Леонид Николаевич Андреев(1871~1919): 소설가이자 극작가. 생활고를 뼈저리게 체험한 후 고리키의 추천으로 문단에 등장했는데 세기말의 지식인으로서 점차 염세주의와 신비주의로 기울었다. 작품으로 소설 『붉은 웃음』, 희곡 『검은 가면』 등이 있다.

3 모리 오가이森鷗外(1862~1922): 소설가이자 평론가. 일본 근대 문학의 창시자로 꼽힌다. 1907년에는 군의로서 최고위직인 육군 군의총감, 육군성 의무국장이 되기도 했다. 1889년 『시가라미조시しがらみ草紙』를 창간했으며 『무희舞姬』, 『기러기雁』 등의 소설을 남겼다.

4 우에다 빈上田敏(1874~1916): 시인이자 평론가. 1894년 『제국문학』을 공동 창간하고 '해외소개'란에서 프랑스 상징파 등을 소개하는 데 공을 들였다. 1903년에는 나쓰메 소세키와 함께 도쿄대 영문과 강사가 되기도 했는데, 프랑스와 벨기에 문학 등을 소개해 영문학 편중 경향을 시정했다는 평가를 받는다.

들어 유학 초기에 베른[5]의 과학 소설을 번역한 일 등은 그 표출이다. 그러나 문학적 자각이 깊어짐에 따라 루쉰은 후타바테이로부터 순수한 것을 추출했다. 그것은 일본 문학이 후타바테이로부터 추출한 것과 달랐다. 아마 이 또한 사회 구조의 기저와 관련된 현상일 것이다.

후타바테이의 모순은 다른 형태로 기타무라 도고쿠[6]에게도 있었다. 그리고 일본의 근대 문학이 거기서 추출한 것은 역시 그것의 일면인 낭만적 경향, 무제약적 개인주의였다.

결론지어 말하자면, 일본의 근대 문학과 중국의 근대 문학은 반대 방향을 향해 출발했다. 일본 문학은 후타바테이나 도고쿠의 전통을 그 형태 그대로는 발전시키지 않았다. 그것이 개개의 작가에게서 드문드문 보이지만 주류가 되지는 못했다. 중국 문학은 루쉰이나 왕궈웨이[7]의 전통을 그대로 계승했다. 그리고 이 근본적 성질의 차이가, 예를 들어 같은 시기에 똑같이 바깥에서 받아들인 프롤레타리아 문학 운동이 발전해 나간 양상의 차이와도 깊이 관련된다고 보인다. 중국은 혁명 문학의 낭만적 경향을 부정함으로써 전체로서의 문학을 리얼리즘의

---

5 쥘 베른Jules Verne(1828~1905): 소설가. 근대 공상 과학 소설의 선구자다. 『기구를 타고 5주 일Cinq Semaines en ballon』을 발표해 폭발적 인기를 얻은 이후 과학 모험 소설 집필에 전념했다. 대표작으로 『20세기 파리Paris Au XXe Siecle』, 『지저여행Voyage au centre de la terre』, 『80일간의 세계 일주Le tour du monde en quatre-vingts jours』, 『달세계 일주Autour de la lune』, 『해저 2만 마일Vingt mille lieues sous les mers』 등이 있다.

6 기타무라 도코쿠北村透谷(1868~1894): 시인이자 평론가. 1893년 『문학계』를 공동 창간해 지도적 이론가로서 일본의 초기 낭만주의 운동을 이끌었다. 정열적인 극시 『호라이쿄쿠蓬萊曲』를 발표했으며 연애의 순수성을 기술한 평론 『염세 시인과 여성厭世詩家と女性』은 당시 젊은 지식인들에게 큰 충격을 안겼다. 스물다섯의 나이로 자살했다.

7 왕궈웨이王國維(1877~1927): 고증학자. 1911년 신해혁명이 일어나자 일본으로 망명해 청나라 고증학의 전통에 따라 경학經學과 사학, 금석학의 연구에 몰두했다. 문학 연구에 서양 철학과 미학 이론을 도입하기도 했다. 1916년 귀국해 베이징대학 국학연구소에서 후진을 양성하다가 1927년 청나라 부흥의 가망이 사라졌음을 비관해 곤명호에 몸을 던져 자살했다.

방향으로 이끌었다. 일본에서는 낭만적 경향을 긍정함으로써 프롤레타리아 문학 내부에 부패의 씨를 뿌려 전체로서의 문학을 타락시켰다.

이는 일본 문학에서 루쉰이 해석되는 문제와도 결부되어 있다. 이제껏 루쉰에 관한 해석은 대부분 일본 문학의 형태에 맞춰 뒤틀려 있다. 보수파는 보수파 나름으로 진보파는 진보파 나름으로 루쉰을 일그러뜨렸다. 단언하건대 나는 프롤레타리아 문학을 포함한 일본 근대 문학의 전통을 부정하지 않고서는 루쉰을 이해할 수 없다고 본다. 선입관에 기대어 루쉰을 재 볼 요량이라면 하는 수 없지만, 그게 아니라 루쉰 자체로부터 출발한다면 루쉰의 문장에는 우리를 그 대결로 떠밀 만한 격렬함이 담겨 있다. 일본 문학사를 다시 쓰지 않고는 루쉰을 읽을 수 없는 것이다.

1948년 9월

루쉰과 후타바테이

2부

노라와 중국 — 루쉰의 부인 해방론

1.

"저는 오늘 '노라는 가출하고 나서 어떻게 되었는가'를 이야기하고 싶
습니다."

1923년 12월 26일, 루쉰은 베이징에 있는 여자고등사범학교 문예
회의 강연을 이렇게 시작했다. 1923년이라면 일본에서는 간토 대지진
이 발생한 해이며, 노동 운동이 가까스로 달아오르던 시기다. 중국에
서는 근대사의 분기점이었던 5·4 운동이 있은 지 4년, 아직 쑨원이 살
아서 제1차 국공합작을 준비하던 시대다. 문학사적으로 보면, 문학의
국민적 해방을 이끌어 낸 '문학 혁명'으로부터 수년밖에 지나지 않은
계몽기이며, 혁명 문학이 유행하기 전이다. 이 해에 루쉰은 마흔셋이
었다. 그가 서른여덟에 첫 작품 「광인일기」를 썼으니 6년이 지났으며,
아직 창작집 한 권을 냈을 뿐이지만 중국에서 처음으로 형성된 문단에

서 이미 중심적 위치에 있었다. 또한 학자로서도 착실한 학풍을 높이 평가받고 있었다. 그러나 루쉰 특유의 온 몸을 내거는 비판 정신이 훗날처럼 발휘되고 있지는 않았던 시기였다.

알다시피 '노라'는 입센Henrik Ibsen의 희곡 「인형의 집」에 등장하는 주인공이다. 입센은 일본에서도 그렇지만 중국에서는 일본 이상으로 계몽기에 영향이 컸다. 문학 혁명의 중심 세력인 잡지 『신청년』은 이미 1918년에 '입센 특집호'를 냈다. 중국 문학은 일반적으로 초창기부터 인도주의적 색채가 일관되고 짙었는데, 외국 문학을 수용하는 방식도 그러했다. 일본처럼 무작위가 아니었다. 완성도가 높고 원만한 라틴 계통의 문학은 환영받지 못하고, 동구나 북유럽의 반항적 문학이 주로 소개되었다. 가령 문학연구회의 기관지인 『소설월보』가 1921년부터 수년에 걸쳐 꾸린 특집호를 보아도 피압박 민족 문학, 타고르, 바이런, 반전 문학, 안데르센, 로맹 롤랑 하는 식으로, 늘 세계 문학의 주류를 좇는 일본 문학의 눈으로 보기에는 이상할 만큼 민족적이고 개성적이다. 입센은 물론 이 흐름에서 소개되었으며, 따라서 그 영향도 일본에서와는 크게 달랐다. 한마디로 말하자면 일본은 개성의 신장이라는 면에서 입센을 받아들였고, 중국은 약자의 저항에 대한 공감이라는 면에서 입센을 받아들였다.

입센의 영향은 문학적인 동시에 사상적이며, 그중에서도 사상적 영향이 강했다. 특히 부인 해방의 문제가 부각되던 계몽기에 소개되었던 「인형의 집」은 의미가 컸다. 물론 일본에서도 마찬가지였다. 다만 일본에서는 문제극이라는 형태로 신극 운동에 영향을 미치고 그 자극이 간접적으로 사회 문제에 대한 관심을 불러일으켰지만, 중국에서는 처음부터 직접 사상 문제로 채택되어 순식간에 사회적 실천의 과제와 결합되었다. 자유를 찾아 집을 떠난 노라는 일본에서도 중국에서도 해방된 부인을 상징하는 새로운 여성으로 여겨졌지만, 일본에서는 노라가 국민적 기반에서 유리되어 인텔리층에서만 유행했을 뿐, 대중의 눈에는 도리어 그녀의 반사회성만이 두드러졌다. 노라는 제멋대로인 유한부인을 상징했다. 중국 역시 일본처럼 지체된 사회이니 노라가 내보이는 행동의 반사회성을 제대로 이해할 리 없다. 그러나 중국에서는 일부 인텔리의 최신 유행이 되거나 관념의 유희라며 비웃음 사는 일은 없었다. 중국에서도 새로운 여성은 대중으로부터 백안시되었지만 일본처럼 고립되지는 않았다. 대중으로부터 이해받기는커녕 오히려 박해받았지만 조소를 당하지는 않았다. 거기에 일본과의 커다란 차이가 있다. 즉 중국에서는 운동이 유행으로 그치지 않고 국민적 기반으로 스며들 가능성이 있었던 것이다.

이것은 부인 해방 운동만이 아니라 학생 운동이든 문학 운동이든 다 마찬가지인데, 일반적으로 중국 문화의 특징이라 말할 수 있다. 같은 동양의 후진국인데도 일본과 중국의 근대화 과정에서 저렇듯 근본적으로 다른 차이가 있었다는 사실은 주목해 마땅하다. 물론 개개의 현상에서 그것이 확실하게 드러나지는 않는다. 전체의 흐름이 그러하며, 그런 시각에서 바라봐야 개개의 현상도 보다 제대로 설명할 수 있다. 노라에 관해 말하자면, 중국에서도 노라처럼 실천하는 '새로운 여성'은 당장은 고립되었다. 그러나 이윽고 그것이 전체 여성 운동 속으로 녹아들어, 실제 생활에 영향을 미치면서 거꾸로 생활 감각에 의해 편향이 시정되고 전체 운동을 끌어올리기 위한 사석撻石으로 평가되었으며, 그 성과가 받아들여지는 식으로 실체화되어 갔다. 일본보다 움직임은 늦지만 착실하게 한 걸음 한 걸음 나아간다. 오늘날 중국에서

노라와 중국—루쉰의 부인 해방론

부인의 지위를 보면 분명히 알 수 있다. 일본에서는 믿을 수 없을 만큼 형식 면에서, 아울러 실질적으로 평등이 실현되었다. 일본과 중국은 왜 이렇게 다른가라는 근본 문제에 관해서는 나중에 다루기로 하자. 지금은 그 단서로서 노라의 문제만을 생각해 보고 싶다. 중국에서 노라를 어떻게 받아들였는지를 확인하면, 중국 근대화의 일반적 성질을 얼마간 파악할 수 있으리라.

그 경우 루쉰의 강연은 크게 도움이 된다. 이 강연은 내용이 충실하고, 베이징 시절의 루쉰 사상을 살피는 데 요긴할 뿐만 아니라 여성 문제에 대한 루쉰의 이해를 통해 중국의 근대 수용법, 나아가 중국 문화의 속성에 대해 많은 시사를 얻을 수 있다. 25년이 지났지만 오늘날 일본의 부인 문제를 생각할 때도 참고가 될 것이다. 루쉰의 천재적 통찰력과 현실을 파악하는 깊이는 그저 놀라울 따름이다. 여기에서는 매우 개략적으로 소개할 뿐이니 독자가 원문을 통해 그 호흡을 직접 맛보기를 당부한다.

2.

노라는 왜 가출했는가. 원래 노라는 풍족한 가정에서 자유롭게 생활했으며 자신이 행복하다고 생각했다. 그러나 이윽고 깨닫는다. 자신은 남편의 인형으로서 사랑받았지 독립된 인격을 인정받았던 게 아니다. 자신의 행복은 진정한 행복이 아니다. 그러한 자신의 기분을 남편은 이해하지 못한다. 만약 입센의 다른 희곡 「바다의 부인」에서처럼 노라에게도 자유가 주어졌다면 가출하지 않았을지 모르지만, 노라의 경우는 그렇지 않았다. 가출하는 수밖에 없었다.

가출한 노라는 어떻게 되었는가. 입센의 희곡은 이 물음에 답하지 않는다. 답할 책임도 없다. 그는 시인으로서 시를 짓고 있지 사회 문제를 연구하지는 않기 때문이다. 다만 작가와 무관하게 다른 사람이 그 문제를 곱씹어 보는 것은 자유다. 아마도 노라에게는 두 가지 길만이 남아 있으리라. 첫째, 집으로 돌아간다. 둘째, 타락한다. 노라에게는 독립해서 생활할 만한 경제력이 없기 때문이다.

"인생에서 가장 고통스러운 것은 꿈에서 깨어났는데 가야 할 길이 없는 상태입니다." 루쉰은 이렇게 말했다. 그는 노라가 그런 고통에 놓일 운명이라고 보았다. 노라 앞에는 고난의 길이 있을 뿐이다. 노라는 자진해서 그 길을 택했다. 만약 노라가 특출한 인간이며, 희생을 기꺼이 받아들였다면 그것으로 좋다. "우리에게는 남더러 희생하라고 권유할 권리가 없거니와 희생하지 말라고 말릴 권리도 없습니다." 그러나 보통 사람에게 노라가 택한 길은 타당하지 않다. "만약 가야 할 길을 찾지 못한다면 남을 불러 깨우지 않는 것이 중요합니다." 노라의 각성은 노라의 불행이다. 남에게 고통을 줄지 모를 결과를 책임지지 않고, 남을 불러 깨워서는 안 된다. 이것이 루쉰의 인생철학이다.

지도자로 불리는 이들이 있다. 그들은 "부인들이여, 각성하라"고 외친다. 그리고 각성한 결과에는 책임지지 않는다. 지도자는 자신을 상대의 입장에 두고 생각하지 않는다. 가능하든 말든 그런 것은 개의치 않고 높은 자리에서 권위가 담긴 말을 꺼낸다. 루쉰은 그러한 지도자를 철저히 증오했다. 노라를 부인 해방 운동의 선구자로 내세우거나 때와 장소를 불문하고 노라의 특별한 선택을 만인에게 적용하는 것은 스스로 용납할 수 없었다.

　　　　　　　　　　　　　노라와 중국—루쉰의 부인 해방론

이렇게 말할 수도 있다. 노라의 행동은 오늘날 신선한 구석이 있으니 세간의 주목을 끌 테고, 그렇다면 가출한 노라는 남들에게 동정받으며 의외로 편하게 지낼지 모른다. 동정에 매달려 산다면 이미 부자유하겠지만 말이다. 그러나 만약 천 명, 만 명이 노라를 흉내 내어 가출한다면 어찌될까. 동정하기는커녕 욕하지 않을까. 그렇다면 그것은 역시 견실한 길이라고는 말할 수 없다. 설령 소수의 노라가 타락하지 않고 살 수 있더라도 그들이 전체를 구할 수는 없다.

한번 깨어난 노라는 다시 꿈속으로 돌아올 수 없다. 노라는 고난의 길로 발을 내디뎌야 한다. 그러나 새장에서 나온 새에게는 야성의 생활력이 없다. 노라에게는 돈이 필요하다. 경제적 보장이다. "자유는 돈으로 살 수 없습니다. 그러나 돈을 위해 자유를 팔 수는 있습니다." 만약 노라가 남녀평등의 경제권을 보장하지 않는 사회에서 살아가야 한다면, 가출하더라도 자유로워지기는 힘들다. 오늘날에야 인권의 기본이 생활권에 있다는 건 당연지사로 여기겠지만, 교육상의 형식적인 남녀평등을 가까스로 실현한 당시 중국에서 그 사실을 포착했다면 루쉰은 혜안을 가졌다고 할 수 있을 것이다. 더구나 바깥에서 주어진 지식으로 알게 된 것이 아니다. 마오쩌둥이 꼽은 루쉰의 특징, 바로 철저한 현실주의의 태도로 관찰한 결과였다.

그렇다면 노라가 가출한 뒤에도 타락하지 않으려면 어찌해야 하는가. 돈을 위해 자유를 팔지 않아도 되는 사회를 실현해야 한다. 즉 경제상의 실질적인 남녀평등이 필요하다. 루쉰에 따르면 경제권의 평등에는 가족 안에서의 평등한 분배와 사회에서의 균등한 기회, 두 종류가 있지만 그것을 어떻게 획득할 수 있는지에 대해서 루쉰은 솔직히 "유감스럽게도 나는 모릅니다"라고 말했다. 구체적인 방법에 대해 루쉰은 아무것도 말하지 않는다. 그러나 어쨌든 "역시 싸울 수밖에 없다는 것만"은 알고 있다. 더구나 그것은 "참정권 요구보다 격렬한 싸움이어야 할 것입니다." 왜냐하면 "세상은 대체로 작은 일이 큰일보다 까다로운" 까닭에.

루쉰은 이런 예를 든다. 추운 날에 떨고 있는 가난한 이가 있다고 하자. 그를 구하려면 자기 옷을 벗어 줘야 한다. 옷을 벗으면 자기 몸이 언다. 그것은 고통이다. 자기 옷을 벗어 그 한 사람을 구할 것인가, 아니면 보리수 아래 앉아 전 인류를 구제할 방법을 명상할 것인가. 선택을 요구하면 망설이지 않고 후자를 택할 것이다. 100만 명을 구제하는 대사업보다 자기 이해와 관련된 눈앞의 한 사람을 구하기가 어렵다. 마찬가지로 100만 명의 구제를 위해 고상한 참정권을 획득하기보다 가정 안에서 남녀가 평등하게 분배하는 쪽이 훨씬 힘들며, 그만큼 격렬한 싸움을 각오해야 한다.

루쉰의 이 말에는 깊은 진리가 담겨 있다. 한 사람의 이웃을 구하지 못하면서 100만 명의 구제를 궁리하는 공상가가 우리 주위에 얼마나 많은가. 일상의 시시콜콜한 것부터 하나씩 부조리를 해결해 가는 수수한 일이 세계 정부나 영구 평화를 논하는 것보다 얼마나 더 어렵고 또 쉽게 외면받는가. 전후 우리에게 주어진 법률상의 남녀평등은 얼마나 형식적이며, 또 우리 일상의 윤리에 조금도 스며들지 못하고 있는가. 진실로 중요한 것은 참고 견디면서 작은 일을 가능한 범위에서 착실히 쌓아 가는 노력이다. 이 기초 공사가 부실하면, 아무리 겉보기에 훌륭한 문화라도 뿌리부터 흔들린다.

여성 문제에 대한 루쉰의 의견은 결코 새롭지도, 이론적으로 수준이 높지도 않다. 사회 과학적 지식이라면, 오늘날 일본의 여학생이 더 많이 안다. 그런데도 체계적이지 않은 루쉰의 의견에 오늘날 우리는 왜 감동하는가. 물론 루쉰 자신도 오늘날 사회의 복잡한 체제에 눈을 감지는 않았기에 "소수의 여자가 경제권만을 획득했다고 구제되는 것은 결코 아니다"라고 인정하고 있다. 다만 이 점을 인정하면서도 "인간은 끼니도 때우지 못한 채 이상 세계가 오기를 가만히 기다리고 있을 수는 없으니 손 닿는 대로 무언가를 계속해야 한다"는 것이 루쉰의 특색이다. 따라서 그가 말하는 것은 고상한 이치가 아니라 누구든 바로 실행할 수 있고 실행해야 하며, 그 자신이 실행하고 있는 것이다. 남녀가 평등해지는 경제권을 어떻게 마련할 수 있는지에 대해, 그가 "나는 모릅니다"라고 말한 것은 도식 적용을 거부하기 때문이다. 그것이 격렬한 싸움을 부를 테니 그 싸움에 나서려면 '끈기'로 버텨야 한다는 것을 강조하면서도 그는 싸움을 피하라고 힘을 다해 권한다. "싸움은 바람직하지 않으며 우리 모두 전사가 되어야 하는 것은 아닙니다. 그렇다면 평화로운 방식도 중요합니다."

　루쉰이 권하는 평화로운 방식에서 그의 특색은 실로 잘 드러난다. 그것은 바로 장차 친권을 활용해 자기 자녀들을 해방하는 것이다. 현재 중국에서 친권은 절대적이니 재산을 자녀에게 균등 분배하고 그로써 평등한 경제권을 제공하는 것은 가능한 일이다. 그것은 이윽고 사회적 평등의 커다란 토대가 될 것이다. "이것은 머나먼 꿈이겠지만 황금 세계의 꿈보다는 훨씬 가깝다"고, 루쉰은 보고 있다. 다만 이를 위해서는 현재 자신이 처한 곤경을 잊지 않고, 옛사람의 잘못을 다시 범하지 않는 것이 중요하다. 시어머니에게 구박당한 며느리가 언젠가 시어머니가 되었을 때 며느리를 구박한다면, 언제까지고 개혁은 실현되지 않고 인류는 진보하지 못한다. 피억압자가 억압자에게 대드는 것은 스스로 억압자가 되기 위해서가 아니라, 자신이 저지를지 모를 것을 포함한 모든 억압을 없애기 위해서여야 한다. 그리고 그것이 만인에게 공통되는 보편성을 지니며 유일하게 실현 가능한 방식이다.

오늘날의 사회 과학적 상식으로 보건대 루쉰의 모럴은 근거가 없으며 안이하고 공상적인지도 모른다. 그러나 곰곰이 생각해 보면 모든 과학의 근저에는 그런 모럴이 깔려 있다. 그것이 없다면 인간은 자주성을 잃고 기계화되지 않을까. 루쉰은 일본에서 급진주의자로 간주되지만, 이 주장만 보아도 그가 일본식 급진주의자가 아님을 알 수 있다. 그러나 나는 루쉰이야말로 진정한 급진주의자가 아닐까 생각한다.

3.

루쉰은 봉건제 아래서 절대적인 친권을 활용해 봉건제를 타도하자고 주장한다. 그것이 루쉰이라는 존재의 근본 원리일 것이다. 새 것을 가지고 낡은 것을 무너뜨리려 들면 새 것이 그 모습대로 낡아질 뿐, 낡은 것이 뿌리부터 무너지지는 않는다. 낡은 것이 낡아 버린 내부로부터 생겨나는 힘으로 스스로를 무너뜨리지 않는다면 진정한 개혁은 실현되지 않는다. 루쉰이 어떻게 이 원리를 자기 형성했는지는 루쉰론의 과제이니 여기서는 다루지 않겠다.

루쉰은 강연을 마치며 이렇게 말했다.

"유감스럽게도 중국은 개변하기가 너무도 어렵습니다. 책상을 하나

　　　　　　　　노라와 중국—루쉰의 부인 해방론

옮긴다든지 난로를 한번 고치려 해도 거의 피를 봐야 할 지경입니다. 피를 본들 꼭 옮기거나 고칠 수 있는 것도 아닙니다. 굵직한 채찍이 등을 내리치지 않는 한 중국은 스스로 움직일 엄두도 내지 않습니다. 나는 이 채찍이 어차피 오리라고 생각합니다. 좋든 나쁘든 간에 오지 않을 리 없습니다. 하지만 어디서 올지 어떻게 올지는 나도 짐작하기 어렵습니다."

　중국에서 전통의 압박이 얼마나 컸는지, 루쉰이 거기에 얼마나 절망적으로 저항했는지가 느껴진다. 일본은 다행히 그 정도로 야만스럽지 않았다. 중국의 지배자는 책상을 움직이거나 난로를 바꾸는 것조차 허락하지 않았지만, 일본의 지배자는 허락했을 뿐 아니라 자진해서 손을 빌려 주었다. 메이지 정부가 그랬고 지금의 통치자도 그러하다. 그러나 바로 이 개명開明주의가 루쉰과 같은 자율적 인간의 등장을 가로막고 중국과 같은 철저한 개혁을 방해해 왔다. 그리고 그것이 베네딕트Ruth Benedict가 말하는 일본 문화의 특이한 형태, 즉 외적 권위주의를 양산한다.
　일본의 개명주의가 초래한 개혁의 불철저성, 문화의 혼효성混淆性은 일본인, 특히 인텔리 남녀가 물든 교양주의에서 잘 드러난다. 그들은 무엇이든 일단 지식으로는 알고 있다. 그리고 그걸로 끝이다. 그들은 백만 명을 구제하려고 공산당에 입당하지만, 한 사람의 이웃을 구하고자 일상생활의 부조리를 고쳐 나가는 작은 일은 돌보지 않는다. 존 듀이John Dewey는 일본의 근대와 중국의 근대는 근본적으로 다르다고 봤다. 중국에서는 보수 세력이 완강해 정치적 해방의 길이 막혀 있기에 개혁을 향한 민족적 에너지가 안쪽을 향했고 그로써 심리의 변혁에 이를 수 있었지만, 반대로 일본은 개혁이 용이했기에 오히려 겉만 핥는 식이어서 국민 심리의 밑바닥에 낡은 것이 온존했다고 말한다. 중국의 여성은 이미 완전히 단발이 되었지만, 일본의 여성은 지금도 정월에 일본식 머리 모양을 즐긴다. 수양주의자들은 그것을 일본 문화의 다양성이네 중용성이네 하며 외국인의 칭찬을 구실 삼아 득의양양하지만, 그것은 한편으로 개혁의 불철저성을 드러낸다. 해방으로 이르는 모든 길이 막혀 있던 때, 루쉰은 자력으로 죽음 속에서 활로를 구해야만 했다. 남들이 보기에 그것이 아무리 하잘것없더라도 말이다. 일본에서는 언제나 타력他力으로 대로가 열렸다.

루쉰이 예감했던 "매우 큰 채찍"이 등을 갈기는 일은 아마도 일본에서 생기지 않을 것이다. 그러나 그 때문에 채찍이 가해져도 이를 채찍으로 느끼는 능력을, 우리는 벌써 잃고 있는 것이 아닐까.

1949년 4월

어느 도전 — 루쉰 연구의 방법에 대하여

(상략)

가토: 노마 군의 소설은 어떤 점에서 전통에서 벗어나 있을까.

사사키: 벗어나고 있는지 나는 잘 모르겠는데.

노마: 그것은 문체 같은 것이 직수입이라는 의견이겠죠.

가토: 서양에서 온?

노마: 그렇습니다.

가토: 나는 직수입도 일본 문학의 전통이라 생각하는데. 직수입이면 직수입일수록 더욱 전통에 뿌리를 내리고 있어. 야마노우에노 오쿠라[1] 이래의 일본 문학은 그런 거야. 와카[2]의 전통은 한시漢詩 같은 것과 비교하면 직역이 아니라 일본 문학의 독자적 전통이지. 그런데도 가인[3]의 일기에는 한문이 많거든. 외국어로 일기를 쓰고 이따금 창

---

1 야마노우에노 오쿠라山上憶良(660?~733?): 나라 시대의 가인. 인생의 고뇌와 사회의 모순을 노래했으며 702년 견당사의 일원으로 당나라를 다녀왔다.

2 와카和歌: 야마토우타大和歌, 즉 '일본의 노래'의 준말로서 일본의 사계절과 남녀 간의 사랑을 주로 노래한 5·7·5·7·7의 31자로 된 일본의 정형시다.

3 가인歌人: 와카를 잘 짓거나 읊는 시인이나 가수를 말한다.

작에 종사할 때는 국어를 이용했다는 느낌이야. 노마 군이 전통에서 벗어났다고 한다면, 일기를 프랑스어로 쓸 만큼 철저해야 하는데 그러지 못했다는 점 때문에 전통에서 벗어난 게 아닐까.(웃음)

(중략)

가토: 메이지 이래 대부분의 작가가 일본 문학의 전통으로부터 벗어난 것은 에도 이전의 작가가 철저하게 대륙을 공부했던 만큼 서양의 정신을 터득하고 있지 못하기 때문인 것 같아. 제대로 보면 지나의 정신도 터득하지 못했지.

(중략)

노마: 그건 조금 어려운 문제입니다만, 당신이 말하는 것은 직수입을 하라는 것이죠. 좀 더 철저하게.

가토: 그렇지.

노마: 즉 프랑스어로 일기를 쓸 수 있다, 그렇게 되었을 때 좋은 문학이 탄생하는 셈인가요…….

가토: 나는 오히려 문제를 내고 있어. 그러면 잘 된다는 이야기가 아니야. 그런 건 알 수 없지. 메이지 이래 외국 문학을 수입하려 노력했지만, 성과를 내지 못했으니 같은 방법을 써 봐야 같은 결과밖에 얻지 못할 거라는 말을 하려는 거야. 유럽 정신을 터득하려 한다면, 말을 한다거나 일기를 쓰는 등 철저하게 노력하는 수밖에 없어. 그러지 않으면 유럽 정신을 철저히 이해할 수는 없겠지. 그러한 해석 방법이 메이지 이후에는 쇠퇴했지만 나라 시대, 헤이안平安 시대, 에도 시대에는 실천되었거든. 언제나 실천되었으니 그것이 일본 작가의 훌륭한 전통이라고 생각해.

(중략)

어느 도전—루쉰 연구의 방법에 대하여

가토: 메이지 이후 작가의 인과론적 사고보다 바킨[4]을 더 안심하고 읽을 수 있으므로, 메이지 이후 작가의 인과론적 사고방식이란 것은 가건물 식으로 보이는데…….

노마: 그야 다야마 가타이의 「생」이라든지, 그런 것도 실로 가건물 적인 느낌이죠.

가토: 바킨이 제대로 하고 있지. 데이카[5]의 방법은 더 철저하고. 학자 겸 시인이지만, 그의 시 평론은 지금 읽어 봐도 정말 훌륭해. 철저한 직수입이다 보니, 이미 직수입이 아닌 일본의 전통이 됐어.

(하략)

(『종합문화』 1948년 2월 호, 좌담회 「전후 문학의 방법을 찾아서」에서)

2.

『사조』가 '루쉰 특집호'를 낸다고 들었다. 이는 일본 문예 잡지의 역 사에서 처음 있는 일이니, 나는 루쉰 연구자의 한 사람으로서 무언가 를 써야 할 의무를 느꼈다. 나는 최근 3년 동안, 아니 자유를 빼앗겼던 기간을 포함한다면 좀 더 이전부터 루쉰만 파고들었다. 여전히 그 상

---

4   교쿠테이 바킨曲亭馬琴(1767~1848): 요미혼読本 작가. 요미혼은 에도 시대 후기에 유행한 전 기 소설로서 일본 가나와 한자의 혼용체다. 중국 백화 소설의 영향을 받으면서 일본의 실록, 전설, 야사 등 역사적으로 전해지는 이야기들을 소재로 사용했다. 교쿠테이 바킨은 요미혼 의 대표적 작가로서 그가 28년간 작성한 『난소사토미핫켄덴南總里見八犬傳』은 요미혼의 대표 작으로 꼽힌다.

5   후지와라노 데이카藤原定家(1162~1241): 가인이자 고전학자. 헤이안 시대 말기부터 가마쿠 라 시대 초기에 걸쳐 활약했다. 『신고금와카집新古今和歌集』과 『신칙찬와카집新勅撰和歌集』을 펴냈고, 노래 논평서로 『매월초每月抄』, 『근대수가近代秀歌』, 『영가대기詠歌大槪』를 남겼다.

태에서 벗어나지 못했다. 따라서 루쉰에 관해 쓰는 일은 내게 의무 이상의 의미가 있지만, 어찌된 영문인지 이번만은 내키지 않는다. 참기 어려울 만큼 쓰기 싫다. 지금까지는 싫어도 무언가를 쓰기는 했다. 그런데 이번에는 쓸 것이 없다. 루쉰에 대해 너무 많이 썼는지도 모른다. 그러나 아직 아무것도 쓰지 않았다는 생각도 든다. 지금까지 써낸 것은 죄다 엉터리다. 독자에게 미안하다. 편집자는 '루쉰의 저항'에 대해 쓰란다. 두렵다. '루쉰의 저항'이라는 말을 빌려다가 자신의 어떤 기분을 표현한다. 형편없는 언어인 줄 알면서도 나로서는 힘껏 표현한다. 그것을 형편없다고 분명히 말하지 않고 진지하게 생각해 주는 사람이 있다는 건 내게 두려운 일이다. 나는 루쉰에 대해 무엇을 알고 있는 것일까. 나는 루쉰에 대해 아무것도 모른다고 써 왔을 뿐이다. 모르지만 알고 싶다고 생각하고, 노력하면 언젠가 알 수 있겠거니 생각하며, 그 생각을 써 왔을 뿐이다.

누구보다도 나 자신이 나의 루쉰론에 불만이다. 나는 작년에 『루쉰』이라는 책을 냈다. 전쟁 중에 썼던 『루쉰』이 불만스러워 다시 써 보았지만, 그 책이 나온 뒤 얼마 지나자 그 책을 쓰기 전보다도 자신이 훨씬 불만스러워졌다. 불만이라기보다 불만 따위는 입에 담기 부끄러울 만큼 참을 수 없는 기분이었다. 물론 여기에는 내 허세도 있다. 내게도 그 정도 허세는 있다. 그건 어쩔 수 없다. 어쨌든 스스로 그 책을 비평하든지, 아니면 다른 누군가가 그 책을 말살할 루쉰론을 쓰고 내가 그것을 승인하기 전에 죽어야 한다면, 나는 죽지 못할 것이다. 저것은 루쉰이 아니다. 나의 표현은 나의 이미지에서 어긋나 있다. 저런 건 루쉰이 아니다. 나는 나의 루쉰론 독자에게 그렇게 외치고 싶다. 물론 나의 루쉰론은 현재 루쉰 연구의 국제적 수준에서 보건대 그 수준이 낮지 않다. 그것은 알고 있다. 그렇다고 무슨 의미란 말인가. 그런 위안이 내가 나의 이미지에 가까워지지 못한다는 고통에서 구해 주지는 못한다. 나는 무엇을 해야 하는가.

무엇을 해야 하는지 나는 알고 있다. 스스로를 비평하면 된다. 남이 비평해 주기를 기다리고 있을 수 없으니 스스로 하는 수밖에 없다. 아, 그럴 힘이 내게 있다면. 나는 지금의 내가 부끄러워서 거기서 벗어나고자 자신을 혼내 주고 싶지만 그만한 힘이 없다. 나는 몇 번이나 그렇게 하려고 했다. 내 책을 꺼내어 책장을 펼친다. 그러나 틀렸다. 처음에는 어떻게든 자신을 속이며 읽어 보지만, 그러던 중 켕기는 대목을 맞닥뜨리면 더 이상 자제할 수가 없다. 이런 엉터리를 잘도 써냈구나 싶어 스스로에게 화가 나기에 앞서, 이게 엉터리란 걸 왜 알아차리지 못했는지, 그게 아니라면 어렴풋이 알고 있었을지 모르지만 모르는 척 덮어 둔 그때 자신의 모습에 정말이지 비참하고 정이 떨어진다. 그러나 그것은 여지없이 자신의 모습이니 부끄러움은 더 이상 어쩔 수가 없는 부끄러움이다. 나는 아무 일도 없었던 것처럼 자신의 책을 슬그머니 구석에 처박아 두고는 방에서 나온다. 그러면 그 책을 잊고 안온한 나날을 보낼 수 있다고 스스로 주문을 걸어 보지만, 물론 그런 일이 가능하리라 믿는 건 아니다. 나는 빠져나온 방으로 언젠가는 돌아와야 한다. 방으로 돌아오지 않아도 되려면 기적이 일어나야 할 텐데, 그런 기적이 앞으로 내 생애에 한 번은 일어나겠지만 그날이 오늘이나 내일, 내년이 아니라는 건 알고 있다. 내일이고 내년이고 나는 자신의 부끄러움을 끌어안고 살아가야 할 것이다. 누구나 그랬던 것처럼, 누구나 앞으로 그럴 것처럼. 그러나 나로서는 그런 순간에 느닷없이, 그리고 또렷이 루쉰과 나 사이의 거리가 눈에 떠오르는 경우가 없지 않다. 끝없이 가까이, 한없이 멀리. 나는 현기증 같은 것을 느끼며, 그리고 자신이 위로받는 것을 느낀다.

나는 살아 있는 동안 한 번만이라도 루쉰론을 다시 쓰고 싶다. 내 미래의 루쉰론은 무지개처럼 눈부시다. 나는 쓸 것이다. 나의 부끄러움이 내 것이라면, 나는 그것을 쓸 것이다. 아무도 나를 막을 수 없다. 나는 반드시 악마라도 회유해 보리라.

그러나 원고의 마감일은 다가오더니 지나가 버렸다. 나는 더 이상 거절하려 해도 거절할 수 없으며, 나의 무지개는 내 손에 없다. 쓸 수 없을 때는 쓸 수 없다고 쓰라고 가르친 사람이 있지만, 그것을 약삭빠르게 흉내 내는 것은 유행 작가라면 가능할지 모르나 내 몫은 아니다. 궁여지책, 나는 남의 것을 빌려서 어떻게든 나의 무지개를 독자로부터 이해받을 방법이 없는지를 고민했다. 그러다가 찾아낸 것이, 앞서 적어 둔 좌담회에 등장하는 가토 슈이치[6]의 발언이다. 이것이라면 나의 부끄러움을 직접 꺼내지도 않고, 그렇다고 문제를 회피하지도 않으면서 일반 외국 문학의 연구 방법이라는 각도에서, 비록 측면에서나마 내가 생각하는 것을 얼마간 말할 수 있을지도 모른다고 생각했다.

---

6   가토 슈이치加藤周一(1919~2008): 소설가. 1943년 도쿄대 의학부를 졸업하고는 '마티네mat-
    inée 포에틱'을 결성해 정형시 창작을 시도했다. 전후에는『근대문학』지 동인으로서 문예 비
    평을 시작했다. 이어 소설 창작에 나서『어느 맑은 날에あ る晴れた日に』,『운명運命』등의 장편
    소설을 썼다. 국제적 시야에서 일본 문화를 재검토하고자『잡종문화雜種文化』등의 평론도
    썼다.

3.

  나는 가토 슈이치를 프랑스 문학 연구자 가운데, 아니 일반 외국 문학 연구자 가운데서 가장 존경한다. '가장'이라고 말하긴 했지만 그런 말을 할 만큼 내가 폭넓게 읽은 것은 아니다. 나의 독서 범위는 몹시 좁다. 그 범위에서 '가장'이라는 의미다. 나는 지식의 양 때문에 존경하는 것이 아니다. 지식의 양을 따진다면, 가토 슈이치를 능가하는 자는 얼마든지 있다. 그게 아니라 방법의 새로움, 아니 그보다는 그 새로움을 떠받치는 자각적 태도에서 나는 시사를 얻는다. 뭐가 새롭냐 하면, 그는 외국 문학을 연구하려면 자신이 그것이 되는 지점까지 가야 한다고 생각하며, 더구나 그것이 일본 문학의 전통이라고 단언한다는 점이다.

  내 생각에 이런 자각적 태도는 일본 역사에서 전례가 없다. 견당사[7]도, 오산[8]의 승려도 막부의 어용학자도 이만큼 철저히 자각적이지는 않았다. 그것을 어떤 극한으로까지, 더구나 자각적으로 철저히 밀어붙인 데서 가토는 오늘날 외국 문학 연구자 가운데 한편의 최첨단에 서 있다. 아마도 그것은 일본의 패전에 수반되는 문화의 완전한 식민지성을 폭로하는 데 대응하는 가장 급진적인 이데올로기라 할 것이다. 그에 비하면 일본의 마르크스주의자 따위는 급진적이라 할 수 없을 정도다. 그만큼 생생한 현대성을 지니고 있다.

  내가 왜 이런 생각에 이르렀는지를 실증적으로 설명하지 않는다면

---

7 견당사遣唐使: 나라 시대부터 헤이안 시대 초기에 걸쳐 일본이 당나라에 파견한 사절이다.

8 오산五山: 선종禪宗 최고의 5대 사찰을 일컫는 말이다. 가마쿠라鎌倉 시대에 중국의 오산 제도에 따라 처음 가마쿠라 선사에 적용되었다.

독단이라는 비방을 면키 어렵겠지만, 나는 원래 논리를 다루는 데 서툰데다가 지금 상황에서는 번거로우니 논증은 일절 생략하고 직관만으로 이야기를 이어 가겠다. 나는 가토를 "한편의 최첨단"이라고 표현했다. "한편의"라고 한 것은 다른 한편 혹은 최첨단에 대한 최후단에 나 자신을 두기 때문이다. 이 양극의 대립을 나는 두세 가지 도식으로 제시하고, 그것을 일반화해서 외국 문학의 연구 방법에 관한 문제, 그리고 거기서 루쉰 연구의 의미를 생각해 보고자 한다.

거듭 말하지만 나는 외국 문학 연구자로서의 가토를 누구보다 존경한다. 그것은 가토가 용기를 갖고 식민지적 현실에 입각해 식민지적 현실을 분명히 자각하기 때문이다. 내게는 감동적이다. 『신일본문학』이나 『근대문학』 사람들은 가토(와 그 일파)를 현실적이지 않다고 비난하지만, 내가 보기에는 비난하는 쪽이 식민지적 현실을 얼마간 외면하고 있으며, 그 불철저성으로 말미암아 보다 비현실적이다. 나는 가토의 출발점을 인정한다. 또한 내가 생각하건대 일본 문학의 국민적 해방이라는 자명한 목적에 대해서도, 가토는 판단을 그르치지 않았다. 그런데 이처럼 출발점과 귀착점이 일치하는데도 중간 경로에서 가토(와 그 일파)와 나(와 그 일파)는 방향이 완전히 반대다. 말하자면 가토는 최단거리를 나는 최장거리를 가려 하며 양자 사이에는 결정적인 대립이 있다. 나는 대립자인 가토를 미워하며 적으로서 존경한다.

가토는 일본이 메이지 이후 서양 문화를 수입하는 데 실패했음을 인정한다. 가토는 실패의 원인을 불철저성이라고 본다. 거기서 철저화의 방향이 나온다. 말하자면 가토의 방법은 절대 타력他力이다. 가토만큼 철저한 타력론자는 일찍이 없었다. 그뿐이라면 놀랄 일은 아니지만, 가토는 절대 타력이야말로 일본 문학의 전통이라고 주장함으로써 통일적 세계관 위에서 절대타력을 체계화하고 자각적으로 파악하는 점에서 거의 독창적이라고 해야 할 듯하다. 가토 일파를 향해 "꼬마 프랑스인"이라고 비아냥거린 아라 마사히토[9] 일파는 내가 보기에 정곡을 찌르지 못했다. 그것은 상대의 철저성을 간파해 내지 못한 자신의 불철저성에서 비롯된 오해다. 물론 가토 일파의 문학에 대한 혐오를 거론하자면 내가 아라에 뒤질 것 같지 않지만, 잘 생각해 보면 그것은 대부분 기질적 차이에서 유래하며 적어도 가토의 논리적 착오에서 기인하는 것이 아니라는 점은 분명하다.

가토의 논리적 전개는 필연으로 가토를 도출한다. 그 점은 인정하지 않을 수 없다. 나는 가토의 모든 판단을 승인한다. 다만 행동 강령은 승인할 수 없다. 가토의 절대 타력에 맞서 나는 절대 자력을 대치시킨다. 나는 가토의 논리가 올바르다고 인정하지만, 내가 거기에 따르는 건 용납할 수 없다. 나는 가토와 같은 목표를 향해 반대 방향으로 걷는다. 그런 바보 같은 일이 가능하겠느냐고 힐난할지 모르지만, 가능한지 아닌지는 해 보지 않으면 모르니 어쨌든 나는 그 방향을 고집할 작정이다.

세간에서는 가토 일파를 딜레탕트[10]로 보는 모양이지만 내 생각은 다르다. 그들은 분명 딜레탕트의 흐름으로부터 나왔고, 일견 딜레탕트스러운 외양을 지니고 있다. 하지만 그들의 딜레탕티즘은 이미 딜레탕티즘을 넘어섰으며, 따라서 그들은 이미 그들의 선배와 같은 딜레탕트

---

9   아라 마사히토荒正人(1913~1979): 평론가. 1946년 『무근대문학』의 창간에 참여했다. 세대론, 지식인론을 둘러싸고 가토 슈이치, 나카노 시게하루 등과 논쟁했다. 「소세키의 어두운 부분 漱石の暗い部分」 등으로 나쓰메 소세키 연구에 중요한 업적을 남겼고, 『두 번째 청춘第二の青春』 등 다수의 평론을 썼다.

10   딜레탕트dilettante: 예술이나 학문을 직업으로 하지 않고 취미 삼아 하는 사람을 말한다.

가 아니다. 그렇지 않다면 가토의 프랑스 문학론이 나를 흔들었을 리 없다. 아라 마사히토는 세대의 차이로 해석했지만, 나는 역시 전쟁 체험에서 비롯된다고 생각한다. 그들은 그들 방식으로 전쟁에 저항하고 자신들의 딜레탕티즘을 주체화했다. 말하자면 일본에서 딜레탕티즘의 자기 발전이다. 그들은 자신의 길을 성실히 걸어가서 오늘날 어떤 극한에 이르렀다. 따라서 그들이 스스로 전통주의를 자칭해도 어색하지 않다. 그렇다면 관건은 그들의 논리적 전개가 지니는 필연성을 인정한 다음, 그들을 그 안에서 자기 형성시킨 일본 딜레탕티즘의 전통을 취하는 것이다. 바꿔 말하자면, 그들이 보여 준 저항의 질을 문제삼는 것이다. 이 또한 내 방식의 독단이지만, 겉보기는 완전히 상반되더라도 본질적으로 가토 일파에게서 일본 낭만파와 공통된 것이 느껴진다. 그것은 무엇인가. 그것을 딜레탕티즘이라고 부른다면 적절치 않다. 거꾸로 거기서 딜레탕티즘이 성립하기 때문이다. 나는 그것을 인간 유형으로서 수재형이라고 부르고 싶다. 가토의 수재형에 대해 나는 스스로를 둔재형이라고 부른다. 수재와 둔재란 서로 어울릴 수 없는 인간의 양극이다.

물론 개인의 천성을 두고 수재형이네 둔재형이네 말하는 것은 아니다. 사회적인 것을 두고 하는 소리다. 개인의 천성과 무관하지는 않지만 그것은 어디까지나 부차적이다. 일본의 외국 문학 연구 역사상, 길드가 형성된 이래 뛰어난 직공을 가장 많이 배출한 곳은 프랑스 문학 분야다. 그 반대가 중국 문학이다. 여기에는 사회적 이유가 있겠지만, 그것을 지금 밝혀 볼 생각은 없다. 어쨌든 프랑스 문학은 일본에서 정점에 서 있으며, 거기에는 수재가 저절로 모여들고, 그 수재들은 그 안에서 수재적으로 자라나 일본 문화의 대표 선수라는 자각을 갖고 거기

　　　　　　　　　　　　　　어느 도전—루쉰 연구의 방법에 대하여

서 등장하도록 짜여 있다. 따라서 거기에서 가토처럼 우수한 이데올로
그가 태어나는 것은 필연이며 다른 문학, 특히 중국 문학에서는 가토
같은 우수 분자가 절대로 태어날 수 없다.

　예를 들어 가토는 자신의 위치를 이렇게 정식화한다. "요컨대 내가
현대 프랑스 문학에 관심을 갖는 이유는 첫째, 그것이 프랑스 문학, 즉
나의 세계와 다른 세계의 문학이 아니라 유럽 문학이자 세계 문학이
며, 변경이지만 동시에 나 또한 그 안에 살고 있는 세계의 대표적 문학
이라는 사실에 있다"(『현대 프랑스 문학론』). 이것은 아마도 오늘날 외국
문학 연구에서 가장 첨예한 방법론이며 따라서 일본 문화의 최고 수준
을 보여 주는데, 이처럼 높은 지성은 완전한 수재적 사고방식의 산물,
나의 표현으로는 노예근성의 산물(나의 「중국의 근대와 일본의 근대」 참조)
임을 의심할 수 없다. 한편 당연하게도 그것은 일본 문화의 전통에 깊
이 유래를 두고 있다. 따라서 만약 내가 프랑스 문학에 관한 관심의 근
거를 찾고자 한다면 나 역시 가토와 같은 의견을 피력해야 하겠지만,
나는 수재가 아닌 둔재이니 말미에 다음 한마디를 덧붙여야 한다. "라
고 최우수 분자인 가토에 의해 인식된 사실에 따른다."

　수재도 여러 단계가 있으며 그 모두가 가토에 찬성하지는 않지만,
그것은 정도의 차이일 뿐 최종적으로 가토에 귀착하는 것은 일본 문화
의 관료적 위계 구조로 보건대 논리적으로도 역사적으로도 자명하다.
그런데 프랑스 문학의 극점인 중국 문학에서는 정도의 차이라고 말할
수 없는 것이 있다. 거기서는 수재가 되는 길이 막혀 있어 본질적으로
수재가 아닌 자, 즉 둔재가 있다. 내가 그중 한 명이다. 또한 그런 나를
루쉰 연구자로 알고는 "내가 사랑하는 작가는 필립과 루쉰입니다"라
며 무릇 수재적 감각과는 동떨어진, 그런 만큼 나를 흔드는 편지를 띄

우는 사람도 있다. 그런 세계다.

　본래 중국 문학에도 수재가 없지는 않았다. '지나학'이라 불린 일파가 수재이며, 그 우두머리가 지금은 요시카와 고지로[11]다. 이 파의 수재들은 일기만이 아니라 논문도 중국어, 특히 고전조인 한문으로 쓰는 일을 이상으로 삼는다(대체 누구에게 읽힐 작정으로 쓴 것인지, 루쉰은 이를 기이하게 여겼다는 편지가 마스다 와타루의 『루쉰의 인상』에 실려 있다). 보통 사람이 알아들을 수 있도록 은혜를 베풀어 일본어로 쓰는 일이 있기는 하나 그것은 어디까지나 잔재주이지 본령은 아니다. 그들이 가슴속에 간직해 둔 평생의 소원은 중국의 정사正史(황제가 편찬한다. 따라서 중국이 황제 체제를 그만둔 것은 그들이 보기에 심각한 일이다)의 문원전文苑傳에 자신의 이름을 올리는 것이니, 그 수재 근성의 철저함은 가토에게도 뒤지지 않을 것이다. 오히려 발생적으로는 이것이야말로 가토가 믿는 일본 문화 전통의 정수精華가 영락한 말로다.

　오늘날 그들이 일본 문화의 첨병이 되지 못한 것은 시대 인식의 착오로 중국의 문원전에서 프랑스의 아카데미로 갈아탈 기회를 놓친 탓이다. 그것은 그들의 불행이지만, 그렇다 해도 영광스런 일본 문화의 전통은 조금도 훼손되지 않는다는 것은 가토가 스스로 증명하는 바이다. 그런데 오늘날 일본의 중국 문학 연구를 움직이는 세력은 수재 일파가 아니라 그 '지나학'을 자기 부정함으로써 태어난 중국문학연구회의 계보이니, 중국 문학 연구의 지배적 정신이 둔재 근성에 있다는 나의 판단은 결코 틀리지 않을 것이다. (나의 무지개가 걸린 곳에 이르려면 아

11　요시카와 고지로吉川幸次郎(1904~1980): 중국 문학자. 교토제국대학 문학부에서 가노 나오키의 지도를 받았다. 1928년부터 31년까지 중국에서 유학해 청조 고증학을 배웠다. 실증주의적 입장에서 언어 예술로서의 문학을 연구했고, 특히 당시唐詩와 원곡元曲 등의 연구에서 뛰어난 업적을 남겼다.

직도 먼 것 같으니 나는 이 내용을 중도에서 줄인다.)

    4.

　조금 각도를 바꿔 '수재와 둔재의 대립'이라는 나의 도식을 러시아 문학과 비교해서 말한다면, 서구주의와 슬라브주의의 대립이 될 것이다. 그리고 나는 제발 일본에서 이 대립이 자각되어 양극이 뚜렷하게 분화하고, 각각이 육체를 지니며 그 사이에서 싸움이 벌어지기를 바란다. 그렇지 않고 언제까지나 미분화 상태로 머물면 일본 문학은 영원히 독립할 수 없다. 후타바테이의 회의로부터 한 걸음도 나아갈 수 없다. 정치와 문학을 대상화하여 논하는 관념의 쳇바퀴는 이미 충분히 돌렸다. 문제는 행동이다. 슬라브주의와 서구주의를 변증법적으로 통일하거나 왕복 운동하는 것이 문제가 아니라 어느 한쪽 진영에 자신이 들어가 모든 중간자를 분화시켜 조직하는 것이 문제다. 모두가 레닌이 되기를 원하는 곳에서는 아무리 시간이 흘러도 레닌이 등장할 수 없다. 레닌 등장의 여부는 싸움의 결과에 따르며, 싸우기 전에는 예단할 수 없다. 이미 서구주의자의 도전은 시작되었으니 내가 그들과 동행하기를 즐기지 않는 한, 나는 싫어도 그 도전에 맞서고자 굳이 슬라브주의자라 자칭하기를 마다하지 않을 것이다. 그것은 임시적인 이름이다. 결과는 신만이 안다. 척 봐도 적은 대군이며 별의별 사람, 위로는 마르크스로부터 아래에는 사르트르의 아류에 이르기까지 압도적 우세를 자랑하지만, 지금 단계에서는 그렇더라도 하는 수 없다. 나는 내 방식으로 나로드니키를 조직해야 한다. 조직할 것이다. 내가 할 수 있는 일은 할 작정이고, 내가 할 수 있는 일만을 할 작정이다. 나는 일본 문학사에서 수재를 추방하고 싶고, 내 증오를 눌러 담아 앙드레 지드André Gide론도 쓰고 싶다(예를 들어 『콩고 기행』으로부터).

그러나 그 준비를 위해 나는 한 번 더 루쉰론을 쓰지 않을 수 없다. 그렇게 준비하는 도중에 큰 포부만을 품고 결국은 아무것도 못 한 채 죽을지도 모르지만, 그리된들 하는 수 없다.

1949년 2월

다만 진실을 좇다 ― 생애에 일관된 성실과 실천

마스다 와타루의 『루쉰의 인상』(고단샤, 1948)은 루쉰 연구자라면 놓쳐선 안 될 중요 문헌이다. 고유한 시각에서 루쉰의 일상생활을 세밀하게 그려 냈다는 점에서는 중국에서도 거의 사례를 찾기 힘들 만큼 그 의미가 각별하다. 루쉰의 인간됨을 이해하는 데 도움이 될 뿐 아니라 여러 단서나 암시를 제공해 준다.

그 책에 나오는 에피소드다. 중공이 루이진瑞金(당시 중공의 근거지) 부근에서 농민을 죽이고 있다는 소문이 돌자 루쉰이 마스다에게 "사람을 보내 알아본 뒤 만약 사실이라면 중공에 충고하기로 결심했다"고 말했다는 것이다. 이를 두고 마스다는 감상을 밝힌다. "사람을 죽인다는 소문을 들었으니 이유가 무엇이든 그는 묵시할 수 없었다. 조사 후 사실이라면 충고하겠다며 결연하게 말했는데, 나는 그때 휴머니스트라 불리는 그의 진면목을 본 듯했다."

이것은 1931년의 일이다. 1931년은 분수령이 된 중요한 해다. 9월에 만주 사변이 발발했다. 국민당은 몇 차례의 반공전反共戰에 실패했다. 그해에 중공도 리리싼 노선으로부터 마오쩌둥 노선으로 전환했다.

문학계에서는 전년에 성립한 '중국좌익작가연맹'이 탄압을 받아 1월에 다섯 명의 청년 작가가 살해되고 딩링이 편집하던 계간 『북두北斗』를 제외한 모든 좌익 간행물이 출판을 금지당했다. '좌련'의 중심에 있던 루쉰은 당연하게도 집필 활동이 곤란해졌으며, 생명마저 위험에 노출되었다.

중공이 사람을 죽인다는 것은 비록 상대가 지주인 경우라도 있을 리 없는 일임을, 오늘의 중국 대중은 의심하지 않을 것이다. 애당초 유언비어라며 코웃음 치고 넘어갈 것이다. 그러나 1931년 무렵에는 유언비어가 여전히 효용을 지녔다. 중공의 힘은 지방에 국한되어 있었으며 국민당의 힘은 압도적이었다. 신문은 매일같이 중공의 잔인함을 고발했고 국민 여론을 향해 국민당 토벌군의 도의성을 선전했다. 그리고 일반 대중은 그 유언비어를 반신반의하며 듣고 있었다. 그것이 유언비어임을 알기까지는 꽤 오랜 시간이 걸렸다. 그러나 일단 실상이 드러나자 유언비어는 같은 힘으로 반작용한다는 것을 오늘의 사태가 가르쳐 주고 있다.

1931년에 루쉰은 이미 사상적으로 공산주의에 가까운 입장이었다. 그가 만주 사변을 두고 내린 평가나 미국의 『뉴 메시지』에 기고한 내용을 보면 알 수 있다. 그의 통찰력을 감안하건대 중공이 농민을 죽인다고 국민당이 뿌린 유언비어의 실상을 간파하지 못했을 리 없다. 그런데도 부러 사람을 보내 조사하고 사실이라면 충고하겠다고 말하는 대목에서는 루쉰의 실증적 태도—"다만 어디까지나 진실을 추구한다"는 생애를 관철하는 성실한 생활 태도가 엿보인다. 따라서 그의 공산주의는 관념의 장에서 이룬 전향의 산물이 아니라 체험으로 뒷받침된 전 인간적 내용을 건 실천이라는 것, 아울러 다른 각도에서 말하자면 중공의 도의성이 아직 전적으로 발양되지 못한 만큼 그 힘이 상대적으로 약했다는 것을 알 수 있다.

루쉰이 조사를 위해 사람을 보냈다는 이야기는 루쉰 자신의 글에서는 전혀 나오지 않는다. 실제로 보냈는지, 만약 보냈다면 아마도 '좌련'을 통해 보냈을 텐데 보고가 들어왔는지의 여부를 나는 모른다. 그러나 이후의 모든 집필 활동을 바라보노라면, 나는 마스다가 쓴 이야기가 사실일 거라고 생각한다. 루쉰은 반드시 스스로 납득할 때까지 현장에서 사실을 확인하려 들었을 것이다. 만약 어떤 사정으로 사람을 보내지 못했더라도 그것을 대신할 방법을 반드시 취했을 것이다.

중공이 농민을 죽이고 있다는 소문을 애초부터 유언비어라고 단정한 사람에 비해, 그러지 않았던 루쉰은 중공에 대한 인식이 그만큼 얕았던 것일까. 나는 그렇지 않다고 본다. 중공의 힘이 상대적으로 약할 때, 실증적 증거를 확보하지 않고 추상적 관념으로 연역하여 그럴 리 없다고 주장한들 유언비어를 이겨 내지는 못한다. 오늘날 중공은 농민을 죽일 리가 없다고 일반 대중이 확신하게 된 것은 역사가 실증했기 때문이지, 말로 유언비어를 부정했기 때문은 아니다.

실상은 중공이 리리싼 노선에 따르던 당시에 국민당이 중공의 허점을 노려 도발하려던 것이리라. 중공이 리리싼 노선에서 마오쩌둥 노선으로 옮겨 간 것은 물론 혁명 이론이 발전한 결과지만, 동시에 모럴의 측면에서도 중대한 전환이었다. 간단히 말하면, 힘에다 힘으로써 정면으로 맞서기를 그만두고 오히려 적의 힘을 활용하기 시작했다. 이를 위해서는 자신을 도의적으로 고양시켜야 했다. 도의야말로 궁극의 힘이기 때문이다. 일시적으로 불리하더라도 농민의 이익을 전략보다 우선시하여 농민에게 희생이 따르지 않도록 견뎌 냈다. 더구나 도덕적 재무장은 일개 병사에서 최고 간부에 이르기까지 예외가 없었다. 마오쩌둥의 '삼풍정돈'[1]은 이를 위한 이론적 토대를 마련한 것이며, 중공군의 대이동은 그 훈련에 자양분이 되었다. 전투력을 보건대 중공은 무한히 후퇴한 듯하지만, 실은 국민적 규모로 일거에 혁명의 목표를 향해 다가가는 중이었다.

1927년의 배신행위, 그리고 이후 현장에서 권력이 자유를 억압하는 모습을 목도한 루쉰은 1931년에는 이미 철저한 반국민당의 입장에 서 있었다. 그리하여 저장성浙江省 당 조직에서 체포 명령이 떨어졌을 정도다. 더구나 광범위한 자유를 옹호하는 대중 조직인 '좌련'의 중심인물이었다. 이 또한 마스다의 책에서 나오는 내용인데, 당시 루쉰은 국민 정부의 행정원장이 면회를 요청했을 때 거절했다. 그런 루쉰도 중공을 무조건적으로 지지할 수 없었던 것은 중공 측도 어떤 조건을 결여하고 있었기 때문일 것이다.

그런데 1936년에 중공이 전 국민을 향해 항일 통일 전선을 호소하자 루쉰은 "무조건적 참가"를 표명했다. 표명했을 뿐 아니라 통일 전선을 국민당 내셔널리즘으로 끌어들이려는 음모에 맞서 목숨을 걸고 싸웠다. 그리고 그 결과 강고한 인민 전선이 결성되었다. 국민당의 초대에 불응했던 루쉰은 그를 부른 적이 없던 중공과 정신적으로 교류하고 있었다. 루쉰이 원했던 것은 '진실'이다. 진실은 발견된다. 다만 시간이 걸릴 뿐이다.

1949년 10월

---

1 삼풍정돈三風整頓: 당원을 교육하고, 당 조직을 정돈하며, 당의 기풍을 쇄신한다는 뜻이다. 마오쩌둥은 정풍을 "사상작풍思想作風과 공작작풍工作作風을 정돈하는 것"이며 "전당全黨의 비판과 자기비판을 통해 마르크스주의를 배우는 것"이라 정의했다.

루쉰과 고리키

고리키가 명성을 얻고 나서의 일인데, 루쉰은 '중국의 고리키'로 불린 적이 있다. 과연 문단에서의 지위는 어느 정도 닮았으니, 어디에나 있는 사대주의자가 이런 비유를 꺼내더라도 근거가 없지는 않다. 하지만 곰곰이 생각하면 루쉰과 고리키는 닮은 점보다 다른 점이 많다.

루쉰은 고리키의 작업을 존경하고 높이 평가했다. 따라서 자신을 고리키와 비교할 수는 없으며, 고리키의 위상에는 못 미친다고 말했다. 이것은 루쉰의 겸손일까. 나는 겸손이라고 생각한다. 그러나 동시에 자부였다고도 생각한다.

고리키는 기질로 봐도 서민적이다. 자신의 생애로 문학사를 써낸 고리키의 작업은 위대하지만, 이를 뒷받침한 것은 그의 천성적 기질이었다. 그런데 루쉰은 기질이 전혀 다르다. 만약 루쉰이 러시아에서 태어났다면 고리키의 길을 걷지 않았을 것이다.

루쉰에게 고리키는 존경해 마땅한 인간이지만, 친근감이 가는 사람은 아니었다. 고리키가 천성적 기질의 도움으로 도달한 곳에, 루쉰은 천성적 기질을 거슬러 도달하고자 노력했다. 그의 문학은 그 노력의 과정에서 나왔다. 따라서 고민의 성질이 다른 만큼 문학의 성질도 다르다.

고리키를 좋아할지, 루쉰을 좋아할지는 자신의 기호에 따르면 된다. 다만 둘 모두 개성을 굽히지 않고 세계 문학에서 자리를 차지했다는 사실을 잊어선 안 된다. 개인의 기질뿐 아니라 나라의 사정도 다르다. 자신의 기질을 간과한 원숭이 흉내는 이 문학적 거인들 중 누구도 내지 않았다.

1951년 11월

루쉰의 평가를 둘러싸고

 제멋대로 쓰는 글이니 부디 제멋대로 읽어주시기 바랍니다.

 마오쩌둥의 『문예강화延安文藝講話』가 문학론으로서 탁월하다는 것을 인정합니다. 문학을 원리적으로 사고하려거든 일본에서도 마오쩌둥의 문학 이론을 간과해서는 안 됩니다. 더 많이 읽히고 더 많이 연구되길 바랍니다. 『문예강화』가 번역되었을 때 몇몇 소개 글이 나왔습니다. 다키자키 야스노스케 씨의 글 등을 기억합니다. 나도 「루쉰과 마오쩌둥」이라는 글을 작성해서 얼마간 다뤘습니다. 그러나 이후로는 연구가 전혀 진척되지 않은 것 같습니다. 애초에 이른바 '대중 노선'론자 사이에서는 이 논문을 금과옥조처럼 여기는 경향이 있습니다. 제가 보기에 이 논자들은 아무래도 마오쩌둥의 이론을 이해하지 못하고 있습니다. 잘못 이해하고는 잘못 적용하는 것 같습니다. 몇 차례 기회가 있어 그렇게 의문을 제기했습니다. 제가 무언가를 정리해서 쓰지는 못했는데, 그 탓인지 아직 어디서도 답변을 듣지 못했습니다.

 따라서 가장 좋은 방법은 마오쩌둥의 문학론에 대한 제 견해를 분명히 밝히고 이른바 '대중 노선'론자에게 물음을 제기하는 것입니다. 그 기회를 주신 호의에는 감사할 따름입니다. 그러나 지난번에 말씀드렸듯이 지금 저는 그만한 준비가 되어 있지 않습니다. 언젠가 이 책무를 다하고 싶지만 당장은 힘듭니다. 다행히 최근의 중국 문학 사정을 소개한 히야마 히사오檜山久雄 씨의 역작 논문(같은 호 잡지에 게재된「속류 대중 노선론 비판」)을, 저는 원고로 받아서 읽고는 여러 시사를 얻었습니다. 중국 측 자료를 이용해 마오쩌둥 이론을 잘못 적용하는 현 상황을 실증적으로 들춰냈는데 대체로 공감할 수 있는 논지였습니다. 제 글 대신이라고 말한다면 실례가 될지 모르겠지만, 아무쪼록 히야마 씨의 연구물을 재발족의 발판으로 삼기를 바랍니다.

그런데 이 또한 지난번에 드린 말씀이지만, 저는『신일본문학』에 빚이 있습니다. 빚이 있으면 신경이 쓰이니 언젠가 갚고 싶었는데, 이런 기회가 우연히 주어졌으니 제가 투고하려던 내용을 적겠습니다. 이것은 빚을 갚는 일이고 개인적 사정이니 그다지 중요치는 않겠지만, 그렇다고 당면 과제와 전혀 무관하지는 않다고 생각합니다.

저의『현대 중국론現代中国論』에 대한 비평에 답하려는 것입니다. 이 책은 작년 12월 호 서평란에서 다뤄졌고, 올해 1월 호에는 오카모토 준岡本潤 씨가 쓴 장문의 비평이 올라왔습니다. 잡지라는 공기公器의 속성상, 소개해 주신 호의에는 따로 답례하지 않았습니다. 다만 오카모토 씨의 비평을 읽었을 때는 답할 의무를 느꼈습니다. 비평 자체에 답하려는 것은 아닙니다. 비평 자체는 마르크스주의에 관한 제 이해가 부족하다고 지적한 내용(완전히 옳은 말씀입니다)을 포함해 낯간지러울 만큼 호의적입니다. 제가 '신일본문학회'를 험담한 것조차 호의를 갖고 읽어 주셨습니다. 그런 독해를 기대하지 않았던 만큼 저는 가까스로 인간성의 선량함을 믿고 싶어졌을 정도입니다. 이 또한 감사드려야 할 내용은 아닙니다. 적어도 공적으로는 말이죠. 다만 저를 향해 제출된 물음에는 공적으로 답해야겠죠.

물음의 한 가지는 루쉰 문학의 평가에 관한 것입니다. 저는 전쟁 중에 『루쉰』을 썼는데, 루쉰이 역사를 다뤘던 『고사신편』을 저 책에서 저평가했다며 반대 의견을 주셨습니다. 제 독해법이 너무 단순해서 잘못된 것이 아니냐고 지적하셨습니다. 거기에 답하자면 저는 잘못되지 않았다고 생각합니다. 호오로 따지자면, 저는 『고사신편』이 전체적으로 마음에 듭니다. 그중에서도 「비공非攻」과 「이수理水」 같은 것들은 특히 좋습니다. 오카모토 씨가 거론한 「주검鑄劍」도 싫지 않습니다. 그 점에서 저는 오카모토 씨와 의견이 같습니다. 의견이 같지 않더라도 딱히 다르지도 않습니다. 제가 『고사신편』을 저평가한 것은 루쉰 문학의 전체 구조 속에서 『고사신편』이 차지하는 위상을 문제 삼았기 때문입니다. 그 관점에서 따지자면, 『들풀』에 높은 지위를 부여한 것처럼 『고사신편』에 그러한 지위를 부여할 수는 없습니다. 『고사신편』에는 『들풀』 같은 문제성이 없습니다. 전혀 없지는 않지만 몹시 부족합니다. 적어도 두세 편의 예외적인 작품을 제외한다면, 루쉰 문학을 이해하고자 할 때 불가결하지 않습니다. 불가결한 요소가 부족합니다. 그리하여 저는 『고사신편』을 낮게 본 것이며, 따라서 개별 작품에 관한 평가나 호오가 직접적으로 사고의 통로에 들어오지는 않았던 셈입니다.

이것은 저의 『루쉰』이 루쉰론으로서 미숙하다는 반증입니다. 『고사신편』에는 이해하기 어려운 작품이 많이 수록되어 있는데, 이해하기 어려운 대목을 피해 간 사정도 있습니다. 그 대목을 깊이 파고들면 정합성이 흐트러질 것 같은 예감에 망설였던 것입니다. 전후에 루쉰을 다시 읽어 보니 『고사신편』에 대해서도 얼마간 터득한 바가 생겨 작품에 관한 이해가 깊어졌습니다. 그리고 먼저 쓴 책을 고치는 기분으로 『루쉰』을 새롭게 썼습니다. 작품론으로서는 전에 썼던 것보다 자세하여, 저로서는 진보했다고 생각합니다. 이번에는 『고사신편』을 후하게 평가했습니다. 그러나 전체 구조 속에서의 위치를 묻는다면, 저는 전의 주장을 바꿀 필요를 그다지 느끼지 않습니다.

『고사신편』은 세계 문학에서 특이한 작품일 것입니다. 신화나 역사를 다룬 작품이야 부지기수지만, 제가 아는 한(매우 좁긴 합니다만) 저런 식으로 다루는 경우는 달리 없습니다. 따라서 저로서는 『고사신편』을 세계 문학 속에서 위치 지을 수 없습니다. 그런 의미에서 '불가해'한 것입니다. 만약 누군가가 이 점을 해명해 주신다면 저로서는 무척 기쁠 것입니다. 루쉰 연구의 진보를 위해서도 반길 일입니다.

두 번째 물음으로 옮겨 갑니다. 오카모토 씨는 이렇게 쓰고 있습니다.

"중공의 모럴을 높게 평가하는 다케우치 씨의 설에 나는 깊이 동감한다. 그러나 동시에 그것을 '근본의 관점'으로 삼는 설에는 다소 의문을 제기하지 않을 수 없다. 마오쩌둥과 장제스, 중공과 국민당의 차이를 모럴의 높낮이, 민족 고유의 전통을 '근본의 관점'으로 삼아 '논리적으로 설명'할 수 있을까. 중공은 다케우치 씨가 말하듯이 '마르크스주의를 빌리고' 있는 정도일까. 오히려 중공의 지도자가 마르크스주의를 실천적으로 파악하는 확실성, 심도가 중공의 민족적 모럴을 고도로 끌어올린 기초였던 게 아닐까."

여기서 "중공의 지도자"에 이어지는 마지막 문장을, 저는 그대로 수긍합니다. 오카모토 씨에게 그것이 문제의 해답이리라는 것도 상상할 수 있습니다. 그러나 제게 그것은 문제의 해답이 아니라 문제의 출발점입니다. "민족적 모럴을 고도로 끌어올리는 기초"인 "마르크스주의를 실천적으로 파악하는 확실성, 심도"라는 것이 어떻게 가능할 수 있는지, 이것이 제 물음인 것입니다. 스스로에게 던지는 물음입니다. 저는 이 물음을 아직도 풀어내지 못했습니다. "논리적으로 설명"하지 못합니다. 설명하려고 노력할 뿐입니다. 따라서 오카모토 씨는 적절하게 문제를 던졌지만 제게는 아직 답할 능력이 없습니다.

저는 「평전 마오쩌둥」을 썼을 때 이 문제를 풀어내려고 했습니다. 스스로 생각하기에는 어느 정도 나아갔지만, 해답이라고 하기에는 거리가 멀었습니다. 저는 '원시 마오쩌둥'이라는 가정에서 출발해 마오쩌둥 이론의 논리적 재구성을 시도했습니다. 절반은 성공했다고 여겼지만 그것을 증명하는 단계에 들어서자 차질이 생겼습니다. 증명하려면 마르크스주의라는 기존의 것을 빌려야 하는데, 그에 관한 지식이 제게는 없습니다. 그리하여 마르크스주의 공부부터 다시 시작해야 했습니다. 아직 생각만 할 뿐 아무것도 하지 않았습니다. 따라서 지금 당장은 아니더라도 언젠가는 답할 수 있기를 바라고 있습니다.

중공이 마르크스주의를 "빌리고" 있다고 표현한 것은 차용물, 즉 몸에 익지 않았다는 의미는 아닙니다. 민족 해방이라는 주체적 요구가 먼저였고, 그 수단으로 마르크스주의를 수용했다는 의미에서 '빌린 것'이라고 표현했을 뿐입니다. 제 표현이 부적절했는지도 모르지만, 오카모토 씨가 오해한 대목도 있다고 생각합니다. 저는 수용되는 사상의 가치는 수용하는 주체 측의 조건에 좌우된다고 생각합니다. 민족 형식화에 이르지 못한 사상은 사상으로서의 현실성을 갖지 못합니다. 제게는 사상이 실현되기 위한 조건이 무엇이냐가 문제인데, 저는 주체와 객체 양 측면에서 이 문제를 규명하고 싶습니다. 제게 마르크스주의는 소여所與가 아니기 때문입니다. 저는 언젠가 이 문제를 "논리적으로" 규명한 뒤 오카모토 씨의 비판을 다시금 받아들이고 싶습니다.

셋째 물음으로 옮겨 가겠습니다. 이것은 물음이라기보다 오카모토 씨의 주장이며 저를 향한 것이 아니라 오히려 제 주장에서 나온 발상입니다만, 제가 거기서 문제를 느끼니 여기에서 다뤄 보고 싶습니다.

"민족의 운명과 관련된 문학의 과제를 '대중 속으로'라는 정치적 슬로건으로 슬쩍 바꿔치기한다고 문제를 해결할 수는 없으며, 그런 식이라면 오히려 문제를 회피하는 것일지도 모른다."

오카모토 씨의 심정은 잘 알고 있습니다. 이른바 '대중 노선'론자에 대한 불만이 거기서 드러나는데 그 점은 저도 동감합니다. 다만 '대중 속으로'를 정치적 슬로건이라고 내치기만 해서는 곤란합니다. 이것은 역시 마오쩌둥의 문학론을 어떻게 읽을 것이냐와 관련된 문제입니다. 저는 이 논자들이 마오쩌둥을 금과옥조로 여기면서도, 실은 마오쩌둥을 자신의 모습과 비슷하게 부당한 방식으로 비속화한다고 생각합니다(『군상』 1월 호「문학의 해석 방법에 대한 의문」, 구판『일본 이데올로기』수록「젊은 친구에게 보내는 편지」참조). 만약 마오쩌둥이 그들이 이해하는 그런 인물이라면, 저는 마오쩌둥 문학론의 가치를 인정할 수 없습니다.

루쉰의 평가를 둘러싸고

그러나 저는 마오쩌둥을 그렇게 이해하지 않습니다.

앞서 말씀드렸듯이 현재 저는 마오쩌둥의 문학론에 대해 정리된 생각을 개진할 준비가 되어 있지 않습니다. 따라서 그저 한 가지 사례만을 오카모토 씨에 대한 대답의 부록 삼아 말씀드리고자 합니다. 이것은 루쉰의 평가와 관련이 있기 때문입니다.

『문예강화』의 말미에 루쉰의 시 두 구가 인용되고 거기에 마오쩌둥의 해석이 덧붙어 있습니다.

가지 와타루鹿地亘 씨의 번역서에는 이렇게 되어 있습니다.

"루쉰의 시 속에 있는 '橫眉冷對千夫指, 俯首甘爲孺子牛'라는 이 구절을 우리의 좌우명으로 삼아야 한다. '千夫'란 적이며, 적이 아무리 흉악해도 우리는 결코 굴하지 않는다. '孺子'란 프롤레타리아 계급과 인민 대중이다. 모든 공산당원, 모든 혁명가, 모든 혁명적 문예공작자는 루쉰을 표본으로 삼고 배워서, 겸손하게 프롤레타리아 계급과 인민 대중의 '소'가 되어 분골쇄신 노력하여 쓰러질 때까지 멈춰서는 안 된다."

이 두 구는 「자조自嘲」라는 제목으로 1932년에 쓴 옛 시에 담겨 있으며, 원문 전체는 다음과 같습니다.

運交華蓋欲何求, 未敢翻身已碰頭
破帽遮顔過鬧市, 漏船載酒泛中流
橫眉冷對千夫指, 俯首甘爲孺子牛

躲進小樓成一統, 管他冬夏與春秋

이것은 일종의 장난 시인데(루쉰은 옛 시형詩形을 활용해 장난 시를 많이 썼습니다) 전체의 맥락을 보자면 마오쩌둥과 같은 해석이 나오기 어렵습니다. 문제의 두 구는 기껏해야 문단에서는 안 좋은 말만 들을 뿐이니 거기에 질려 집에서 아이들의 말이 되어 놀고 있다는 정도의 의미죠. 그야말로 루쉰다운 유머러스한 시입니다. 『들풀』 안의 「나의 실연」 등과도 통하는 바가 있습니다.

그렇다고 더없이 분방한 마오쩌둥의 해석이 잘못인가 하면, 저는 그렇지는 않다고 생각합니다. 마오쩌둥은 원시의 의미를 잘 알고 있었을 것입니다. 그렇지 않다면 별로 남의 눈에 띄지도 않는 장난 시를 구태여 인용할 리 없습니다. 알고 있으니 자신의 경험에 근거해 원시에서 숨은 의미를 끄집어내는 창조적 감상을 할 수 있습니다. 그건 수동적 감상이 아니라 적극적 대결입니다. 즉 진정한 감상의 태도입니다.

일본의 '대중 노선'론자들에게는 이러한 태도가 결여되어 있죠. 그들은 기계인형처럼 마오쩌둥의 해석을 입으로 옮길 뿐 무엇도 창조하려 하지 않습니다. 그리하여 그들은 이중으로 평가의 잘못을 범합니다. 첫째, 루쉰의 문학을 전혀 이해하지 못하는 잘못입니다. "인민의 소가 되자"라는 식으로 루쉰이 감상적인 영웅주의적 호언장담을 꺼냈을 리 없다는 것은 루쉰의 글을 조금만 읽어 봤다면 알 것입니다. 그걸 모른다면 문학을 감상하는 능력이 결여된 것이지요. 둘째, 마오쩌둥의 문학 감상력을 부당하게 저평가하는 잘못입니다. 그들은 자신들이 말을 옮기는 자들이니 마오쩌둥 역시 루쉰의 말을 옮긴 게 틀림없다고 믿어 버린 건 아닐까요.

'대중 속으로'란 대중의 창의를 이끌어 내는 것이겠죠. '대중에게 배운다' 함은 그 창의를 배우는 것입니다. 그런데 스스로 창조적 정신을 갖추지 못한 구전口傳의 기계인형이 어찌 대중의 창의를 끄집어낼 수 있겠습니까. 오히려 대중의 창의를 압살하지 않을까요. 대중이 의문을 제기했을 때 그 의심을 길러 내는 게 아니라 기성의 견해로 억눌러 의문의 싹을 잘라 버릴 위험이 과연 그들에게 없을까요. 그들은 "체험에 비춰 스스로 생각한다"라는 루쉰이나 마오쩌둥의 근본정신을 몰각하고 있습니다. 일본의 '대중 노선'론자가 모처럼 마오쩌둥에게 배울 요량이라면, 그 전술이 드러난 현상 수준에 머물 게 아니라 근본의 비평정신을 배우기 바랍니다.

1952년 7월

마오쩌둥의 시 해석

  『신일본문학』60호에 나는 「루쉰의 평가를 둘러싸고」라는 짧은 글을 써서 대략 다음과 같은 내용을 밝혔다.

  마오쩌둥은 『문예강화』에 '橫眉冷對千夫指, 俯首甘爲孺子牛'라는 루쉰의 시 두 구를 인용하고 '천부千夫'란 적이요 '유자孺子'란 인민 대중이라며, 이 시를 "결코 적에 굴하지 말고 인민에게 복무한다"라는 의미로 풀이하고는 이를 우리의 좌우명으로 삼자고 말했다. 마오쩌둥의 이 해석은 일본에서도 널리 구전되었지만, 이는 루쉰을 잘못 이해한 것일 뿐 아니라 마오쩌둥의 루쉰 이해도 잘못 이해한 것이다. 「자조自嘲」라는 제목에서도 알 수 있듯이 원시는 일종의 장난 시(중국에서 타유시打油詩라고 한다)이며, 여기서 마오쩌둥식의 해석을 직접 끄집어낼 수는 없다. 만약 끄집어낸다면 루쉰은 시인이 아니라 쓸데없이 호언장담하는 속물로 전락하고 만다. 다만 마오쩌둥은 혁명을 실천하고 문예를 깊게 이해하기에 비로소 이처럼 해석을 확장할 수 있었고, 그로써 원시는 더욱 빛날 수 있었다. 이런 내용이었다.

  그러나 그 글에서 나는 원시를 자세히 해석하지 않았다. 그래서 질문을 받은 적도 있다. 이제 마오쩌둥으로부터 거리를 두고 원시를 풀어 보자. 그러면 마오쩌둥의 루쉰 이해가 얼마나 훌륭한지를 보다 분명히 알 수 있을 것이다. 다만 이 시는(다른 시도 그렇지만) 몹시 난해한지라 내가 헛짚지 않았다고 장담하기는 어렵다. 식자의 가르침을 청하고자 한다.

'자조'라는 제목과 함께 4연 8구로 이루어져 『집외집集外集』에 수록된 원시의 전문은 이렇다.

運交華蓋欲何求, 未敢翻身已碰頭
破帽遮顏過鬧市, 漏船載酒泛中流
橫眉冷對千夫指, 俯首甘爲孺子牛
躲進小樓成一統, 管他冬夏與春秋

보면 알 수 있듯이 형식상 칠언율시七言律詩를 모방했으며, 운韻도 달고 속어도 마음껏 구사해서 한시에 문외한인 나조차도 묘미를 느끼게 만든다. 루쉰다운 장난기가 가득하고 더구나 기골이 있는 시다.

어디 한번 풀어보자면,

"운은 화개에 마주친다." 루쉰의 평론집『화개집』의 서문에 따르면 화개운華蓋運이란, 스님이 이것을 만나면 한 종파의 창시자가 되는 최상의 행운이지만 속인이 이것에 부딪치면 앞을 가리므로 난관에 맞닥뜨릴 수밖에 없다는 액운이다. '번신翻身'은 몸을 바꾼다. '팽두碰頭'는 머리를 부딪친다. '료시鬧市'는 번화한 마을, 인파. '중류中流'는 강의 한 가운데. '횡미橫眉'는 표정을 움직이지 않는 일. '천부千夫'는 천 명의 남자, 적. '유자孺子'는 아이. 아마 일본에서 아이를 등에 태우고 갈 때의 '말'을 중국에서는 '소'라고 하는 것일 게다. '타진躱進'은 숨고 들어간다. '관타管他'는 반어反語로서 '불관不管', 상관하지 않는다, 상대하지 않는다는 뜻.

전체의 큰 뜻을 정리하면 — 화개운華蓋運에 부딪친 이상 무얼 하려고 나서든 소용이 없다는 이야기. 몸을 돌려 벗어나려 하자마자 화개에 머리를 쾅 부딪치는 경위. 찢어진 모자로 얼굴을 가려 사람들 속에 파묻히고, 낡은 배에 술을 싣고 풍류를 즐길까(두 구 모두 뜻이 애매모호하다). 문단이나 저널리즘에서는 천 명의 지탄을 받지만 태연하게 평좌平坐하고, 집에서 아이들의 말이 되어 태우고 노는 편이 천하태평이다. 남몰래 작은 집에서 오직 가족과 함께 은둔해 살아가며 여름이 오든 겨울이 오든 세상과는 연을 끊고 지낼 수는 없을까.

1956년 4월

마오쩌둥의 시 해석

루쉰의 날에

10월 19일은 루쉰의 기일이다. 그는 중일전쟁의 전년인 1936년에 사망했으니 올해로 16년째다. 작년은 일본에서도 15주기 제의가 거창하게 열렸다. 올해는 작년만큼은 아니지만 전국 몇몇 군데에서 행사가 있는 모양이다. 이제 루쉰제는 연중행사 중 하나가 되었다. 이 행사는 젊은 세대에게 인기가 있는데, 특히 학생들이 참가에 열심이다.

고리키는 루쉰과 같은 나이에 죽었다. 고리키제도 연중행사의 하나다. 그런데 고리키제는 예전만 못한 것 같다. 대신 루쉰제가 매해 번창하는 양상이다. 루쉰은 점차 국민적으로 추모된다. 이는 국민의 관심이 소련 문학에서 중국 문학으로 이행한다는 증거이지 않겠는가. 여러 징후가 있다. 그리고 오늘날 일본의 환경에서 보건대 자연스러운 일이다.

지금껏 루쉰에게는 대략 두 가지 평가가 부여되었다. 하나는 동양적 허무주의자, 다른 하나는 전투적 인도주의자다. 예를 들어 오다 다케오小田嶽夫의 『루쉰전』은 전자, 마스다 와타루의 『루쉰전』은 후자를 대표한다. 나의 『루쉰』은 양자에 반대함으로써 양자의 통일을 시도했다.

그러나 인간상을 적극적으로 제시하지는 않았다. 따라서 루쉰관의 두 유형은, 그 양상이 여러 가지이긴 하나 오늘날 그대로 계승되고 있다고 봐도 좋다. 전쟁 말기에 쓰인 다자이 오사무의 『석별』은 전자에 속한다. 나카노 시게하루의 단문 몇 편은 후자에 속한다.

그런데 전후에 새로운 평가가 나왔다. 그것은 루쉰을 목적의식 아래에서 행동한 코뮤니스트로 여기는 견해다. 주로 좌익 쪽에서 이런 견해를 내놓았다. 그리고 마오쩌둥이 루쉰에 심취했다는 사실이 논거로 쓰였다. 그러나 내가 보기에 이 설은 루쉰에 관한 실증적 연구로 뒷받침되기 어렵다. 그리고 주관적으로는 '우리 부처님'으로 떠받들 작정이나 실상 객관적으로는 부당하게 루쉰을 왜소한 존재로 만든다. 마오쩌둥의 루쉰론을 자기 식으로 왜곡해서 해석할 따름이다. 루쉰은 분명 허무주의의 색채가 짙다. 마음을 비우고 루쉰의 문장을 읽는다면 누구도 인정하지 않을 수 없다. 루쉰은 입버릇처럼 "중국이 앞으로 나아갈 길에서 사막이 보인다"고 말했다. 그에게는 진실로 그것이 보였던 것이다. 새로운 사회의 도래를 갈망하긴 했지만 묘사는 하지 못했다. 예술가로서 그렇게 할 수 없었다. 그가 새로운 사회를 구체적으로 그려냈다는 것은 과대평가이며, 실은 예술가 루쉰에 대한 과소평가이다.

최근 중국에서는 루쉰과 중공의 연관성에 관한 자료가 발굴되어 루쉰 해석에 유력한 단서를 제공해 주고 있다. 그러나 그것이 지금까지의 루쉰관을 근저부터 뒤집지는 못한다. 혁명이 성공한 나라에서 전통을 재평가하는 것은 당연한 일이지만, 혁명을 성공시키지 못한 나라에서 그 흉내를 낸다면 우스운 일이다. 이러한 현실 도피는 루쉰 정신과는 멀어도 한참 멀다.

성실한 인간이 식민지의 환경 속에서 권력과 한 번도 타협하지 않고

전 인격적으로 해방 투쟁을 수행했다면, 그는 방관자에게 니힐리스트로 보일 것이다. 압도적 힘 앞에서 자신의 무력함과 마주했을 때 그는 절망적이 된다. 절망하지 않았다면 싸우지 않아서다. 그게 아니라면 상대를 얕잡아 봐서다. 환상에 취해 있어서다. 모든 환상을 거부했다는 점에서 루쉰은 냉혹한 리얼리스트였다. 리얼리스트는 자신의 무력함을 숨기지 않는다. 그리고 무력한 채로 적을 넘어뜨리려 한다. "미워함으로써 미움을 사는 것"이 그가 살아가는 기쁨이다. 자유를 빼앗기면 빼앗긴 것을 무기로 삼았다. 살해당하면 살해당하는 것이 적의 치명상이 되도록 살려고 했다. 따라서 루쉰의 적은 그를 죽일 수 없었다.

루쉰의 니힐리즘이 지닌 진정한 모습을, 선진국 의식이 남아 있는 낡은 세대는 파악하지 못했다. 그러나 새로운 세대는 체험을 통해 그것을 자신이 살아가는 방법의 표본으로서 포착했다. 루쉰의 불행이 우리의 불행이 되었기 때문이다. 인간적으로 살고 싶다는 사람들 사이에서 루쉰은 보다 널리 읽힐 것이다. 얼른 번역 출판이 자유로워지도록 관계자들이 더욱 노력하기를 바란다.

1952년 10월 17일

독자에게 —『루쉰 입문』서문

최근 나는 루쉰의 작품을 한 권 번역해 출판했다. 그 책은 의외일 정도로 잘 팔려서 여러 독자가 감상을 출판사로 보내왔다. 나는 독자 대부분이 스무 살 전후의 청년이라는 사실에 놀랐다. 물론 무슨 책이건 열심히 읽는 독자는 청년이며, 반응을 바로 내보이는 것도 대개는 청년이다. 새것에 대한 요구는 청년의 특권이다. 루쉰의 독자가 청년이라는 건 이상할 게 없는 일인지 모른다. 그러나 내가 놀란 것은 독자의 연령이 낮아서만은 아니었다. 그보다 그들은 실로 분명한 태도로 루쉰을 찾고 있었다. 막연한 호기심이 아니라 꺾을 수 없는 생의 욕구로서, 달리 대신할 수 없는 존재로서 루쉰을 찾고 있었다.

자국 청년에게, 오직 청년에게 말을 건넸던 루쉰이 지금은 일본의 청년에게 환영받고 있다. 우리의 경험을 넘어선 세계가 새로운 세대 사이에서 움트려 하고 있다. 이미 움터서 성장하기 시작했다. 나는 감동을 억누를 수 없다.

나 자신은 루쉰에게 홀린 인간의 한 명이다. 생애의 어느 시기에 우연히 손에 든 그날 이후로 푹 빠져 오늘까지 헤어나지 못하고 있다. 아마도 일생 동안 루쉰의 그림자는 나를 따라다닐지 모른다. 루쉰에 마음을 쓰지 않고는 살아갈 수 없다. 그리고 마음을 쓰면 쓸수록 루쉰은 내 안에서 깊이를 더해 간다.

루쉰과의 만남은 내게 행복한 사건이 아니었다. 만남 자체가 행복하지 않았고 결과도 행복하지 않았다. 만약 그때 불행하지 않았다면 나는 루쉰과 못 만났을지도 모른다. 나의 불행이 루쉰을 발견하도록 나를 이끌었다. 루쉰을 알게 되자 나는 행복해질 수 없었다. 하지만 자신의 불행을 '알' 수 있었다. 행복해지는 것보다 그게 내게는 '위안'이었다.

만약 루쉰과 만나지 않을 만큼 내가 행복했다면, 이라고 생각해 보기도 하지만 그건 불가능한 상정이다.

루쉰을 읽으려 하는 청년들은 어떤 심정으로 읽으려는 것일까. 그들도 나처럼 불행할까. 그렇지 않다면 새로운 세대는 나와는 전혀 다른 생각을 갖고 있을까. 아무래도 나로서는 그들이 불행하다는 마음이 들지 않을 수 없다. 그리고 행복해지기보다는 역시나 앎을 통한 위안을 살아가는 의미로 삼는다고 생각할 수밖에 없다.

설령 불행하지 않더라도 루쉰을 언급한다면, 원하지 않아도 불행해진다. 왜냐하면 루쉰은 우리가 자신의 썩은 육체로부터 눈을 돌리려는 것을 조금도 용납지 않기 때문이다. 루쉰의 냉혹한 눈은 언제나 우리를 감시한다. 홀로 행복해지려 하면 루쉰은 집요하게 방해한다. 따라서 마음이 충만한 자, 입신출세를 바라는 자는 루쉰을 읽지 않는 편이 낫다. 이웃과 더불어 행복해지고 싶고, 이를 위해 우리의 불행을 알고자 하는 사람만이 루쉰을 친구로 부르는 일을, 루쉰은 허락할 것이다.

세계가 병들어 있는데 홀로 건강할 수는 없다. 일본 전체가 병들었는데 우리가 각자 행복할 수는 없다.

　루쉰은 새로운 중국의 정신적 지주다. 그러나 루쉰이 정신적 지주가 된 것은 중국이 병들었기 때문이다. 그리고 중국 민중이 자신의 불행을 외면하지 않고 응시하며 이웃과 함께 행복해지는 길을 자력으로 고민하고 있기 때문이다. 행복의 환상을 뿌리치고 우리의 불행을 살피기 위해, 자기 삶의 방식을 바꾸기 위해 지금 우리는 루쉰을 읽자.

　루쉰에 대한 입문은 각자 루쉰이 걸어 온 길을 스스로 걸어 보는 데서 시작하는 수밖에 없다. 나는 그렇게 생각한다. 스승은 없다. 선배도 없다. 누가 손을 잡아 줄 수도 없다. 스스로 걷지 않으면 안 된다. "길은 원래 있는 것이 아니라 걸어가서 생겨난다." 루쉰은 종종 이렇게 썼다. 루쉰의 체험을 추체험하는 것 말고는 기성의 지식으로 루쉰을 포착할 수는 없다. 다만 옛사람의 실패는 뒷사람이 다른 길을 고르는 데 도움이 될지 모른다. 내가 실패의 기록을 공표하는 것도 독자가 스스로 걸을 때 헛수고를 하지 않았으면 하는 노파심에서다. 내 앞으로 나아가는 것은 새로운 세대인 청년들의 임무이며, 그 시간이 찾아올 것임을 나는 믿고 있다.

　1953년 6월

　　　　　　　　　　　　　　　독자에게―『루쉰 입문』 서문

중국의 루쉰 연구서

 중국의 루쉰 연구에 관해 전체를 훑어보지는 못했다. 1943년과 1948년에 두 차례 루쉰론을 쓰면서는 당시에 나와 있던 연구서를 구할 수 있는 대로 참고했다. 그러나 그때도 손에 넣을 수 없는 게 있었다. 이제는 그런 연구서를 손에 넣을 수 있으며, 이후 작성된 연구서도 대단히 많다. 단행본만 헤아려도 열 손가락이 모자라다. 나는 대부분을 훑어보지 못했다. 한 번 더 '루쉰'을 쓸 기회가 생긴다면 그때 모아서 읽을 작정이지만, 그 기회는 당분간 오지 않을 듯하다.

 그리하여 아무래도 좁은 독서 범위 안에서 소개하게 된다. 내가 읽은 범위 안에서 말하자면 루쉰론에서는 리장지와 취추바이가 쌍벽을 이룬다. 리장지에 대해서는 오랫동안 소식을 듣지 못했지만, 최근(이라고 해도 1948년 출판되었지만) 사마천司馬遷에 관한 방대한 평전을 보고 건재함을 알았다. 오늘날 그의 루쉰론이 다시 햇빛을 보기는 어려울 것이다. 일본에서 번역되지도 않을 것이다. 계급 사관을 담지 않은 그의 견해는 시세에 뒤처져 있다. 하지만 문예 평론가로서의 그 예리한 직관이 묻혀 버리는 것은 실로 안타까운 일이다.

나는 리장지에게 많은 것을 빚졌다. 어떤 '생의 철학' 같은 것이 있어 나를 자극했다. 실존주의까지 가지는 않지만 그에 가까운 것이 있었다. 그리고 이것은 루쉰 해석에서 불가결한 요소라고 생각한다. 루쉰 자신이 그러한 생의 철학의 소유자이기 때문이다. 독으로써 독을 삭힐 필요가 있다. 그러지 않으면 독을 희석해 버리거나 없애 버리게 된다. 최근에는 그런 루쉰론이 많다. 마오쩌둥의 루쉰론은 아무래도 그렇지 않지만 아류는 대체로 그렇다.

취추바이의 루쉰론은 그가 상하이에서 지하당 활동을 하던 시절에 작성했다. 즉 그의 짧은 생애에서 문예 평론가로 활동하던 유일한 시기에 나온 산물의 하나다. 스스로 『루쉰 잡감 선집』을 편찬해 거기에 장문의 서문을 달았다. 1933년에 출판되었다. 그때는 하응何凝이라는 펜네임을 썼다. 그는 버젓한 공산당원이다. 따라서 그의 루쉰론에는 계급 사관이 흐르지만, 여러 아류처럼 이데올로기만으로 결론을 내리지는 않는다. 초기의 루쉰을 시야에 두고 총체적으로 해석했다. 그는 마쉐펑馮雪峯 따위와는 비교할 수 없는 평론가다. 문예 평론가로서의 면모만을 보더라도 취추바이는 충분히 일가를 이뤘다. 문예의 대중화 문제에서는 마오뚠을 위협했고 번역 문제에서는 루쉰을 위협했다. 루쉰도 취추바이라면 높게 평가했다. 그는 죽기 직전에 취추바이의 유고를 스스로 편집해 자비 출판했다.

취추바이를 인도하여 루쉰과 만나게 한 이는 마쉐펑이다. 그는 취추바이와 달리 오랫동안 루쉰과 가까이 지냈다. 그러나 루쉰관의 깊이는 취추바이에 좀처럼 미치지 못한다. 마쉐펑은 여러 글을 통해 루쉰을 논했다. 그것들을 논문집으로 모았다. 이번에 번역된 것은 그 논문집이 아니라 작년에 단행본으로 출판된 『루쉰 회상回憶魯迅』이다. 취추바이의 루쉰론도 『루쉰 잡감 선집』을 온전히 번역한 형태로, 가네코 지로 씨의 번역본이 조만간 나온다고 들었다. 평론으로서의 수준은 낮지만, 마쉐펑의 글에는 자료로서 희귀한 내용들이 담겨 있다. 그의 글을 통해 특히 '좌련' 전후의 사정이 비로소 명확해졌다. 다만 나로서는 대체로 짐작하던 바였기에 딱히 새로운 발견은 없었다. 마쉐펑의 글은 일종의 악문인데 번역본은 그것을 단조롭게 만들었다. 오역도 약간 있다. 그리고 역자명이 '가지 와타루·오시치로 공역'이라 되어 있는데 석연찮은 느낌을 줘서 유감이다.

(위의 글이 『일본독서신문』 1953년 8월 10일 호에 게재된 이후 9월 7일 호의 '독자의 소리'란에 「『루쉰 회상』평에 대해 다케우치 요시미 씨에게」라는 제목으로 다음과 같은 가와하라 히로시 씨의 투서가 올라왔고 그에 대한 다케우치의 회답이 같이 실렸다.)

서평의 내용에서 불분명한 대목은 응당 질문해서 명확히 해 둬야 한다는 생각에 사소한 것일지 모르지만 여쭙습니다.

8월 10일 호의 글에서 다케우치 요시미 씨는 루쉰 연구서에 대해 여러 의견을 밝혔는데, 말미에 마쉐펑의 『루쉰 회상』을 언급하며 "역자명이 '가지 와타루·오시치로 공역'인 것은 석연찮은 느낌을 줘서 유감이다"라고 지적했는데 독자인 우리는 무슨 사정인지 알 도리가 없습니다.

'공역'이란 게 그다지 모호한 느낌을 주는 일은 아니니, 그렇다면 역자에 대한 말일 것입니다. 한 사람이 번역하고 다른 한 사람이 그저 이름만 빌려 주었다는 것인지, 아니면…… 따위의 억측을 할 뿐인데 다케우치 씨의 글만으로는 불투명합니다. 좀 더 분명히 밝혀 궁금증을 풀어 주기를 바라는 사람이 저만은 아니리라고 생각합니다. 그런 의미에서 대단치 않을지도 모르지만 여쭙고자 합니다.

의문에 답한다

1. '가지 와타루·오시치로 공역'에서 오시치로는 들어 본 적 없는 이름이다. 실존 인물인지 펜네임인지, 펜네임이라면 한 명인지 두 명 이상인지 아무것도 설명하지 않았다. 가지 씨는 「후서後序」를 '구술' 하고 있는데 거기에서는 번역에 대해, 역자에 대해 언급하지 않았다. '공역'이란 것은 실제로 어찌 된 것인지, 누가 책임을 지는지 그런 내용이 모두 가려져 있기에 석연치 않다고 말했던 것이다.

2. 작년, 가지 와타루 씨가 실종 중에 '가지 와타루 옮김'으로 『리유차이李有才 판화』가 나왔는데 나중에 생각해 보니 가지 씨의 실종을 숨기려는 잔꾀가 아닌가 하는 의문이 일었다. 어느 쪽이든 가지 씨의 번역인지 아닌지가 확실치 않은 점이 석연치 않다.

3. 인권 문제로서 가지 씨 사건에 국민이 동정을 갖고 진상을 규명하려던 시기에 국민의 눈을 속이는 것 같은 불미스러운 잔꾀를 부리는 것이 유감이다.

(이후 『일본독서신문』 9월 21일 호에는 「『루쉰 회상』의 역자로서」라는 제목으로 오시치로 씨의 투서가 올라왔으며 이에 대해 다케우치는 10월

중국의 루쉰 연구서

5일 호에 글을 실었다.)

8월 10일의 본지에서 다케우치 요시미 씨는 『루쉰 회상』을 비평했고, 9월 7일에는 가와하라 씨의 질문에 회답했다. 『루쉰 회상』 역자의 한 사람으로서 나도 한마디 하고자 한다.

다케우치 씨는 역자에 관해 여러 말을 꺼냈지만, 『루쉰 회상』은 가지 와타루 씨와 내가 공역한 것이 맞다. 병상에 있어야 했고, 더구나 여러 악조건까지 겹쳤던 가지 씨는 이 책을 세상에 내고자 온 힘을 짜냈다. 내가 번역한 내용을, 몸 상태가 좋을 때 가지 씨가 검토하고 의견을 내면 다시 내가 원고를 손질하는 작업을 거듭했으니 둘이 함께 힘을 쏟은 『루쉰 회상』을 공역으로 내는 것은 당연하지 않겠는가.

또한 내가 직접 관련되지는 않았지만, 다케우치 씨가 문제 삼은 『리유 차이 판화』는 가지 씨가 미국 기관에 감금되기 전에 번역했지만, 출판사의 형편에 따라 가지 씨가 감금되어 있던 시기에 출판되었다. 조사해 보면 금방 알 수 있는 일이다.

다케우치 씨는 가지 씨가 심혈을 기울인 역서를 두고 "국민의 눈을 속이는 불미스러운 잔꾀"라고까지 말했다. 이런 극언은 오히려 다케우치 씨 자신을 상처 입힐 뿐이다. 그저 사실을 한 번도 제대로 조사하지 않은 부주의함을 탓하려는 게 아니다. 뭔가 심상찮은 악의를 느낀 건 나만이 아닐 것이다.

또한 다케우치 씨가 8월 10일에 실은 서평도 겸허함이 부족했다. 중국의 루쉰 연구자 중에서 "누가 일류고 누가 아류다"라고 어찌 말할 수 있겠는가. 루쉰의 곁에서 노고를 함께 나눈 마쉐펑을 비롯해 다른 작가와 혁명가들의, 오늘날에는 거의 일치된 평가가 어째서 다케우치 씨보다 뒤떨어지는 아류인가. 다케우치 씨는 이러한 문제에 대해 구체적으로 설명할 책임이 있을 것이다. (오시치로, 중국문학예술연구회 회원)

번역의 책임, 그 외

9월 21일 호 오시치로 씨의 대답으로 밝혀진 한 가지는 오시치로가 실존 인물이며, 중국문학예술연구회에 속해 있다는 사실이다. 그러나 그것은 내가 그렇게 판단했을 뿐 오 씨의 입에서 직접 진술된 내용이 아니다. 즉 오시치로가 펜네임인지 본명인지, 펜네임이라면 한 명인지 두 명 이상인지라는 내 물음에는 아무것도 답하지 않았다. 이것이 쓸데없는 천착은 아닐 것이다. 소비에트나 중국이라면 몰라도 지금의 일본에서 역자는 독자에 대해 개인으로서 모든 책임을 져야 하며, 그러려면 일단 역자의 경력을 숨기지 말아야 한다. 오吳라는 성은 중국에도 있으니 중국인인지 일본인인지 정도는 역서 말미에 써 두는 편이 독자에게 친절하지 않겠는가.

'공역'에 관한 설명은 이해했다. 그러나 이 또한 역서에 써 두는 편이 좋았을 것이다. 가지 씨의 『리유차이 판화』에 관한 사정도 이해했다. 다만 내가 '잔꾀'라 표현한 것은 출판의 절차에 관한 것이지 "역서를 두고" 한 말은 아니었다. 이를 오해하여 "심상찮은 악의를 느낀" 신경은 뭔가 잘못되어 있다.

다음은 내가 서평에서 언급한 루쉰 연구 평가에 관한 문제다. 나는 중국에서의 평가가 어떻든 외국인인 나는 자신의 평가를 가져도 되며 가져야 한다고 생각한다. 그런데 오 씨는 "겸허함이 부족"하다고 지적한다. 이는 외국 문학 연구에서 태도와 방법의 근본적 차이를 드러낸다. 일본인의 행복을 위해 일본 문학의 입장에서 중국 문학을 대하는 것이 어째서 "겸허함이 부족"한 일인가. 이런 노예근성의 소유자가 루쉰 연구서를 번역하고 있으니 얄궂은 일이다.

평가 기준도 나와 오 씨는 근본적으로 다르다. "루쉰의 곁에서 노고를 함께 나눈 마쉐핑"이기 때문에 나는 자료적 가치를 높이 사지만, 그것을 작품적 가치라고는 보지 않는다. 오 씨는 이를 구별하지 못하는 것이다. 아무래도 오 씨의 머릿속에는 자신만의 서열이 있어 아래 서열이 위 서열을 비평해서는 안 된다는 고정관념이 있는 모양이다. 그런 까닭에 내가 마쉐핑은 취추바이에 못 미친다고 한 것을 "다케우치 씨보다 뒤떨어진다"라는 식으로 오해하는 것이다.

1953년 8월

『루쉰 선집』의 특색

　이번에 이와나미에서 나오는 『루쉰 선집』의 특색을 편자로서 밝혀 두고자 한다. 이에 앞서 지금껏 루쉰이 어떤 식으로 소개되었는지도 기록해 두는 편이 나을 것이다. 보다 자세한 내용은 『루쉰 선집』의 별권에서 다루겠다.

　루쉰의 이름이 일본에 알려진 것은 상당히 이른 시기였다. 이르다고 하더라도 일부 전문가를 제외한다면, 대체로 '만주 사변' 전후부터 루쉰의 이름을 접했을 것이다. 당시 루쉰은 이미 좌익작가연맹의 대표 격이었다. 그 결과 일본에서 소개되는 방식은 두 가지였다. 하나는 프롤레타리아 문학 계통의 입장인데, 루쉰을 동시대의 눈으로 바라본다. 다른 하나는 넓은 의미의 아시아주의적 입장인데, 루쉰을 기꺼이 '동양의 문호'로 다룬다. 두 가지는 얼마간 섞여 있다. 예를 들어 루쉰 소개의 공로자인 야마모토 사네히코山本實彦(당시의 개조사改造社 사장) 등을 봐도 알 수 있다. 하지만 기본적으로는 역시 다르다. 그리고 지금도 기본적으로 다른 것이 섞여 두 가지 흐름이 이어지고 있다는 인상이다.

　전쟁 기간에 걸쳐 가장 많이 읽힌 번역본은 이와나미 문고에서 한 권으로 나온 『루쉰 선집』(1935)이다. 역자는 사토 하루오佐藤春夫와 마스다 와타루다. 사토 씨의 번역은 지금 봐도 (다소 오역은 있지만) 역시 뛰어나다. 이 책이 팔린 데는 이유가 없지 않다. 전쟁 중 사토 씨의 언행을 떠올린다면 나 역시 안타깝지만, 그렇다고 루쉰을 보급한 공적이 가려지지는 않는다.

루쉰은 1936년 10월 19일에 죽었고 일본 신문에도 기사가 꽤 올라왔다. 루쉰은 만년에 일본 잡지에 몇 편인가를 기고했다. 원래 일본어로 쓰인 것을 나중에 중국어로 고쳐 자신의 저서에 거둬들였다. 이번 선집에서 이것들은 일괄해 따로 다룰 예정이다.

루쉰의 사후에 곧 일본판 전집이 계획되어 다음해 『대大루쉰 전집』 일곱 권이 개조사에서 출판되었다. 모든 작품과 절반가량의 평론, 그 밖에 『중국 소설사』 대부분과 서간 수 편을 모았다. 마스다 와타루가 편집 실무를 보았고 마쓰에다 시게오[1]가 이를 도왔다. 상당히 폭넓게 역자를 동원했고, 당시 상하이에 있던 가지 와타루도 참가했다. 평론의 선택은 후펑胡風이 맡았다. 선택은 비교적 괜찮았다. '대'라고 단 것은 루쉰의 작품 가운데 『납함』, 『방황』만을 실은 이노우에 고바이井上紅梅가 번역한 책이 개조사에서 이미 『루쉰 전집』이라는 이름으로 나와 있는 까닭에 구별하기 위해서였다.

당시 중국에서도 전집 간행이 기획되어 전쟁으로 차질을 겪으면서도 1938년에 『루쉰 전집』 스무 권이 출판되었다. 완전한 전집으로서 번역(전체 양의 절반을 차지한다)과 고전의 고증 등도 망라했다. 다만 서간과 일기는 포함되지 않았다. 전후에 대부분의 서간집과 전집 보유補遺

1 　마쓰에다 시게오松枝茂夫(1905~1995): 중국 문학자. 도쿄제국대학 지나문학과에 입학한 뒤 다케우치 요시미, 다케다 다이준 등과 함께 중국문학연구회에서 활동했다. 중국 근대 문학을 전공하고 『홍루몽紅樓夢』을 번역했다.

가 출판되어 10년 만에 『루쉰 전집』은 완벽해졌다. 일기는 따로, 실물 크기 사진판으로 출판되었다.

개조사판 전집은 루쉰 연구에 크게 공헌했다. "루쉰을 일본어로 읽을 수 있다"고 나카노 시게하루가 「루쉰전」에 썼듯이 많은 사람이 이 판으로 루쉰을 읽었다. 나카노의 「루쉰전」은 짧은 글이지만(그런데도 그의 루쉰론 중에는 가장 길다) 루쉰을 투사의 형상으로 그려 낸 대표적, 그리고 아마도 마지막 발언이었으리라. 전쟁이 진행됨에 따라 더 이상 루쉰을 그런 식으로 평가하기란 힘들어졌다. 그러나 전쟁 중에도 사람들은 루쉰을 읽었고, 어느 부분에서는 이해가 깊어졌다. 오다 다케오의 『루쉰전』, 다케우치 요시미의 『루쉰』, 다자이 오사무의 『석별』 등이 등장했다. 앞서 밝혔듯이 루쉰은 두 가지 흐름에 걸쳐 있었으니 모든 사상을 말살한 군 관료라 해도 그 말살로 인해, 말하자면 자승자박에 빠진 모양새라 루쉰을 무턱대고 부정할 수는 없었다. 이것은 국민 정부가 루쉰을 공공연하게 부정할 수 없었던 중국의 사정과 유사하다. 국민 정부가 꺼렸어도 루쉰은 틈새로부터 편린을 내비쳤다.

전후의 일은 길게 언급할 필요가 없을 것이다. 다만 번역에 대해 말하자면, 전후에는 『대루쉰 전집』 중에서 마스다 와타루 역과 마쓰에다 시게오 역의 일부가 속히 재간되었을 뿐 이윽고 점령 정책에 눌려 출판은 지지부진했다. 그 상황을 과거 '인민문학' 계통의 새 번역이 타개했고, 이후 다케우치 요시미의 번역과 아오키문고青木文庫의 선집이 이어받았다. 후자는 중국에서 나온 선집을 거의 그대로 답습했는데 다섯 권 분량으로 완성되어 『대루쉰 전집』 다음으로 분량이 많다.

이번에 나오는 이와나미판 선집은 다른 어떤 경우보다 분량이 많다. 작품은 전부, 평론은 거의 8할, 그 밖에 서간과 일기도 골라서 실었다.

　　　　　　　　　　　　　　　　　　　　　　　『루쉰 선집』의 특색

루쉰과 쉬광핑의 왕복 서간집으로 루쉰을 연구할 때 빠뜨릴 수 없는 문헌일 뿐 아니라 작품으로서도 빼어난『양지서』는,『대루쉰 전집』에서는 루쉰이 쓴 글만 실려 문자 그대로 편파적이었지만 이번에는 전부를 담는다. 루쉰 초기의 사상을 이해하는 데 유용할 뿐 아니라 그 자체로 중요한 유학 시절의 습작도,『대루쉰 전집』이 생략한 만년의 장편 평론도 모두 수록한다.『대루쉰 전집』에 비해 부족한 것은 소설사뿐이다. 이것은 전문적 저술이니 굳이 싣지 않았다.

『대루쉰 전집』이 세운 당시의 공적은 인정하지만, 현 시점에서 보면 선정이 부적절하여 루쉰의 전모를 전하지 못했으며 또한 번역에 문제가 많다. 순수 어학적 오역도 수두룩하다. 개중에는 의미가 뒤집힌 경우조차 있다. 오늘날 중국 문학을 번역하는 수준은 다른 외국 문학 번역의 최저 수준에 가까스로 도달했으니, 당연히 전부를 다시 번역해야 한다. 실제로 루쉰의 선집 혹은 전집의 번역 간행은 최근 수년 동안 몇몇 출판사에서 기획되었다. 우연히 이번에 이와나미의 신서판 선집이 아오키문고판에 이어 실현되었다.

편집과 번역은 마스다 와타루, 마쓰에다 시게오, 다케우치 요시미 세 명이 맡았다. 오랜 고민 끝에 이렇게 인선했으나 이것이 최선인지, 적어도 나는 자신할 수 없다. 좀 더 폭넓게 유능한 연구자나 번역자를 끌어들여야 한다는 의견도 일리가 있으며, 그럴 생각도 해 보았다. 그러나 역자의 파벌 관계(사실상 존재하는 문제로서 인정하지 않을 수 없다)나 서점의 이해관계(역시 부정할 수 없다)나 간행 조건(그중 하나는 단기 완결이다)을 고려하니 현 상황에서 최선책은 자연스레 이렇게 되었다. 그리고 그 결과는 아직까지 성공적이다. 낯간지럽지만 나는 아마도 향후 몇 년간은 이 선집이, 인용할 만한 루쉰 번역의 정본으로 통용되지 않을까 은근히 기대해 본다.

끝으로 사사로운 일을 일러둔다. 나는『루쉰 작품집』을 지쿠마서방築摩書房에서 번역해 간행한 이후, 이어서 개인 번역을 권유받고 승낙했지만『속 루쉰 작품집』을 냈을 뿐 작업을 이어 나가지 못하고 있다. 이번 선집이 나오면 당분간 또 그렇게 될 것이다. 나는 대승적으로 옳다고 여겨 이와나미판에 참가했지만 그로 인해 독자와 지쿠마서방에 폐를 끼치게 되었다. 부디 용서를 바란다.

1956년 3월

화조풍월

올해로 루쉰이 죽은 지 20년이다. 그렇다면 내가 루쉰을 연구하기 시작한 지도 20년이 된다. 20년 동안 휴일 없이 연구한 것은 아니고 쉬는 날도 많았지만, 그렇더라도 줄곧 관심을 가졌고 루쉰에 관한 글을 띄엄띄엄 써 왔다. 조금 과장을 보태 말하자면 20년이 하루처럼 느껴진다. 스스로 돌아보기에 연구는 그다지 진척되지 않았다. 루쉰에 관해 발언하는 게 새삼 망설여진다. 가능하다면, 좀 더 침묵하도록 놓아두지 싶은 생각이다.

나는 지금 이와나미판의 『루쉰 선집』 편집에 참가하고 있다. 이미 1년 이상 작업이 이어지고 있다. 지금은 별권인 『루쉰 안내』의 마감이 다가오고 있다. 번역은 세 명이 분담했는데 나는 극히 일부분만 맡았다. 작년부터 병으로 제 역할을 못하고 있다. 별권은 여러 사람이 협력해서 만드는데, 나는 입안하고 정리하는 역할만을 맡았다. 그러나 이런 협동 작업에 참가하면 그것만으로도 내겐 벅차다. 다시금 발언할 마음이 들지 않는 데는 이것도 한 가지 원인이다.

그리하여 쓰려고 하면 아무래도 메모 같은 것밖에 나오지 못한다.

나카노 시게하루식으로 말하자면 '측면의 일면'이 되겠지만, 내 경우는 나카노처럼 분투한 '측면의 일면'이 아니다. 문자 그대로 메모일 뿐이다.

일본인이 루쉰을 읽기 시작한 지 대략 30년이 되었다. 그 사이에 여러 일이 있었다. 한마디로 말할 수 없는 여러 일들이 있었다. 그에 관해 나도 짧은 글을 썼다(「『루쉰 선집』의 특색」,『도서』1956년 3월 호).『루쉰 선집』의 별권에서도 상당한 양을 거기에 할애했다. 독자들이 참조해 주기를 바란다.

그중에서 한 가지로, 이것은 순서나 우위를 두고 하는 말은 아닌데 예를 들어 오다 다케오의『루쉰전』이 있다. 단행본으로서는 최초의 연구서가 아닐까 싶다. 제대로 만든 책이다. 몇 번이나 판을 바꾸어 지금도 읽히고 있다. 중국어로도 번역되었다.

제대로 만들어졌다는 것은 루쉰의 글을 열심히 정리하고 재구성했기 때문이다. 그리고 심술을 부리는 것 같지만 나는 그 점에서 문제를 느낀다. 루쉰의 전기로서 일본에서 가장 잘 정리된 책이다. 중국에서도 이만한 책은 없는 것 같다. 문장은 읽기 쉬운데다가 얼마간 감동적이기도 하다. 아마도 작가의 인품에서 기인하겠지만, 독자는 거부감 없이 순조롭게 루쉰이라는 한 인간을 떠올릴 수 있다. 나로서는 도저히 쓸 수 없는 문장이다.

그렇다고 전기로서 성공했는가 하면, 나는 아무래도 그렇게 생각할 수 없다. 유감스럽게도 이것이 루쉰이라고는 납득할 수 없다. 어디가 잘못되었느냐고 묻는다면 답하기 곤란한데, 즉 잘못이 있다면 전체가 잘못되었다고 말하는 수밖에 없다. 내가 불만스러운 곳을 굳이 짚는다면, 작가가 너무 소박한 탓인지 문장을 지나치게 믿은 탓인지, 문장의 저 안쪽을 문제 삼지 않고 바로 앞에서 문제 삼고 있는 듯하다. 문장이라는, 표현이라는 이차적 세계(나는 그렇게 생각한다)에 전적으로 기대어 그 가상을 현실이라고 믿어 버린 게 아닌가 싶다. 한 걸음 더 나아가 말하자면, 문장의 진실과 사실을 혼동한 것 같다.

전기는 상대가 무엇을 했는지, 어떻게 했는지를 쓰는 것이다. 상대가 문학자라면 무엇을 썼는지, 어떻게 썼는지가 중요하다. 무엇을 했는지, 어떻게 했는지를 쓰려면 무엇을 하지 않았는지, 어떻게 하지 않았는지를 쓰고, 쓰지 않은 것은 따로 생각해 두어야만 한다. 가령 루쉰이 사소설 작가라 하더라도 생활의 전부를 드러낼 리는 없으며, 루쉰은 대략 사소설과 반대의 문학관을 갖고 있던 사람인지라, 자신의 문장은 설령 자전적 성질이 있더라도 사실 그대로가 아니라고 몇 번이나 공언했던 사람이다. 따라서 더욱이 문제가 된다고 생각한다. 「루쉰전」은 루쉰이 가장 싫어하는 화조풍월[1]식으로 루쉰을 다뤘다는 혐의가 있다.

그러나 화조풍월은 일본인의 심성에 들어맞는다. 가령 일견 화조풍월과는 딴판일 듯한 다자이 오사무의 『석별』조차 아무래도 화조풍월이 느껴진다. 더구나 『석별』은 루쉰의 문장을 심각하게 무시해 루쉰상이라기보다 작가의 주관만으로 꾸며낸 작가의 자화상이다. 예를 들어 작품 속에서 루쉰은 유교를 예찬하는데, 유학 시절에 루쉰이 쓴 글을 읽지 않고 만년의 글만 보더라도 유교적 질서를 거스를 생각으로 일본 유학을 마음먹었다고 분명히 밝혔건만 그것을 억지로 무시하고 있다. 이 작품을 썼을 때의 사정이 작가에게 곡필을 강요했다는 설에 나는

---

1 화조풍월花鳥風月: 꽃과 새, 바람과 달, 즉 아름다운 자연을 가리키며 아취雅趣 또는 풍류風流를 비유하는 말이다.

동의하지 않는다. 작가는 곡필할 작정이 아니었던 것이다.

전쟁 중에 나는 다자이 오사무를 비교적 좋아했지만, 소집이 해제되고 돌아와 『석별』을 읽고는 실망했다. 혼자 즐긴다는 느낌이었다. '혼자 즐기는 것'과는 반대되는 것을, 나는 기대했던 것이다.

요즘 다자이 오사무에 관한 평론이 자주 올라오는데 누구도 『석별』을 문제 삼지 않는다. 왜일까. 그 사람의 치명상이야말로 본질을 드러내지 않겠는가. 싫은 작품은 피해 가겠다는 심리라면 이 또한 화조풍월 아니겠는가.

이미 좌익의 일부에는 또 하나의 화조풍월이 있다. 전후 분명히 루쉰은 많은 사람들이 읽고 있으며, 루쉰을 읽는 방법이 심화되고 있음을 나는 인정한다. 그러나 많이 읽고, 읽는 방법이 심화되는 과정에서 어떤 혼란이 생긴다고 여겨진다. 그것은 "중국 혁명은 성공했다", "중국 혁명은 마오쩌둥이 지도했다", "마오쩌둥은 루쉰을 존경했다"를 포개어 놓고 루쉰에 관심을 기울인 데서 일어난 혼란이라고 생각한다. 좋은 사례가 「자조」라는 시의 해석이다. "세간의 손가락질일랑 눈을 흘겨 무시하고, 머리 숙여 기꺼이 아이들을 태우는 소가 되리라"라는 두 구가 『문예강화』에 인용되고 마오쩌둥의 해석이 덧붙었다. 유자孺子란 인민 대중이라는 의미이다, 운운. 실로 대담하며 날카로운 해석이다. 움찔하게 하고 눈을 뜨게 만드는 해석이다. 시의 독법은 읽는 이의 태도에 달려 있다는 것이 이토록 확실하게 드러나니, 자신에게 실망을 느끼게 되었다.

그러나 마오쩌둥의 해석이 시의 원래 의미를 드러냈다든가, 누구든 마오쩌둥처럼 해석해야 한다고는 도저히 생각할 수 없다. 분방한 해석을 내놓을 수 있었던 마오쩌둥의 감상안鑑賞眼에 나름대로 납득하지만,

그것을 나의 해석으로 삼을 수는 없다. 미학적으로 불가능하다. 만약 그렇게 된다면 루쉰은 시인이 아니라 속물 정치가가 되고 만다. 먼저 「자조」라는 제목부터 어떻게 처리할 생각인가. 그런데도 문학자를 포함한 꽤 많은 사람이 마오쩌둥의 해석이 유일하게 올바른 해석이라며 사람들에게 들이밀었다. 지금도 그렇다.

　나는 이 시를 좋아한다. 나름의 해석은 다른 글에 썼으니 되풀이하지 않겠지만 만약 마오쩌둥의 해석을 채용해야만 한다면, 내가 비록 다자이 오사무는 아니지만 부끄러워서 좋아한다 따위의 말은 입 밖으로 꺼낼 수 없다. 자신은 아무것도 하지 않고 언제까지나 주어지는 것을 기다리는 자세, 타인의 감상에 의존하려는 자세는 입장이야 어찌되었든 화조풍월이 아닐까. 루쉰을 읽는다는 것은 화조풍월을 깨뜨리는 자세, 자신이 만들어 낸다는 자세를 스스로 마련해 나가는 것과 무관치 않다고 생각한다.

　1956년 10월

루쉰의 독자

편지 이야기로부터 시작하자.

잡지 『문학』이 '루쉰 특집호' 발간을 두고 의견을 물어 왔다. 독서 모임의 기록 같은 것을 한 편 싣는 게 어떻겠냐고 제안했다. 그런 글이, 특히 루쉰의 경우라면 의미가 있다고 생각해서다. 편집부가 제안을 받아들여 주었기에 나는 인선도 맡았다. 나는 하쓰네 만키치初音万吉 씨에게 부탁했다.

하쓰네 씨는 자택 요양자다. 내 책의 독자라서 알게 된 인연인데, 편지를 주고받는 친구 가운데 한 명이다. 편지 왕래가 시작되던 무렵 글자를 흘려서 쓰면 곤란하다며 나를 혼낸 일이 있다. 아직 만난 적은 없다. 일전에 독서 모임을 개최해 성공을 거두었으니, 이번에도 잘되겠거니 여겼다. 그런데 이번에는 그렇지 않은 모양이다. 이윽고 원고인지 편지인지 알 수 없는 다음과 같은 보고가 도착했다.

T 선생

『루쉰 선집』 제1권의 작품집(『납함』, 『들풀』)을 읽고 우리 독자의 감상을 보내 드리기로 약속했지만, 아무래도 예상치 못한 결과만을 전해야 할 것 같습니다. 예상치 못했다는 것은 우리가 태만하고 산만하게 읽었다는 게 아니라 완전히 그 반대였던 것입니다만…….

우리(중학교 교사 둘, 화가, 공무원, 학생, 자택 요양자) 여섯 사람은 대략 두 주마다 1권의 모든 작품을 읽는 좌담회를 가졌습니다. 전투적인 평론과 달리 작품집이라면 그렇게 딱딱하지 않아서 이야기를 주고받을 수 있지 않을까, 처음에는 이렇게 생각했습니다. 그런데 역시 모임의 분위기는 처음부터 상당히 무거웠습니다. 사람들이 모두 정직해서 「쿵이지」나 「아Q」가 결코 남의 얘기처럼 들리는 게 아니라 금세 자기 이야기로 다가왔기 때문입니다. 허물없는 친구들이 모인 자리이니 편한 마음으로 대화해도 좋으련만, 가슴속에서 쥐어짜낸 듯 망설임과 수줍음 섞인 발언이 드문드문 오가는 상태였습니다.

우리가 「아Q정전」 등을 읽었을 때 받은 내적 충격에 대해서는 이미 여러 자리에서 말한 것 같으니 새삼스레 전할 필요는 없다고 생각합니다. 루쉰의 문학은 가공할 만큼 직접적으로 파고들며, 즉시 독자의 마음속을 찔러 눈감기 쉬운 자의식을 깊은 곳에서 흔들고, 닿기만 하면 일상의 현실에서 확실하게 자리 잡는 힘을 갖고 있습니다. 루쉰의 이러한 악력握力에서 빠져나오기 어려웠으니, 아무래도 우리가 편한 마음으로 이야기 나눌 수 없는 건 당연했겠죠.

"마치 우리가 속속들이 적혀 있는 것 같아 견디기 어렵다"며, 교사 한 사람은 처음부터 그렇게 말했고 실제로 온 힘으로 가슴을 틀어쥔 채 얼굴을 붉히며 쓴웃음을 지었습니다. 누군가가 한마디를 할 때마다 짧은 침묵이 이어져 발언을 재촉하는 것이 주제넘고 무례하고 가혹하게 느껴졌습니다. 침묵하는 표정이야말로 저마다의 사념을 보다 분명하게 말하고 있었다고 할 수도 있겠죠. 정말이지 루쉰의 문학으로 쓸데없는 잡담을 할 여지는 티끌만큼도 보이지 않습니다.

일하면서 꾸준하게 그림을 그리는 데 정진하는 한 사람은, 아첨하거나 타협하는 태도가 없는 루쉰의 냉엄하고 간결하며 더구나 섬세한 리얼리즘은 우리를 되돌아보게 만든다고 말했으며, 가장 젊은 학생은 「쿵이지」, 「고향」, 「아Q정전」이라는 식으로 처음부터 읽어 가는 동안에는 "어쩐지 견디기 어렵다"가도 「작은 사건」에 이르러서는 "스스로도 영문을 잘 모르겠지만 겨우 마음을 놓을 수 있었다"고 솔직하게 감상을 밝혔습니다. 아마도 이것은 「작은 사건」에서 등장하는 '건실한' 인력거꾼의 모습과 그 모습에 감명을 받은 루쉰의 '성실함'이 맑은 물처럼 독자의 목구멍으로 흘러들어 왔기 때문임이 틀림없습니다.

만일 일본의 여러 독자가 루쉰을 읽고는 마치 일종의 귀인鬼人처럼 냉철 무비함을 느꼈다면, 우리가 일상에서 쓸데없이 논리에 빠져 알맹이도 없는 문장에 익숙해진 탓이겠죠.

그러나 또한 우리가 루쉰을 읽고 더불어 가슴이 갑갑해져, 우리 일상의 모든 면을 속이지 않고 응시할 수밖에 없게 된다면, 그것은 그로부터 11년이 지난 오늘날 역시 많은 일본인이 반半식민지적 환경과 생애 속에서 근본적으로 변해 왔기 때문일 것입니다. 아Q의 정신주의에 공감한다는 식의, 불쌍히 여겨야 할 과거의 난센스는 어쨌든 이제 그리 자주 보이지는 않기 때문입니다.

서로 망설이면서도 좌담회를 이어 나간 결과, 루쉰 문학은 우리를 파고들었고 그때의 아픔은 결코 잊을 수 없다는 것을 확인할 수 있었습니다. 루쉰은 우리에게 여분의 도리, 지나친 감상, 모든 겉치레를 일

루쉰의 독자

절 허용치 않고 사람으로서 어떤 길을 가야하는가라는 문제 앞에 똑바로 서게 만듭니다. 현재 우리의 그런 자세가 여전히 몹시 미덥지 못하더라도 되돌아가 노예의 옷을 입는 것이 갈수록 고통이라면, 시행착오의 비명이 들려오기는 하겠지만 그런 가운데 새로운 길을 다져가는 군상을 보게 될 수도 있겠지요.

이상 1권을 읽고 나서의 모습을, 루쉰을 흉내 내어 치장을 피하고 간략히 전하며 약속했던 좌담의 기록을 대신하고자 합니다.

이 감상은 다소 과장(과하게 정리했다는 의미다)한 기색이 없지 않지만, 나는 표현된 그대로를 받아들이고 싶다. 좌담회를 열었고 출석자 각자가 성심으로 루쉰을 읽어 왔으며, 그 자리에서 갑갑한 공기가 감돌았다는 것은 말 그대로였으리라. 비슷한 사례를 다른 곳에서도 접해서 알고 있으니 이 편지를 받아도 "역시 그랬구나"하고 생각할 뿐 이상하다는 느낌은 없다.

일본에는 루쉰의 독자가 몇 명이나 있을까. 내가 『루쉰 평론집』과 『루쉰 작품집』을 냈을 때는 각각 2만 부 정도 팔렸다. 루쉰의 번역서는 그 밖에도 많으니 내 번역서만 갖고서 계산할 수는 없지만, 대략 그 정도가 아닐까 짐작해 본다. 너무 많지도 너무 적지도 않은 수치다. 그리고 이 수치는 일본에서 루쉰의 독자층이 확실히 존재함을 말해 준다.

"너무 많지도 않고"라고 말했지만, 좀 더 많아야 하지 않겠느냐는 생각도 있을 것이다. 가령 루쉰의 독자가 2만이라면, 일본의 독서 인구로부터 계산하건대 미미한 숫자다. 주간지 독자가 200만이라면, 1퍼센트다. 그렇다면 너무 적지 않은가. 분명히 너무 적은지 모른다. 그러나 생각하기에 따라서 2만은 대단한 수다.

일본에서 루쉰은 쇼와昭和 초부터 읽기 시작했다. 당시 마쓰우라 게이조松浦珪三나 이노우에 고바이의 번역본이 있었다. 그리고 한 권짜리 『루쉰 선집』이 사토 하루오, 마스다 와타루의 공역으로 이와나미 문고에서 나왔는데 꽤나 잘 팔렸다. 루쉰을 보급한 공적을 따지자면 이 책이 일등이다. 그리고 개조사판의 『대루쉰 전집』이 나왔다. 소설뿐 아니라 잡문(루쉰 특유의 비평 스타일)을 처음으로 대거 소개했다. 그리고 전쟁이 발발하고 전후가 되자 점령정책으로 중국 문학의 번역이 중단되었는데, 그게 풀려 루쉰도 자유롭게 소개할 수 있게 되면서(그 사이에 복잡한 곡절이 있지만) 오늘에 이르렀다.

오늘날 루쉰은 어엿하게 일본적을 가진 외국 작가의 한 명이다. 도스토예프스키나 로맹 롤랑만큼 보급되지는 않았지만, 그들이 A클래스라면 B클래스 정도에는 위치하는 외국 작가(작가라고 부르면 좁아지지만, 외국 문학자라고 부르면 어감이 이상하다)의 한 명이다. 최근에 문헌 조사를 할 일이 있었는데 의외일 만큼 다양한 사람들이 루쉰에 대해 쓰고 있었다.

일본에서는 루쉰도 유행을 탔을지 모르지만, 따져 본다면 루쉰은 유행과 무관하게 읽힌 편이 아닐까 싶다. 가령 루쉰이 소개되기 시작하던 무렵 업튼 싱클레어Upton Beall Sinclair가 활발히 소개되었다. 그리고 싱클레어는 지금 잊혔다. 얼마 뒤에는 셰스토프Lev Isakovich Shestov가 소개되었으나 금세 유행이 지나갔다. 지드Andre Gide도 신처럼 떠받들어진 적이 있지만 그의 죽음 뒤에 갑자기 영락했다. 루쉰에게는 그런 유행의 기복이 없는 것 같다. 물론 그가 죽었을 때 일본의 저널리즘이 비교적 크게 반응하기는 했지만 유행했다고 할 정도는 아니었다. 유행을 타는 게 아니라 사람들이 비교적 지속적으로 읽으며, 그에 따라 읽는 방식이 심화되고 있다. 그런 성질을 지닌 외국 작가의 한 명인 것 같다.

『대루쉰 전집』의 발행 부수를 정확히 알지는 못하지만, 들은 바로는 처음에는 5000부 정도였고 다음에는 2000부 정도 줄었다고 한다. 그렇다 해도 당시에는 상당한 수치다. 그로부터 20년이 지난 지금, 선집의 발행 부수는 당시의 몇 배에 달한다. 몇 배로 늘어났을 뿐 아니라 간행 도중에도(아직 완결되지 않았으며 3분의 2 정도까지 왔다) 줄지 않았다. 독자의 수준이 변덕스럽지 않다. 거의 2만에 가까운 확실한 독자층이 있다는 것은 이런 사실에 의거한 추정이다.

독자의 실태를 포착하기에는, 일본에서 의지할 만한 자료가 부족하니 어려운 일이다. 어림짐작해 보는 수밖에 없다. 독자의 수는 방금 말했듯이 대략적으로 추정할 수 있지만, 어떤 방식으로 읽고 있는지는 추측하기가 더욱 힘들어진다. 추정한다기보다 상상에 맡기는 수밖에 없다. 그리고 내가 상상해 보건대 다른 외국 문학에 비해 루쉰의 독자는 꽤 이질적이지 않을까 싶다. 『루쉰 평론집』(1953년 2월) 서문에서 나는 이렇게 썼다.

"루쉰을 읽으려는 사람이 늘고 있다. 지적 흥미보다 생활에 입각해 살아가기 위한 양식을 구하고자 루쉰에게 다가간 사람들이 많다. 〔……〕본국에서 그러했듯 일본에서도 시간이 지남에 따라 루쉰의 영향은 민중 사이로 더욱 깊게 스며들 것이다."

이리될 가능성이 있어 이렇게 쓴 것이 아니다. 막연한 예상이었다. 그러나 이제 돌이켜 보면 행인지 불행인지 이 예상은 크게 빗나가지 않은 듯하다. 앞서 언급해 둔 하쓰네 씨의 보고는 일례다. 이러한 사례는 그 밖에도 존재한다는 의미에서의 일례다. 예를 들어 『루쉰 작품집』이 독자에게 큰 반향을 일으켜 그것을 계기로 '루쉰 친우회'라는 독자 조직(아직 준비 모임)이 만들어지고 있는데, 이런 사례 등을 포함한 전체의 동향으로서 루쉰의 독자를 나는 이렇게 생각한다.

내가 곡해하는지 모르지만, 일본에서 외국 문학(거의 서양 문학이다)은 지적 교양으로서 읽히는 경향이 있다. 교양이 나쁜 것은 아니다. 교양은 물론 필요하지만 그것이 압도적이지 않나 싶다. 교양이 압도적이라는 것은, 인생적 요구가 퇴화해 그만큼 관조적 태도를 갖게 되는 것이다. 이른바 문학을, 특히 서양 문학을 선호하는 독자에게서 그런 경향이 자주 눈에 띈다.

그렇게 문학을 선호하다가 어떤 기회에 마음의 공허함을 알아차리면 루쉰을 발견하는 실마리가 되기도 한다. 반대로 루쉰에게서 충격을 받아 잊고 있던 문학의 생활적 측면을 떠올리는 사례도 있다. 내 분류에서는 이들이 루쉰의 독자 가운데 제1유형이다.

다른 유형은 처음부터 문학적 교양과는 무관하게 직접 생활로부터, 예를 들어 사회 과학적 사색 등을 경유해 루쉰에 이르고는 거기서 문학을 발견하는 경우다. 전자만큼 많지는 않지만 전혀 없지는 않다. 과문하여 상상에 의탁해 보건대 서양 문학에서는 이런 문학 독자가 거의 드물 것 같다.

이 두 유형은 순수 결정을 끄집어내면 이렇게 분류된다는 이야기일 뿐, 실제로는 좀 더 복잡하다. 그리고 루쉰의 독자 모두가 그렇다는 것

루쉰의 독자

도 아니다. 이상형 내지 이해를 돕기 위한 접근 방법으로서 거론했을 따름이다. 몇몇 독서 모임에 참여하고, 독자로부터 편지를 받거나 친우회에 참가하는 동안에 나는 어느덧 루쉰의 독자를 이런 모습으로 그려 내고 있다.

그렇다면 어떻게 될까. 루쉰의 독자가 일본의 문학 애호가 가운데 교양주의에 맞서는 하나의 저항소로서 존재한다고 말할 수 있다. 저항소라는 것은 루쉰의 독자가 모두 생활파生活派여서 견실하다는 말이 아니다. 자기 내부에서 끝없이 교양주의와 격투하는 사람이라는 의미다. 그 격투가 모티브가 되니 아무래도 루쉰을 읽지 않을 수 없는 이들인 것이다.

교양주의는 힘이 세다. 교양주의는 소비문화가 떠받치는데, 일본에서 소비문화는 확대일로이니 문학은 앞으로 더욱 교양주의화될 것이다. 그러나 교양주의는 생의 원리에 반하므로 교양주의가 확대되면 동시에 내부에서 반교양주의를 낳고, 그것이 확대되는 것도 자연의 이치일 것이다. 이리하여 대립이 고조되면 될수록 루쉰의 독자는 늘어날 것이라고 생각한다. 중국의 경우에도 복잡한 조건의 차이가 있기는 하나 원리적으로는 마찬가지다.

루쉰은 어찌하여 그런 저항이 될 수 있는가. 루쉰만이 저항소는 아니다. 대부분의 외국 문학도 처음에는 저항소로서 독자를 얻는다. 도스토예프스키도 그렇다. 사르트르 역시 지금도 어느 정도 그렇다. 하지만 오랫동안 독을 유지하지 못하는 것은 교양주의에 흡수당한 탓이다. 루쉰도 흡수되지는 않을까. 그럴 가능성이 있다고 본다. 가령 그 징후로서 다음의 사례를 들 수 있다.

최근 나는 중국의 근대 문학을 개설하여 대학생에게 강의를 했다.

당연히 루쉰도 언급했다. 그 후 학생들에게 감상을 물었는데 뜻밖의 반응과 마주했다. 루쉰은 중국의 근대 문화를 일궈 낸 대단한 인물이라고 학교에서 배웠는데, 생전에 그렇게 적이 많았는지 몰랐다는 것이다. 요즘은 중학교나 고등학교 국어 교과서에 루쉰의 글이 실리기도 한다(아주 최근에는 검정을 통과하기 어려울 것 같아 출판사가 경원시하고 있지만). 사회과에서도 배울지 모른다. 그리되면 위인전식의 겉치레가 되지 않을까. 루쉰이 이만큼 유명세를 타는 것은 하나의 진보일지 모르나 진보하는 것은 동시에 타락할 수도 있다.

하지만 이 징조가 대단할 것은 없다. 만약 그 학생이 루쉰을 읽지 않는다면 그뿐이며, 일단 읽는다면 여지없이 본질과 맞닥뜨리게 된다. 루쉰의 독은 강력해서 본질에 맞닥뜨리지 않고는 끝낼 수 없다. 또 한 가지, 일본의 사회적 현실이 이러한 개안開眼을 재촉한다는 사정이 있다. 오늘날처럼 루쉰이 읽히는 것은 여러 사람이 말하듯이 후자의 힘이 크다. 전에는 이국적 서적을 대하는 식이었던 것이 오늘날에는 그대로 다른 힘으로 전화되고 있으므로. 이 힘은 일본 문화의 방향이 바뀌지 않는 한 언제까지고 저항소로 남는 성질의 것이다.

처음에 언급한 하쓰네 씨의 보고에서는 보고자가 억제하고 있는데도 이런 저항의 자세가 또렷하게 드러난다. 그 점에서 루쉰이 읽히는 방식에 대한 적절한 예가 아닐까 싶다. 그렇다면 거기에 응하여 루쉰 연구자는 무엇을 해야 할지가 이어지는 문제일 텐데, 내 생각을 간단하게 밝히고 싶다.

지금까지 일본에서 루쉰이 읽히는 방식을 내 나름대로 분석하자면, 대략적으로 보건대 동양주의적이라고 접근하는 흐름과 진보적 문학으로 다루려는 흐름이 교류하지 않은 채 병존해 왔다. 오늘날 연구자는 두 흐름을 통일하는 과제를 짊어져야 한다. 그리고 통일은 실천적으로는 저항의 기초 위에서 저항소를 강화하는 방향으로 이뤄져야 한다. 앞서 밝혔던 이유로 인해 저항소는 자연히 증식한다. 그러나 방치해 둔다면 조직화되지 않는다. 조직화는 물론 독자의 몫이나 이론을 제공해 협력하는 것은 연구자의 역할이다.

루쉰을 읽는 방식이 분열된 것은 일본의 사회와 의식이 분열된 결과이니 하루아침에 통일할 수는 없다. 그러나 연구자는 적어도 그 통일을 연구 목표로 삼아야 한다. 만일 통일이 완성되어 저항소가 실질적으로 저항력이 되어 교양주의 속으로 침투한다면 서양 문학을 읽는 방법은 자연스럽게 바뀔 것이다. 연구 방법도 바뀔 것이다. 외국 문학이 일본 문학의 창조 속으로 소화되어 받아들여질 것이다. 거기까지 가지 못한다면, 우리는 진정으로 루쉰을 읽었다고 말할 수 없다.

1956년 10월

루쉰의 사상과 문학 ― 근대 이해의 단서로서

'루쉰의 사상과 문학'이라고 제목을 단 것은, 이렇게 하면 어떤 문제든 다뤄도 되겠다 싶어서지 전체를 논하려는 것은 아니다. 루쉰의 전체를 개괄하는 것은 일단 보류한다.

나는 지난 1년 동안 이와나미판『루쉰 선집』의 편집에 관여해 왔다. 그리고『문학』10월 호의 '루쉰 특집호' 편집에도 관여했다. 그러면서 여러 생각이 들었는데 그 감상의 일단을 밝히고 싶다.

그것은 아라 마사히토 씨의 루쉰관에 대한 내용이다. 아라 씨는『문학』10월 호에「루쉰이 살아 있었다면 ― 일종의 부정면不定面에 대하여」라는 논문을 발표했다. 그리고 불과 며칠 전인 10월 30일『도쿄아사히신문』에는「민족주의와 전통에 대하여 ― 동구의 동요를 생각하다」라는 글을 발표했는데 여기서도 루쉰을 언급하고 있다.

아라 씨는 무척 중요한 문제를 제기했다고 생각한다. 한마디로 말하자면 '근대란 무엇인가'라는 문제다. 나는 아라 씨의 근대관을 전적으로 지지하지는 않는다. 근본적 지점에서 이론異論이 있다. 그러나 아라 씨의 사고는 일본에서 비교적 보편적이다. 따라서 루쉰 해석에 관해 그 대립점을 드러내고 의견을 교환한다면 가치가 있을 것이다.

아라 씨의 글은 이해하기도 요점을 파악하기도 어렵다. 억지로 정리하려 들면 오해를 부를지 모른다. 그 오해를 감수하고 말하자면 아라 씨는 루쉰 나름의, 그리고 루쉰으로 대표되는 중국 문학 나름의 근대를 인정하지 않는다. 혹은 조금만 인정한다. 초超근대일지는 모르나 근대를 충분히 거친 다음에 넘어선 것은 아니라고 말한다. 다분히 근대가 미해결로 남았으며, 그 해결은 미래로 미뤄지고 있다고 생각한다. 근대를 풍부하게, 오히려 과잉으로 수용한 일본의 입장에서 루쉰의 문학은 그다지 배울 만한 가치가 없다는 것이다.

알다시피 아라 마사히토 씨는 잡지 『근대문학』을 터로 삼고 있으며 전후파의 챔피언이다. '근대문학'은 전후가 되자마자 이름이 회자된 문학 운동이며, 주장은 다양하지만 그중에서도 일본 근대의 미성숙함을 재차 지적한 것이 시의적절했고, 또한 세간에서 높이 평가받은 공적이었다.

이번 아라 씨의 주장은 그와 관련되지만 견해는 다소 바뀌었다. 근대의 문제를 다룰 때 예전에는 일본 근대의 미성숙, 따라서 근대의 온전한 실현에 역점을 뒀지만 이번에는 거꾸로 일본은 다른 아시아 나라들에 비해 이미 근대를 상당히 거쳤음을 강조하는 데 공을 들였다. 그리고 일본의 근대를 기준으로 삼아 중국 근대의 미성숙함을 지적한다.

아라 씨만 이렇게 변모한 것이 아니다. 마찬가지로 근대주의의 범주에 속한다고 인식되는 구와바라 다케오[1] 씨 등도 '제2예술론'으로 일본 문학의 전근대성을 예리하게 지적했던 시기와 비교한다면, 최근에

---

1   구와바라 다케오桑原武夫(1904~1988): 문학 연구자이자 평론가. 주로 스탕달 작품을 번역했으며, 광범위한 평론 활동을 벌였다. 평론으로 「제2예술론」이 있고, 공동 연구로 『나카에 조민 연구中江兆民研究』가 있다.

는 주목하는 지점이 달라졌다. 예를 들어 올해 1월의 신문에서는 메이지 유신을 절대주의라고 규정한 이른바 강좌파[2]의 정설에 맞서 메이지 유신을 부르주아 혁명으로 생각해야 하는 것은 아닌가라는 의견을 개진했다. 이 또한 일본 근대에 관한 평가가 바뀐 것을 보여 주는 일례다. 이러한 일련의 사례는 오늘날 세계가 일변하고 있으며, 일본의 사상계도 거기에 미묘하게 반응한 결과가 아닐까.

굳이 밝혀 두자면 여기서 내가 근대주의 내지 근대주의자라고 부를 때, 그것은 가치 판단을 담고 있는 말은 아니다. 근대주의를 뭉뚱그려 나쁘다고 몰아붙여선 안 될 일이다. 다만 사고의 유형으로서 근대주의라는 것이 존재함을 사실로서 받아들이고자 하는 것이다.

근대주의는 어떤 특징을 갖고 있는가. 근대를 사고하는 경우에 서구를 유일한 모델로 삼아 근대를 등질화하려는 경향이 있다. 따라서 근대화는 유일한 모델인 서구를 답습하는 과정이 된다. 후진국의 근대화도 그렇다. 코스는 한 가지뿐이다. 아무리 늦게 출발했더라도 유일한 코스를 밟아 가야 한다. 그런 사고가 전제되어 있다.

따라서 근대화의 정도를 양의 문제로 환원해서 제출한다. 아라 씨가 자주 기술을 운운하는 것은 그 까닭이다. 나는 아라 씨의 기술 개념을 잘 모르겠지만, 아무튼 양적으로 비교 가능한 등질물을 뜻하고 있긴 하다.

나는 근대를 이렇게 파악해도 좋은지가 의문이다. 그래서 근대주의를 거스르며 전후에 한 가지 가설을 제출했다. 내 가설은 근대를 다원적으로 생각해야 하는 것은 아닌지, 서구를 유일한 모델로 삼는다면

---

2   강좌파講座派: 일본 자본주의 논쟁에서 메이지 유신을 불철저한 부르주아 혁명이라고 규정하고 반봉건적 농업 관계의 규정적 의식을 강조하며 노농파와 대립한 학파다. 『일본 자본주의 발달사 강좌 1932-1933』에서 이러한 주장을 전개해 강좌파라 불렸다.

루쉰의 사상과 문학—근대 이해의 단서로서

잘못이 아닌지 하는 것이다. 따라서 후진국의 근대화에도 일본과 같은 형태 말고도 다른 형태가 있을 것이며, 적어도 인도나 중국은 이질적이지 않은가라고 문제를 제기했다.

여기서 나는 가치를 문제 삼지 않았다. 어느 쪽이 좋고 어느 쪽이 나쁜 것은 아니다. 일본에는 일본의 길이 있고 중국에는 중국의 길이 있다. 다만 일본을 기준으로 중국을 판단하거나 중국을 기준으로 일본을 판단해서는 안 된다고 생각한다. 나는 사실에 관한 인식을 문제 삼고자 할 따름이다.

이번에 아라 씨가 그런 의견을 내놓은 것은 일본에서 루쉰이 유행하며, 유행의 근저에 무조건적인 중국 찬미가 자리 잡고 있음에 대한 저항 내지 반감이 동기였으리라. 나도 그의 동기에는 공감한다. 이 또한 다른 양상의 등질화가 전제되어 있으니 나는 학문적으로 혐의를 품는다. 그리고 또 한 가지, 전통주의의 부활이라기보다 새로운 전통주의, 말하자면 좌익 이데올로기로부터 등장한 전통 존중의 움직임이 있는데, 그들이 중국 문학과 루쉰을 이용하려는 것에 대한 반감이 또 다른 동기로 보인다. 나는 이에 대해서도 수긍한다. 그렇게 이용하는 방법은 잘못되었으며, 루쉰을 그렇게 해석해서는 안 된다.

그러나 루쉰 문학은 근대 이전이다, 혹은 근대가 소량만 함유되어 있다는 견해에는 동의할 수 없다. 확실히 「아Q정전」과 같은 소설은 일견 전통적 이야기식의 구성이어서 근대 소설의 틀을 제대로 갖추지 못했지만, 그것은 외관일 뿐 곰곰이 살펴보면 그렇지 않다. 그리고 루쉰에게는 『들풀』처럼 다른 계통의 작품도 있다. 루쉰만큼 자아의식이 강렬한 문학자는 일본의 근대 문학사에서도 찾아보기 어렵지 않을까. 초기의 유학 시절에 썼던 글, 가령 「문화편지론」이나 「마라시력설」을 봐도 그렇다. 루쉰을 전근대적이라고 여기는 것은 온당치 않다.

관건은 근대화를 양적으로 비교하는 것이 아니라 근대화의 이질성을 밝히는 것이다. 일본의 근대를 후진국이 근대화하는 유일한 형태로 여기는 사고방식은 사실 일본 근대화의 특수성에 대응해 등장했다. 중국은 일본과 같은 코스를 택하지 않았다. 좋은 예가 루쉰이다. "노예는 노예주와 다를 바 없다." 내가 자주 이용하는 루쉰의 문장이다. 이 문장은 루쉰의 중심 사상을, 적어도 중심 사상의 일부를 담고 있다.

남에게 소유당한 노예는 자유롭지 않다. 그러나 노예의 소유자 역시 소유함으로써 자유롭지 않다. 따라서 인간 해방은 노예가 노예주의 자리에 오른다고 실현되는 게 아니다. 사람이 사람을 지배하는 제도 자체를 폐절함으로써만 실현할 수 있다. 그런 사상이다. 일본의 근대 문학에서는 이런 인간관이 등장하지 않았다. 적어도 풍부하게 형상화되지는 않았다. 이는 일본의 근대화가 서구형을 답습해 식민지 지배를 용인하는 방향으로, 노예가 노예주로 올라갈 수 있는 방향으로 진행되었다는 역사적 사실과 조응한다. 중국에서는 그 가능성이 없었다. 노예주가 될 가능성이 없는 억눌린 땅에서는 자발적이고 내적인 전환을 일으키는 것 말고는 타개할 길이 없었다. 거기서 근대의 의미를 궁극적으로 묻는 인간관이 생겨난 것이다.

서구의 근대가 제시한 가치들은 인류를 위한 위대한 공헌이다. 이 점은 의심할 수 없다. 그러나 그 가치들은 식민지 지배 위에 얹혀 있으니 식민지 체제를 깨부수지 않는 한 인류적 규모로 확대되지는 못할 것이다. 식민지 체제의 파괴는 서구의 입장에서만 본다면 근대의 종말일지 모르나, 실은 근대의 온전한 개화이자 근대의 자기 관철이다. 마오쩌둥은 이렇게 말했다. 서구는 선생이며 중국은 학생이다. 학생은 선생에게 배우려고 했다. 그런데 선생은 학생이 배우는 것을 허락하지 않았다. 학생은 선생에게 배우기 위해 다른 길을 택해야 했다. 일본은 억지로 배웠다. 그러나 그로 인해 근대화로 향하는 출발점에서 중국이 지녔던 통찰은 갖출 수가 없었다. 이것은 선악이 아니라 역사적 사실이다. 만약 중국에게 배운다면 이 통찰을 배워야 하며, 그러려면 먼저 근대를 다원적으로 고찰해야 한다.

1956년 12월

루쉰 문학의 감상 태도에 대하여

감상에 대해 쓰기란 어렵다. 감상은 누구든 할 수 있고 누구나 하고 있지만, 실제로 감상하는 것과 감상의 과정을 분석하는 것은 다르다. 결국 메모하듯 쓰게 될 텐데 이해를 구한다. 독자들은 가볍게 읽어 주기를 바란다.

감상에 관한 이론이라면 다른 곳에서 다뤘으니 여기서 언급할 필요는 없을 것이다. 실례를 들어 감상의 과정을 설명하는 편이 나으리라. 하지만 전제로 삼기 위한 최소한의 내용만은 독자와 미리 나누고 싶다.

첫째, 감상은 누구나 할 수 있다는 것을 확인해 두고자 한다. "누구나"라고 말하더라도 문자를 읽을 수 있으며, 읽을 만한 여유가 있다는 정도의 조건은 필요하다. 쓰인 내용을 이해하는 힘도 어느 정도는 필요할 것이다. 하지만 그 이상은 결코 필요조건이 아니다. 특히 지식은 그렇다.

나는 중국 문학 연구를 전공으로 삼고 있다. 그게 나의 품목이다. 루쉰에 대해서라면 함께 장사하는 동료들 사이에서도 자세히 아는 편이다. 루쉰에 대한 지식은 제법 지니고 있다. 그러나 루쉰의 작품을 감상하는 자격을 두고 말하자면, 루쉰에 대한 지식이 별로 없는 독자 한 사람 한 사람과 다를 바 없다. 일대일로 동등하다. 지식의 양은 감상력의 수준과 직접적으로는 관계가 없다.

내게 루쉰을 해설하라고 요구한다면 여러분보다 나을 것이다. 그렇다고 보다 잘 감상할 수 있느냐면 그런 건 아니다. 거꾸로 말하자면, 작자와 작품에 대한 지식은 감상하는 데 도움은 되지만 감상 자체가 아니며 감상력을 끌어올리는 데도 직접 기능하지 않는다. 내 생각에 감상력의 근원은 무엇보다도 독자의 인생 체험이다.

거기서 둘째, 감상은 감상인 동시에 창조라는 정의가 나온다. 감상이 즉시 창조로 이어지지는 않지만 감상은 창조에 무척 가까운, 창조와 종이 한 장 차이의 행위가 아닐까 싶다. 감상은 창조와 전혀 다르다는 이들도 있지만, 나는 그런 사고를 거부한다. 어떤 작품을 읽고 내용을 지적으로 이해한 것만으로는 감상이라고 할 수 없다. 그로써 영향을 받았다, 사람됨이 바뀌었다, 마음의 질서에 변화가 일었다는 상태에 이르러야 감상이다. 그렇게 대단한 것이 아니더라도 그 상태에 이르기를 기대하고 작품과 마주하는 태도, 수동적이지 않은 태도가 감상에는 필요하다.

「아Q정전」을 읽는 동안 자신이 명명백백 들춰지는 것 같아 얼굴이 붉어지는 걸 느꼈습니다. 도중에 몇 번이나 곤혹스러웠고 불쾌했습니다. 뭔가 나의 평온함에 찬물을 끼얹는다, 아니 그보다도 낱낱이 까발린다는 느낌이어서 아무래도 견딜 수 없었고 단번에 쭉 읽을 수도 없었습니다. 그러나 몇 번이고 참아 가며 읽는 동안에 오히려 제대로 당했다는 통쾌함을 느꼈습니다. 지금까지와는 다른 눈으로 자신과 외부를 바라볼 수 있겠다고 생각했습니다."

이것은 젊은이들이 꾸리고 있는 『루쉰 연구』라는 연구 잡지 16호에 실린 설문의 일부다. 응답자는 상대 예과를 중퇴한 스물일곱 살 청년이다. 마침 손닿는 곳에 있어 감상의 견본으로서 인용했다. "지금까지와는 다른 눈으로 자신과 외부를 바라볼 수 있겠다"는 것은 정당한 감상이 진행된 결과를 보여 준다.

이 문장에서 다소 과잉된 고백조가 신경 쓰이지 않는 것은 아니다. '정말 그랬나요'라고 물어보고 싶을 정도다. 지금 일본의 청년이 「아Q정전」으로부터 이 정도로 큰 충격을 받고 있을까. 물어본다 하더라도 이렇게 충격을 받을 만큼 세파에 물들지 않은 사람이 이토록 정리된 형태로 그 충격을 설명할 수 있을까. 감명을 받았다는 건 사실이라 해도, 감명을 받아들이는 방식이 다소 가볍지 않은가. 즉 이 사람의 경우, 감상력이 인생 체험의 중량감에 걸맞지 않은 게 아닌가. 실례이고 고약한 소리인 줄 알지만, 그런 생각이 들지 않는 것은 아니다. 거기에 비하면 다음의 감상은 무척 정직하다.

"평론에도 루쉰이 실제로 말하려는 게 무엇인지, 과연 이렇게 해석해도 되는지를 도무지 알 수 없는 곳이 많지만 작품 쪽은 더 어렵다. 『들풀』 같은 것은 전혀 이해할 수 없다. 『고사신편』도 거의 이해할 수가

루쉰 문학의 감상 태도에 대하여

없다. 겨우 알 만한 것이 『납함』, 『방황』, 『아침 꽃을 저녁에 줍다』 정

도다. 대표작 「아Q정전」조차 세 번 읽고 모임을 거듭하니 이해가 깊

어지는 것 같긴 한데 아직 확신할 수 없다.

그렇다 보니 아무래도 이해하기 쉬워서 그런지, 작품 중에서는 『납

함』, 『방황』, 『아침 꽃을 저녁에 줍다』를 좋아하고, 그중에서도 「쿵이

지」와 「고향」이 가장 좋다. 이 작품들은 모두 궁핍하고 뒤처져 있고

사대주의에 절어 있는 중국 사회의 현실에 대한 격한 분노와 슬픔, 그

리고 인간을 향한 한없는 애정이 훌륭히 결정結晶을 이루어 은근하게,

그러나 폐부 깊숙이 육박해 온다. 그것은 실로 루쉰의 얼굴 자체에서

받는 인상과 같다. 올해 여름이었다. 이 두 편을 읽고 나서 침상에 누

워도 가슴이 두근거려 좀처럼 잠들지 못했던 일을 기억한다."

이것도 손닿는 곳에 있어 인용했는데, 전국은행연합의 독서 서클에

서 나오는 『학습의 길잡이』라는 등사판 잡지 2호에 A라는 사람이 쓴

「루쉰 잡감」의 한 구절이다. 나로서는 이쪽이 그야말로 넘치거나 모자

라지도 않은 감상 태도처럼 보인다.

따라서 셋째, 감상은 독자 개인이 책임져야 할 행위다. 적어도 근대

사회에서는 그렇다. 감상자는 언제나 개인이지 집단이 아니다. 물론

원리적으로, 이상형을 들어 말하는 것이므로 실제로는 좀 더 복잡하지

만 상세하게는 들어가지 않기로 한다. 감상자가 개인이라는 것은 어떤

작품을 어떻게 읽든 개인이 자기 책임으로 고른다는 뜻이다. 이 또한

대략적인 이야기일 뿐 공통의 이해를 뿌리부터 부정하려는 것처럼 들

린다면 곤란한데, 어쨌든 만인에게 적용되는 불변 내지 부동의 해석이

나 평가는 원리적으로 성립될 수 없다는 게 나의 생각이다. 비평이든 연구든 제3자를 고려하는 경우가 아니라면, 적어도 감상에서는 자기 마음대로 해석하고 자기가 감동하면 그만이며, 또한 그것이 유일한 감상의 길이라고 생각한다. 감상은 타인에게 기대서는 안 된다. 루쉰을 감상할 때 나와 여러분이 일대일이라는 말도, 감상이 곧 창조라는 말도 이와 관련이 있다.

감상은 주어지는 게 아니라 스스로 만들어 내는 것이니 극단적으로 말해 어떤 작품 내지 작품군을 어떻게 해석하든 마음대로다. 해석이 올바른지는 신경 쓸 필요가 없다(그렇다고 A씨의 조심성이 나쁘다고 말할 작정은 아니다). 그러나 어느 시대, 어느 집단, 어느 연령, 어느 계층에서는 어느 한도 내에서 보편적 해석이 성립할 수 있으므로 이유 없이 그것을 무시해서는 안 될 것이다. 또한 감상은 한 번으로 끝나는 사건이 아니라 반복해서 재건해야 할 사업이니 감상을 심화하는 과정에서 이해의 깊이는 응당 형形과 영影이 함께해야 하는 것이리라. 그리고 이 단계에서 비로소 지식이 활용될 것이다.

거꾸로 말하자면 감상으로부터 출발하지 않는 혹은 감상을 통해 끝없이 검증되지 않는 연구는, 자기 목적화한 연구라면 그래도 될지 모르겠으나 창조에는 그다지 도움이 되지 않는다. 그렇다면 감상을 심화하는 데 도움이 될 만한 지식을 연구자가 제공해야 할 것이다.

A씨의 감상 태도는 균형이 잡혀 있을 뿐 아니라 루쉰에 관한 해석으로도 올바르다고 생각한다. 앞서 인용한 부분에 이어 다음과 같이 말하는데, 역시 문제의 핵심을 확실하게 포착하고 있다.

"중국 사회의 봉건성과 제국주의에 대해(이 두 가지는 분명히 루쉰의 적이었다), 루쉰의 절망에 대해("절망이 허망함은 희망이 허망함과 같다"는 유명한, 그러나 너무도 난해한 말이 있다), 혹은 루쉰의 휴머니즘에 대해(루쉰은 서구적 휴머니스트와 달랐다고 일컬어진다) 그리고 그 밖에도 루쉰에 대해 조리를 세워 생각하고 논의해야 할 문제가 많지만, 지금 내게는 그럴 만한 능력이 없다." 운운.

애초에 첫 번째 사례와 두 번째 사례 가운데 어느 쪽이 올바르고 어느 쪽이 그릇됐는지, 어느 쪽이 좋고 나쁜지를 판가름할 수는 없다. 아마도 이것은 감상 태도의 두 가지 유형을 보여 줄 것이다. 한쪽은 정열적이며 한쪽은 이지적이다. 한쪽은 급진적이며 한쪽은 점진적이다. 이것은 각자의 개성, 그리고 기회와 관련된 문제이지 가치의 차이는 아니다. 다만 한편은 시행착오의 헛걸음을, 한편은 딜레탕티즘에 빠질 위험성을 경계하지 않으면 안 된다.

서론만 펼칠 작정이었는데 어느새 본론으로 들어서고 만 느낌이다. 이쯤 해서 현장의 감상에 초점을 맞춰 보자. 현장의 감상이라 해도 앞서 말했듯이 감상은 각자의 책임 사항이니 내가 떠맡아 대행할 수는 없다. 기껏해야 감상이 지닐 수 있는 폭과 감상이 되도록 깊어지는 방법을 암시하는 정도가 가능하다. 어떤 작품을 골라 내가 해석해 볼 수도 있지만, 그리한다면 감상 과정을 규명하는 데 직접적인 도움은 되지 않는다. 타인의 해석을 참고하는 것은 좋지만, 어디까지나 참고일 뿐 의지해서는 안 된다. 타인이 생활을 대신할 수 없는 것과 마찬가지다. 감상은 그것을 통해 자기 발견, 자기 확인으로 가지 못한다면 감상이라고 할 수 없다.

　애초에 사람은 왜 문학을 읽는가. 이처럼 커다란 문제를 여기서 논할 생각은 없고, 그럴 만한 역량도 없다. 그러나 어떤 예술론을 끌어오든 요컨대 읽고 싶어서 읽는다, 읽지 않을 수 없어서 읽는다는 데로 귀결되지 않겠는가. 물론 어떤 목적을 가지고서, 예를 들어 지적 흥미라든지 표현의 기교를 익히기 위해서라든지, 심심풀이 삼아서 읽는 경우도 없는 것은 아니다. 오히려 그런 경우가 많겠지만, 그런 목적을 갖고서 책장을 넘기는 경우에도 탁월한 작품이라면 상대의 페이스에 여지없이 말려들어 애초에 목적했던 것 이상으로 혹은 목적했던 것 이외에도 문학 고유의 감화력에 의해 타격을 입는다. 필시 많은 사람이 이런 체험을 해 봤을 것이다. 감상 작용은 이리하여 자기를 관철한다. 그 결과 "지금까지와는 다른 눈으로 자신과 외부를 보게" 되는 것이다.

　작가는 그러한 미지의 독자를 예상하고 작품을 만들며, 독자는 그러한 미지의 작품을 바라며 문학을 읽는다. 이것이 근대 사회에서 문학이 기능하는 방법일 것이다. 근대 사회에서는 집단이 작가를 공유하는 관계는 없다. 따라서 독자가 가치 있는 작품을 발견하는 것은 상당한 우연이 따라야 하며, 그렇기에 소중히 여기지 않으면 안 된다.

　작품과의 만남이 사건일 뿐 아니라 가치의 발견도 한 차례로 끝나지 않는다. 같은 작품인데도 때를 달리해 읽어 보면 다른 의미가 드러난다. 이 또한 많은 사람이 경험으로 알고 있다. 바로 감상의 심화다. 감상의 심화란, 작품에 입각해 말하자면 작품이 무한하게 가치를 드러내는 현상이며, 독자에게 입각해 말하자면 반대로 작품에 가치를 부여하는 행위라고 정의할 수 있을 것이다. 그리고 그 근저에는 어디까지나 독자의 인생 체험이 있다고 나는 생각한다.

이런 사고방식이라면 요즈음 루쉰을 넓게 또한 깊게 읽는 일반적 경향을 설명할 수 있을 것이다. 감상은 개인의 책임 사항이며 작품과 독자의 만남은 우연이지만, 거시적으로 관찰한다면 어느 시대, 어느 사회에 존재하는 어떠한 경향을 말할 수 있다. 지금의 일본은 루쉰을 읽기에 적합하다고 생각한다. 루쉰을 발견할 기회가 많아졌다. 그 이유는 A씨가 밝혔듯이 루쉰 문학의 본질이 감상을 불러들이기 때문이다. 따라서 루쉰 읽기가 한때의 유행이라고 보는 사람도 있지만 내 생각은 다르다.『학습의 길잡이』에 실린 H(잡지에는 본명인 듯한 이름으로 실렸다)라는 사람의「루쉰과 나의 만남 ― 일본의 청년을 이끄는 매력은 무엇인가」라는 글에는 이렇게 쓰여 있다.

"루쉰이 품은 가장 큰 뜻은 중국의 정치 경제적 구조를 바꿔 내는 사회 변혁도 있었겠지만, 그 이상으로 자신을 포함한 모든 중국인의 인간성, 그 기질, 그 감정까지를 뜯어고치는 데 있지 않았던가. 그것은 일생 동안 현실에서 거의 절망적인 노력을 거듭 쌓아 올리는 연속적인 고난의 투쟁이었다."

일견 공식적인 루쉰관 같지만, "자신을 포함한"이라는 구절에서 필자가 감상한 흔적을 살필 수 있다. 이윽고 " 〔……〕 중국이 여러 나라의 식민지였던 시대 속에서 몸부림치면서, 더구나 자력으로 민족의 독립을 쟁취해 개인이 꿋꿋이 살아갈 길을 찾아 고투한 모습"이라는 문구가 있으며, 여기서도 "개인이" 운운한 부분은 역시 기존의 공식론을 도용한다고 나올 수는 없는 사고로 보인다.

H씨의 이러한 루쉰 감상의 기반이 되었을 인생 체험은 중요하다고 생각하니 인용해 두겠다. 나를 언급하고 있어 낯간지럽지만 이해해 주기 바란다.

"(『양지서』를 읽고 나서의 — 인용자) 감동은 다소 설명하기 힘들다. 패전 직후 소년 비행병이었다가 사회로 내팽개쳐진 나는 청춘의 에너지를 정치나 조합 운동에 쏟아, 10대부터 20대까지의 성장기를 꿈속에서 이리저리 헤맸다. 5년 정도 진보적이라 불리는 인간 군상에 동경을 품으며 지냈다. 그런데 진보적이라고 불리는 인간들이 현실의 인간관계에서 드러내는 불신과 배덕을 질릴 만큼 맛봐서 결국 '인간 불신의 공포증'에 사로잡힌 나머지 자살 미수로 내몰렸다. 그때 끝까지 가지 않도록 붙잡아 준 것이 다케우치 요시미가 쓴 『루쉰』이며, 자살 미수를 딛고 일어설 수 있었던 것도 이 책을 통해서다. 이것은 당신이 잘 알고 있는 바이다.

그로부터 5년이 지나 지금 다시 루쉰의 저작집과 마주했는데, 내게는 새삼스레 강하게 와닿는 대목이 있었다. 올해는 루쉰 20주기인데 일본에서도 10월 19일에 루쉰을 추모하는 모임이 도쿄에서 열렸다. 하지만 그런 행사보다 내게는 루쉰적 정신이랄까, 기회가 있을 때마다 루쉰이 중국 청년들에게 건넨 몇 마디 말이 현재 일본의 노동조합 젊은이들 사이에서 널리 문제시되고 있는 것 〔……〕"

루쉰 문학의 감상 태도에 대하여

이런 체험을 바탕으로 해서 나오는 문학관은 공식적일 리 없다. 공식적으로 보여도 공식적이지 않다. 물론 충분히 정리되었다고 말하기 어려운 문체를 봐도 알 수 있듯이 H씨의 문학관이 매우 깊다고는 할 수 없을 것이다. 내가 그려 낸 루쉰상과 루쉰 자체를 혼동하는 등, 보다 면밀하게 파고들어 고민하면 좋겠다는 생각도 든다. 그러나 이것은 조건만 갖춰지면 가능한 일이다. 무엇보다 감상의 근본 요청을 충족하고 있다는 점을 높이 사야 할 것이다. 따라서 감상이 지엽주의로 흐른다는, 대체로 피하기 힘든 결함으로부터 벗어나 있다.

이해력이 높은 감상이라는 것이 있다. 흔히 감상이라고 간주되는 것들이 그렇다. 말하자면 통달한 자의 감상이다. 그리고 통달한 자의 감상은 창조와 결합되기 어렵다. H씨의 경우는 아직 거친 부분이 있을지 모르나 통달한 자의 감상과는 반대여서 잘 닦으면 보석이 될 만하다.

H씨가 서 있는 지점은 루쉰이 문학적으로 출발한 지점과 거의 같다. 루쉰이 오늘날 일본에서 읽히는 이유는 앞서 밝혔다. 객관적 조건은 눈에 쉽게 들어오므로, 이 점은 많은 사람이 지적하고 있다. 그러나 그와 상호 관계인, 루쉰을 읽는 주체의 인간됨의 변혁에 대해서는 아직 제대로 된 지적이 나오지 않는다. H씨의 사례는 이 점, 즉 감상의 태도 그리고 방법 자체에서 변혁의 조짐이 일어났음을 보여 주는 사례로서 주목해야 할 것이다. H씨는 내 책으로부터 영향을 받았다고 말하는데, 그로써 의식하든 하지 않든 나의 방법을 비판적으로 넘어서고 있다. 실행으로 나를 넘어섬으로써 비판하고 있는 것이다.

이리하여 루쉰의 독자로부터 새로운 인간이 자라나고 있다. 그에 따라 루쉰을 읽는 방법 자체가 변해갈 것이다. 궁극적 감상은 인간됨을 바꾸고 창조와 결합된다.

물론 H씨의 경우에는 아직 감상의 태도, 방법을 의식화하지 않았기에 난점이 있다. 만일 루쉰과 같은 지점에 서 있더라도 이 난점이 해결되지 않는다면 창조와 결합될 수 없다. 만약 그게 가능하다면 이노우에 미쓰하루[1] 형의 작가가 새롭게 탄생하지 않을까 생각한다.

그러자면 어떻게 해야 하는가. 루쉰의 문학을 좀 더 깊이 읽어 나가야 할 것이다. 보다 깊은 감상이 필요하다. 그리고 거기에는 두 번째 사례로 들었던 A씨의 방법을 가미할 필요가 있다.

A씨가 루쉰의 작품 가운데 「쿵이지」와 「고향」이 이해하기 쉬워서 좋아한다고 쓴 대목은 흥미롭다. 나도 동감이다. 어째서인가. 한 가지 이유는 이 작품들이 단편 소설로 정리가 되어 있고, 다른 한 가지 이유는 일본인의 감성으로 받아들이기 쉬운 서정성이 있어서가 아닐까 싶다.

「아Q정전」을 이해하기 어려운 것은 양쪽 모두가 결여되어 있기 때문이다. 현재 나는 구성상의 파탄으로 보일 만큼 허점투성이인 「아Q정전」의 형식이, 거꾸로 작자가 대상에 격렬하게 몰입한 증거이니 그 결함을 장점으로 여기지만, 이렇게 되기까지는 꽤 오랫동안 해석을 해내지 못한 채 헤맸다. 첫 번째 사례로 들었던 무명씨처럼 충격이라고 해석하는 방식은 중국에서 실제로 있었지만 일본에서는 드물다. 따라서 보편화할 수 없다. 단서를 확보하고 진행하는 것은 감상에서도 중

---

1 이노우에 미쓰하루井上光晴(1926~1992): 소설가. 전쟁 중에는 국가주의 사상에 심취했지만 전후에 일본 공산당에 입당했으며 좌익 문학의 기수로 평가받는다. 주요 작품으로는 여러 양상의 차별을 그린 『땅의 무리地の群れ』, 한국전쟁을 다룬 『타국의 죽음他国の死』, 원폭 투하 직전 시민의 생활을 그린 『내일明日』, 태평양전쟁 학도병을 그린 『사자의 때死者の時』, 큐슈의 탄광 폐업 문제를 다룬 『계급階級』 등이 있다.

루쉰 문학의 감상 태도에 대하여

요하다. 비약은 금물이다. A씨가 네 번이나 다섯 번 「아Q정전」과 대면한다면 반드시 새로운 발견이 있을 것이다. 「쿵이지」는 단편다운 단편이며, 유사한 작품이라면 모파상이나 체호프, 필립(보다 적절한 사례가 있을지 모르나 잘 떠오르지 않는다), 일본이라면 구니키다 돗포[2]나 시가 나오야 정도에게 있을 것 같지만 한편으로는 역시 이질적이지 않을까 한다. 그 유사성과 이질성은 A씨도 느끼는 듯하다. 그 대목을 파고들면 의외로 어렵지 않게 「쿵이지」와 「아Q정전」을 연결할 수 있을지도 모른다.

제대로 하자면 현장의 감상 사례를 여기에서 파고들 일이나, 힘이 부족하여 입구에서 멈춰 서고 말았다. 사실 독자의 감상을 충분히 원조할 만한 연구 체제는 전문가 사이에서도 아직 갖춰져 있지 않다. 나를 포함해 루쉰 연구자가 분발해야 한다.

1957년 6월

---

2 구니키다 돗포国木田独歩(1871~1908): 소설가. 일본 자연주의 문학을 개척한 작가로 평가되며, 짓밟힌 평민들의 삶을 시적으로 그려 내기도 했다. 『무사시노武藏野』는 자연에 대한 사랑을, 『고기와 감자』는 이상주의의 추구를, 『봄새』는 비열한 인간들의 운명에 대한 시각을 담고 있다.

루쉰을 읽는 법 — 일본에서 소개되는 방식에 관하여

　루쉰이 일본에 소개되기 시작한 것은 쇼와 초년의 일이다. 첫 단계에서는 사토 하루오 씨나 마스다 와타루 씨가 소개자 역할을 맡았다. 사토 하루오는 이른바 루쉰의 동양적 문인으로서의 측면을 강조하며 소개했다. 루쉰을 소개하는 데는 현재 다른 조류도 있다. 일본 프롤레타리아 문학자는 중국 좌익 문학자의 대표자로서 루쉰을 소개했다. 루쉰은 중국좌익작가연맹의 대표자로 간주되고 좌익작가연맹과 일본의 나프 사이에는 교류가 있었기 때문이다.

　이러한 두 조류는 당시 거의 교류하지 않은 채 따로 움직였다. 그리고 그것이 당시 일본 좌익 문학의 특수성을 보여 준다. 루쉰이든 중국 문학 일반이든 그처럼 분열된 방식으로 수용해서는 안 된다. 루쉰은 민족색이 짙으며 동시에 피압박자를 향한 동정, 공감이 매우 강하다. 중국에서는 그것들이 일체화되어 있는데 일본으로 들어오면 쪼개져서 민족색은 내셔널리스트가 이용하고 피압박 계급을 향한 동정, 공감은 좌익 문학자가 적당하게 써먹었던 것이다. 그로 인해 루쉰의 진정한 의미는 이해를 얻지 못한 것이, 전전 시기 루쉰 소개의 실상이었다.

전후에는 사정이 크게 달라져 객관적 조건으로서는 루쉰 이해의 기초가 마련되었다. 그러나 주관적으로는 전전의 타성이 남아 올바른 이해를 방해하며 혼란을 빚고 있다. 혼란의 예로서, 마오쩌둥은 루쉰을 높이 평가해 왔는데 이번에 중국 혁명이 성공하자 마오쩌둥이 그 혁명을 지도했다는 이유로, 마오쩌둥이 존경한 루쉰의 면모만을 소개한 일이 있다. 이처럼 정치주의적·사대주의적 관점에서 루쉰을 받아들이는 태도가 등장했다. 이 또한 루쉰의 본질에 대한 이해를 그르친다는 점에서는 전전과 다를 바 없다.

　그렇기는 하나 루쉰에 대한 이해도가 무척 높아지고 있다는 사실은 부정할 수 없다. 정치주의와 무관하게, 또한 서양 문학 일변도의 근대주의와도 무관하게 일반 독자들 사이에서는 고뇌하는 인간에게 필요한 생활의 지혜라고도 할 만한 것을 배우려는 태도가 싹트고 있다. 편견 없는 일반 독자들 사이에서 루쉰에 관한 이해가 깊어지고 있는 것이다. 나는 그것이 루쉰을 제대로 읽는 방법이라고 생각한다.

　문학을 지적 유희로 간주하는 견해가 있지만, 일본 문단의 그런 경향에 반감을 지닌 독자가 많다. 그처럼 수수한 독자는 무엇보다 생활을 중시하며 우리의 생활에서 나오는 희로애락의 감정을 문학이 표현하길 요구하지만, 일본 문학에는 거기에 부응하는 것이 적다. 소비에트의 소설이나 신중국의 소설은 무척 위세가 높지만 우리에게는 너무 멀다. 즉 괴로워하는 인간에게 알맞은 문학이 세계 문학에 다소 있기는 하지만 그다지 소개되지 않았다. 그런 맥락으로 루쉰에게서 대변자를 발견하는 것이다.

　루쉰 문학은 이해하기가 무척 어렵다. 여러 사람이 루쉰에게 매달리지만, 아무래도 어렵다. 자신에게 절실한 무엇이라고는 느끼지만 어려운 것은 어쩔 수가 없다. 그 어려움은 어디서 오는가. 한 가지는 루쉰 문학의 본질에서 비롯된다. 무슨 말인가 하면 루쉰은 과도기의 사람이다. 낡은 사회로부터 새로운 사회로 향하는 길을 고심하며 일생 동안 찾아 헤맸다. 따라서 루쉰은 그러한 모순덩어리다. 거기서 본질적 어려움이 유래한다. 다른 한 가지는 우리가 중국을, 특히 중국의 근대사를 제대로 모르는 데서 생겨나는 어려움이다. 본질적 어려움은 독자가 자력으로 서서히 극복해 가는 수밖에 없다. 두 번째 어려움은 지식이 부족해서 생기는 것이므로 루쉰이 살아갔던 청말부터 오늘에 이르는 중국 사회사, 혁명사를 우선 예비지식으로서 갖춰야 할 것이다. 이를 위해 몇 가지 참고서를 읽을 것을 권하고 싶다.

그 다음으로 루쉰을 구체적으로 어떻게 읽어 가야 좋을지를 생각해 보자. 루쉰은 실로 다방면에 걸쳐 활동했다. 우선 작가이며, 평론가이며, 고전학자이기도 하다. 거기서 일단 루쉰의 소설과 주된 평론을 일독해 보는 편이 좋다. 그중에는 어려운 것과 비교적 쉬운 것이 있다. 우선 작품에 대해 말하자면 『들풀』은 중요한 작품이지만 어렵다. 처음부터 그런 작품에 달려들 것이 아니라 소설 중에서도 「고향」, 「쿵이지」, 「축복」, 「마을 연극」 같은 것은 비교적 이해하기 쉬우니 여기서부터 읽는 편이 좋다고 본다. 가장 유명한 것은 「아Q정전」인데 이 작품의 의미를 다루는 방식은 다양할 것이다. 따라서 시간을 두고 여러 차례 읽는다면 다른 의미를 건져 낼 수 있다. 평론 가운데는 「노라는 가출하고 나서 어떻게 되었는가」라든지, 후기에서는 「죽음」 등이 비교적 쉬우니 먼저 읽어 볼 만하다. 루쉰은 일평생 여러 논쟁에 나섰다. 이 논쟁은 논쟁 상대의 사정을 모르면 이해하기 어려울 것이다. 그리고 초기, 즉 「광인일기」를 발표하기 전 일본에서 유학하던 시절에 써

루쉰을 읽는 법—일본에서 소개되는 방식에 관하여

낸 평론이 있는데, 몹시 중요하기는 하나 어렵다. 그런 건 뒷전으로 미루고 나중에 읽어 나가는 편이 좋을 것이다.

1956년 11월

루쉰과의 만남 이후의 일들

1. 루쉰과의 만남

나 자신은 루쉰에게 홀린 인간의 한 명이다. 생애의 어느 시기에 우연히 손에 든 그날 이후로 푹 빠져 오늘까지 헤어나지 못하고 있다. 아마도 일생 동안 루쉰의 그림자는 나를 따라다닐지 모른다. 루쉰에 마음을 쓰지 않고는 살아갈 수 없다. 그리고 마음을 쓰면 쓸수록 루쉰은 내 안에서 깊이를 더해 간다.

루쉰과의 만남은 내게 행복한 사건이 아니었다. 만남 자체가 행복하지 않았고 결과도 행복하지 않았다. 만약 그때 불행하지 않았다면 나는 루쉰과 못 만났을지도 모른다. 나의 불행이 루쉰을 발견하도록 나를 이끌었다. 루쉰을 알게 되자 나는 행복해질 수 없었다. 하지만 자신의 불행을 '알' 수 있었다. 행복해지는 것보다 그게 내게는 '위안'이었다.

만약 루쉰과 만나지 않을 만큼 내가 행복했다면, 이라고 생각해 보기도 하지만 그건 불가능한 상정이다.(167쪽)

다케우치 요시미는『루쉰 입문魯迅入門』(1953)을 펴내며 '루쉰과의 만남'을 이렇게 기술했다. 그는 1910년생이고 1977년에 숨을 거뒀다. 한국 병합의 해에 태어나 1932년 만주국이 세워지던 무렵 성인이 되었으며 패전이 생애의 절반을 가르고 있다. 전후 시기, 40대 중반으로 접어들던 그는 '루쉰과의 만남'을 위와 같이 술회했다. 그리고 '일생 동안' 루쉰과 관계할지 모른다던 예감은 실로 그리되었다.

이 책 『루쉰 잡기』를 번역해 내놓으며 다케우치 요시미에게 일생에 걸친 루쉰과의 관계란 어떠한 것이었는지를 되돌아보고자 한다. 이미 다케우치 요시미는 루쉰 연구자로서 널리 알려져 있고 그의 『루쉰』(1944)은 루쉰 연구에서 독보적 위치를 차지하고 있다. 그는 아시아주의를 비롯한 일본의 사상사 연구에 매진한 학자이며, 안보투쟁·중국과의 강화 문제 등 현실에서 부각된 민감한 사안들에 적극적으로 개입한 평론가이지만, 중국 문학 연구자로서 그의 족적은 루쉰 연구에 선명히 각인되어 있다. 한국에도 그의 『루쉰』이 번역되어 루쉰 연구자로서의 면모가 알려져 있다. 다만 그것은 일부일 뿐이다. 그는 젊은 시절에 루쉰을 만나 『루쉰』을 써내며 자신의 사상을 형성했을 뿐 아니라 『루쉰 잡기』에서 엿보이듯 중국 연구자로서 루쉰을 중국 혁명의 시점에서 독해하고, 평론가로서 루쉰 독해를 자기 사회를 향한 비평의 자원으로 활용하고, 번역자로서 루쉰의 말과 문제의식을 모아 사회로 옮기고, 실천가로서 루쉰을 '인민의 광장'으로 삼고자 독자의 모임을 만들었다. 실로 "일생 동안" 그리했다. 그가 루쉰을 통해 한 일들을 돌이켜 보면 인국隣國의 사상가를 매개해 할 수 있는 거의 모든 시도를 아우르고 있다. 이 글은 이 책에 수록된 글들을 중심으로 그 시도들을 엮어 볼 것이다.

2. 사상 형성의 매개로서의 루쉰

1) 집념의 관계

아래의 표는 다케우치 요시미가 써낸 글들 가운데 루쉰이 표제어로 등장하는 글들을 연도순으로 모아 본 것이다. 루쉰 작품의 번역문은 포함시키지 않았고 논문이나 에세이는 발표지를, 저작은 발행처를 밝혀 두었다.

연도	표제	발표지/발행처
1936	魯迅論	中国文学月報20号
1943	魯迅の矛盾	文学界10月
1944	『魯迅』	日本評論社
1946	魯迅の死について	朝日評論10月
1947	魯迅と毛沢東	新日本文学９号
	魯迅とその妻許広平	婦人画報10月
	魯迅と林語堂	朝日評論11月
1948	絶望と古さ―魯迅文学の一時期	国土２月
	魯迅	青木正児博士還暦記念・中華六十名家言行録
	食われぬための文学 魯迅の狂人日記	随筆中国３号
	文学革命―魯迅の文学史的背景	中国文学105号
	魯迅における抵抗感覚	国土５月
	魯迅と日本文学	世界評論６月
	魯迅と二葉亭	中国留日学生報23号
	指導者意識について―「魯迅と日本文学」のうち	綜合文化10月
	『世界文学はんどぶっく・魯迅』	世界評論社
	中国の近代と日本の近代―魯迅を手がかりとして	東洋文化講座３巻
1949	魯迅	人間２月付録現代作家小辞典（二）中国篇

연도	표제	발표지/발행처
1949	ノラと中国―魯迅の婦人解放論	女性線4月
	ある挑戦―魯迅研究の方法について	思潮5月
	『魯迅雑記』	世界評論社
	『魯迅評論集』後記	岩波新書
	魯迅伝	『二十世紀外国作家辞典』
	『魯迅雑記』あとがき	世界評論社
	思想家としての魯迅	哲学講座第1巻
1951	孤独なる遍歴者―無限の希望に導かれた魯迅	三田新聞10日
	ゴルキイと魯迅	文学新聞20日
1952	魯迅とコルヴィッツ	埼玉大学新聞
	魯迅の評価をめぐって	新日本文学7月
	『魯迅』	創元文庫
	魯迅の日に	朝日新聞
1953	『魯迅評論集』はじめに・解説	岩波新書
	『魯迅作品集』解説	筑摩書房
	『魯迅入門』	東洋書館
	中国における魯迅研究書	日本読書新聞
1954	魯迅	世界歴史事典第20巻
1955	魯迅の読まれ方の一例	魯迅友の会会報3号
1956	『魯迅』	河出文庫
	薔薇を喰わない―魯迅文学をめぐって	世界6月
	「現代中国童話集・魯迅」解説	世界少年少女文学全集第43巻東洋編5
	魯迅の読者	文学月〈魯迅〉
	「魯迅」を特集して	文学月〈魯迅〉
	歴史における魯迅	『魯迅案内』
	魯迅の思想と文学	『魯迅案内』
	魯迅のよみかた―日本での紹介のされかたにふれて	新読書7月
	『魯迅選集』別巻の編集を終えて	図書11月
	魯迅の思想と文学―近代理解への手がかりとして	学鐙12月
1957	御あいさつ―魯迅友の会成立会で	魯迅友の会会報9号
	魯迅文学の鑑賞態度について	体系文学講座第4巻鑑賞・批評・研究
1958	魯迅先生に代って	一九五七年版読書感想文
	『世界文学大系・魯迅』解説	筑摩書房

연도	표제	발표지/발행처
1961	『魯迅』	未来社
1962	魯迅	アジア歴史事典第9巻
1964	『魯迅選集』の改訂に際して	図書2月
	『魯迅選集』の再刊にあたって	魯迅選集内容見本
	「惜別」の碑への感慨—藤野先生と魯迅のこと	東京新聞11月21日
1966	「魯迅逝世三十年記念会」について	魯迅友の会会報36号
1973	魯迅と日本	FUKUOKA UNESCO 8号
1974	魯迅の論争態度	文芸展望7号
1976	日本における魯迅の翻訳	文学4月
	『魯迅文集』訳者のことば	『魯迅文集』
	魯迅とその時代	本の本10月
	「魯迅を読む」について	岩波書店文化講演会チラシ
	『魯迅文集』第一巻解説	『魯迅文集』
	『魯迅文集』贈呈の弁	手紙
	新訳『魯迅文集』について	ちくま11月
	『新編魯迅雑記』	勁草書房
	『魯迅文集』第二巻解説	『魯迅文集』
1977	『魯迅文集』第三巻・解説にかえて	『魯迅文集』
	魯迅を読む	文学5月
1978	『続魯迅雑記』	勁草書房

이 목록에 모인 글은 총 70여 편에 이른다. 그리고 목록을 보면 1936년 「루쉰론」을 시작으로 죽음에 이르는 1977년까지 거의 모든 해에 루쉰이 표제어로 등장하는 글을 써냈음을 알 수 있다(1977년과 1978년의 논저는 그의 죽음 이후 편집자나 제자가 펴낸 것들이다). 여기서 '루쉰에 관한 글'이라고 부르지 않고 '루쉰이 표제어로 등장하는 글'이라고 표현하는 까닭은, 이 목록에 담긴 글들 외에도 루쉰과 얽혀 있는 글이 보다 방대하게 존재하는 까닭이다. 다만 이 목록에서는 그가 '일생동안' 루쉰에게 매여 있었다는 사실, 그리고 연관어를 살핀다면 그가

루쉰을 통해 사고한 영역이 광범위하다는 사실을 알 수 있다.

2)「루쉰론」과 논쟁하는 다케우치 요시미

다케우치 요시미는 언제 루쉰을 처음 접했던가. 그의 연보에는
1931년 10월『지나 소설집支那小說集』에 수록된 루쉰의「아Q정전」을 읽
고 "유머레스크한 점에 감탄"했다고 적혀 있다. 하지만 이를 '루쉰과
의 만남'이라고 말하기에는 이르다. 그는 1976년의 생애 마지막 강연
에서 루쉰을 처음 접했던 당시의 감상을 이렇게 회상한다. "처음에는
루쉰을 좋아하지 않았습니다. 오히려 루쉰과 성향이 반대인 사람이 좋
았습니다. 〔……〕 딱히 싫은 이유가 있는 건 아니지만, 어딘지 모르게
껄끄러운 아버지 같다는 느낌이었습니다."[1]

그가『아Q정전』을 읽은 이듬해에 다녀온 첫 번째 베이징 여행에서
구해 온 책들을 보더라도 루쉰은 없었다. 그는 중국 현대 문학 신간을
100권 정도 사 왔는데, 절반이 장즈핑張資平의 소설이고 위다푸, 궈모러
순이었다. 젊은 다케우치는 루쉰의 작품보다는 마오둔의 장편 소설에
마음에 끌렸다. 그리고 1933년 12월에 써낸 졸업 논문은「위다푸 연
구郁達夫研究」였다. 당시 도쿄제국대학 지나철학·지나문학과 34명의 졸
업생 가운데 중국의 동시대 작가를 논문 대상으로 택한 학생은 다케우
치 요시미가 유일했으나, 그 대상은 루쉰이 아니었다.

그리고 졸업하는 달에 다케우치 요시미는 자기 집에서 '중국문학연
구회'를 준비하는 첫 번째 총회를 가졌다. 이듬해 2월에는『중국문학
월보』를 창간했다. 여기서 회명과 잡지명은 주목할 필요가 있다. 즉 그

---

1   「魯迅を読む」,『続魯迅雑記』, 勁草書房, 1978, 113쪽.

는 '중국 문학'을 자기 활동의 이름으로 취했다. 그가 대학을 다니던 시절은 경사자집經史子集과 같은 중국 고전을 다루던 한학에 반발하여 '과학성'을 내세운 지나학이 부상한 시기다. 프랑스 시놀로지(Sinology, 중국학)의 영향을 받아 지나학은 순수 학문의 입장에서 중국을 일반 학문의 대상으로 삼겠다고 표방했다. 그는 이러한 학계 풍토에 맞서고자 '지나'가 아닌 '중국'을 활동의 이름으로 삼았다. "나는 자신을 남과 구분하고픈 욕망을 느꼈다. 한학이나 지나학의 전통을 뒤엎으려면 중국 문학이라는 명칭이 반드시 필요했다."[2]

『중국문학월보』는 젊은 다케우치에게 기획과 발표의 지면이었다. 92호에 이르기까지 후기 작성도 도맡았다(60호부터『중국문학』으로 잡지명이 바뀐다). 그는 중국 문학자 특집을 꾸준히 기획했는데, 그가 발표한 글들을 보면 항잉沈櫻, 량종다이梁宗岱, 시에빙잉謝氷瑩, 위다푸, 하이거海戈, 션총원沈從文, 마오뚠으로 이어지다가 1936년 11월 호(제20호)에 이르러서야 루쉰이 등장한다. 이것이 루쉰에 대한 첫 번째 글인 「루쉰론」(1936)이다. 그런데 조판이 끝난 단계에서 루쉰이 10월 19일에 서거했다는 소식이 전해져 급하게 루쉰의 소품인 「죽음死」을 번역해 기념한다. 이것이 루쉰의 작품에 대한 첫 번째 번역문이다.

그의 첫 번째 「루쉰론」의 첫 문장은 이렇다. "루쉰의 독설은 누구나 두려워한다." 마저 옮겨보면 "냉조冷嘲라 일컬어지는데, 루쉰의 논적이 되려면 그가 휘두른 필봉이 뼈를 찌르고 들어올 때의 냉기를 각오해야 한다. 〔……〕 루쉰은 스무 해의 문단 생활을 매일같이 싸우며 보냈다고 할 정도다. 『신월新月』을 비난하고 창조사創造社에 대들고 소품문파小品文派를 공격하고 최근에는 문예가협회와 맞붙었다. 인기도 얻었지만

---

2 「지나와 중국」,『다케우치 요시미 선집2』, 휴머니스트, 2011, 44쪽.

원한도 샀다. 위선자, 돈키호테라고 매도당한 게 한두 번이 아니다. 매도당하면 그대로 되갚았다. 싸움을 불렀다."(9쪽)

첫 번째 루쉰론에서는 논쟁하는 루쉰의 면모가 두드러진다. 루쉰이 여러 논쟁을 불러일으킨 것은 알려져 있는 바이나, 이를 두고 다케우치는 **"타인을 향하는 칼날이라면 좀 더 부드러울 수 있었을 터이다"**(12쪽)라고 해석하고 있다. 다케우치는 루쉰이 '자기 안의 그림자'와 논쟁을 벌였기에 그토록 집요하고 가혹했다고 읽어 낸다. 이에 관한 상술은 8년 뒤의 『루쉰』에 나오는데, 그에 앞서 「루쉰론」을 써낸 시기에 다케우치 역시 논쟁 중이었다는 사실은 여기서 기록해 둘 필요가 있을 것이다. 그는 대학을 갓 졸업하고 학술 세계에 들어오자 논쟁부터 시작했다. 더구나 당시 내로라하는 메카다 마코토目加田誠, 요시카와 고지로, 구라이시 다케시로倉石武四郎 등의 지나학자를 논적으로 삼았다. 그런 의미에서 첫 번째 루쉰론은 그가 루쉰과 관계하는 원형을 드러낸다고 말할 수 있다. 즉 그는 자신을 루쉰에게 투입하고, 그로써 자신이 맞서려는 일본 사회 내의 대상물로부터 자신을 분별해 내고자 했다.

3) 『루쉰』과 내면세계의 투영

첫 번째 루쉰론으로부터 5년 뒤인 1941년에 다케우치 요시미는 『루쉰』 집필을 시작한다. 계기는 바깥에서 주어졌다. 일본평론사는 수십 권짜리 '동양 사상 총서'를 기획하고 있었는데, 중국문학연구회의 젊은 연구자들에게도 의뢰가 온 것이다. 연구회의 다른 동료는 『홍루몽』, 『수호전』, 두보杜甫 등을 맡았고 다케우치는 루쉰을 골랐다. 그는

루쉰을 고른 한 가지 이유로 자신이 자료 수집에 서투른데 루쉰은 세상을 떠나 마침 전집이 나왔기 때문이라고 밝힌다. 그나마도 형편이 어려워 사지 못하다가 동료인 다케다 다이준武田泰淳에게 전집을 빌려 『루쉰』을 집필했다. 더욱이 다케다 다이준에게서는 중요한 자극도 받았다. 다케다 역시 같은 총서에서 사마천을 맡고 있었다. "저는 1943년에 한 권짜리 『루쉰』이란 책을 썼습니다. 이 또한 다케다와 연이 매우 깊습니다. 다케다가 벌써 유명한 『사마천』, 다른 이름으로는 『사기의 세계史記の世界』를 써냈습니다. 그는 종종 육필 원고를 가져와 제게 보여 주었는데, 그러다가 갑자기 책으로 받아 보니 괄목할 만한 성장이 놀라웠습니다. 이래서는 당해 낼 수 없겠다 싶어 저도 분발해 『루쉰』을 썼습니다."[3]

『사마천』은 1942년 12월에 발간되었다. 꼭 1년 전인 1941년 12월 8일 대동아전쟁이 발발했다. 『사마천』은 "사마천은 살아생전 몹쓸 치욕을 당했다"라는 유명한 문장으로 시작된다. 사마천은 치욕을 감내하고 살아남아 역사를 기록했다. 다케다는 죽음이 불가피하다고 운운하는 시대 속에서 사마천을 빌려 살아가겠다는 불복종의 결의를 표명했다. 만약 그러한 삶에 대한 의지가 친구인 다케우치의 『루쉰』에도 영향을 끼쳤다면, 『루쉰』의 1장이 '죽음과 삶에 관해서'이고 루쉰의 민중장에 관한 이야기로 시작되어 생활자로서의 면모에 관한 기술로 이어지는 이유를 그 각도에서 해석해 볼 수도 있을 것이다.

하지만 그 대목 역시 다케우치 자신의 체험이 보다 중요하게 작용했다고 봐야 할 것이다. 그는 『루쉰』을 집필하는 동안 상하이에서 루쉰의 무덤에 참배하고 온 일이 있다. 당시 일은 동행했던 우부카

---

3 「魯迅を読む」, 『続魯迅雑記』, 勁草書房, 1978, 110쪽.

타 나오키치幼方直吉가「상하이의 다케우치 요시미 ─ 1942년上海の竹内好 ─ 一九四二年」에서 이렇게 기록하고 있다. "우리는 묘지 안을 배회하다가 간신히 구석에서 루쉰의 무덤을 발견했다. 근처에 있는 다른 무덤들처럼 크기도 작고 그다지 눈에 띄지 않았다. 그런데 루쉰의 무덤을 정면에서 본 뒤 다케우치를 비롯한 우리는 깜짝 놀랐다. 묘비에 새겨진 루쉰의 초상이 끔찍하게 부서져 있었다. 참혹하게도 절반만이 남아 있었다. 그 장면을 보고 다케우치가 한마디도 하지 않고 지긋이 응시하던 모습이 내게는 몹시 인상적이었다." 이어서 이렇게 적고 있다. "일본군 점령 아래서 루쉰은 죽음마저 욕보였다. 그 앞에서 아무 말 없이 머리를 숙이고 있던 다케우치 요시미의 상념은『루쉰』을 쓰는 다케우치의 서술 안으로도 흘러들어 가지 않았을까."[4]

바로 직전에 대동아전쟁이 발발하자『중국문학』에「대동아전쟁과 우리의 결의大東亞戰爭と吾等の決意」(1942)를 써서 전쟁 지지를 선언했던 다케우치였다. 그는 대동아전쟁으로 인해 일본이 치르는 전쟁이 아시아 침략 전쟁에서 영미에 맞서는 반反제국주의 전쟁으로 전환되었다고 판단하고, 일본 문학은 그에 걸맞게 쇄신되어야 한다며 전쟁 지지를 선언했다. 그러나 얼마 지나지 않아 그는 상하이에 가서 전쟁 통에 '욕을 본' 문학가 루쉰의 무덤을 본다. 대동아전쟁의 실상과 마주한다. 그러고 상하이에서 돌아온 다케우치는 1943년 1월, 중국문학연구회를 해산하고『중국문학』을 폐간한다.

최초의 인용을 상기해 보자. 그는 이렇게 말했다. 루쉰과의 만남은 행복한 사건이 아니었다. 그때 자신이 불행했기에 루쉰과 만날 수 있었다. 자신의 불행이 루쉰을 발견하도록 이끌었다. 그리하여 자신의

4　幼方直吉,「上海の竹内好: 一九四二年」,『竹内好全集』第3巻月報, 1981.

불행을 알 수 있었다. 그처럼 루쉰의 텍스트는 자신의 고뇌와 좌절을 분석하는 매개물이었다. 당시 그의 불행은 중국문학연구회의 자진 해산으로 응결되었다. 그 불행이 그를 루쉰과의 만남으로 이끈 것이다.

그런데 그는 왜 헌신해 온 모임을 해산시켰던가.「『중국문학』 폐간과 나『中国文学』の廃刊と私」(1943)에 나오는 한 구절을 주목해 보자. "자기 대립물로서의 지나를 긍정해서는 안 된다. 존재로서의 지나는 어디까지나 내 바깥에 있지만 내 바깥에 있는 지나는 극복해야 할 대상으로서 바깥에 있기에 궁극에서 그것은 내 안에 있다 할 것이다. 자타가 대립한다는 것은 의심할 바 없는 진실이나 그 대립이 내게 육체적 고통을 안길 때에만 그것은 진실하다. 즉 지나는 궁극에서 부정되어야만 한다. 그것만이 이해다. 그러려면 지나를 상대하는 지금의 나 자신이 부정되어야만 한다."[5]

여기서 눈에 들어오는 표현은 '육체적 고통'이다. 지나는 자기 바깥의 실체로서 존재하는 게 아니라 자기 안의 실감으로서 존재한다. 지나를 궁극으로 부정하는 일은 연구 주제와 연구 대상이라는 안정된 약속을 깨는 자기 갱신을 요구한다. 하지만 지나학만이 아니라 중국문학연구회에서도 중국이 지식의 대상물로 굳어 가고 있음을 감지했다. 그래서 그는 '나 자신의 부정', 곧 해산과 폐간을 결행했다.

그러고서 『루쉰』 집필에 몰두했다. 다시 말하지만 『루쉰』은 루쉰의 죽음과 민중장에 관한 기술로 시작된다. 이는 루쉰을 전기적 각도에서 접근하되 반전적 효과를 노리거나 한 것이 아니다. 자신도 범했던 일본인의 맹목을 짚어 내고자 한 것이다. 일본의 중국 침략을 겪으며 중국 민중이 분열을 극복하고 내셔널리즘이 자라났다는 내용을 대동아

---

5   「『중국문학』의 폐간과 나」, 『다케우치 요시미 선집』 1, 휴머니스트, 2011, 78쪽.

전쟁 시기의 루쉰론에 전면 배치했던 것이다. 당시 일본의 지식인들은 중국에서는 내셔널리즘이 발양되지 않았기에 일본이 지도해 중국을 근대화로 이끌어야 한다고 여겼으며, 이 논리가 중국 침략을 정당화하는 주된 명분이었다. 하지만 루쉰의 죽음은 일대 전환점이었다. 일본의 중국 침략 가운데서 공산당의 홍군은 대장정을 감행하고, 장쉐량이 공산군 토벌을 격려하러 온 장제스를 감금하여 내전 중지와 항일 투쟁을 호소하는 시안 사건西安事件이 일어나며 제2차 국공합작이 성립해 항일 민족 통일 전선이 구축되는데, 그 상징이 루쉰의 민중장이었던 것이다. 그런 의미에서『루쉰』집필은 다케우치 자신에게는 대동아전쟁 개전 때 범했던 정치 판단의 실패를 3년이 지나 총괄한다는 의미를 지닌 것이었다.

3. 일본 비평의 방법으로서의 루쉰

1) 루쉰과 일본의 근대 그리고 일본 문학

나는『루쉰』이라는 책을 쓰고 군인으로서 떠나 패전을 맞이한 후 1946년 여름에 복원復員했다. 이 전쟁 체험으로부터 자신을 재형성하기 위해, 귀환 후 나는 루쉰을 다시 읽는 일을 자신에게 부과했다. 그 보고를 다른『루쉰』이라는 책과『루쉰 잡기』라는 책으로 거두고 몇 편의 에세이로 정리했다. 그 무렵부터 루쉰을 통해 생각하던 것을 조금씩 다른 대상이나 분야에 적용하는 평론을 썼다.[6]

6 「『現代中国論』中国新書版あとがき」,『竹内好全集』第4巻, 筑摩書房, 1981, 173쪽.

『현대 중국론』을 펴내며 그는 후기에 이렇게 적었는데, 여기서 "조금씩 다른 대상이나 분야에 적용하는 평론을 썼다"는 구절을 주목할 필요가 있다. 즉 전후에 그가 작성한 루쉰론은 루쉰에 관한 연구를 넘어서 다른 영역, 즉 일본 사회 비평으로 전개되었다.

전후 시기 첫 번째 루쉰론은 1946년의 「루쉰의 죽음에 대하여」이고, 이듬해에는 「루쉰과 마오쩌둥」, 「루쉰과 쉬광핑」, 「루쉰과 린위탕」이 이어진다. 이 글들에서는 루쉰을 매개로 삼은 일본 사회에 관한 본격적인 문제 제기가 나오지 않으니 일단 루쉰 연구의 일환으로 읽을 수 있을 것이다. 하지만 1948년에 써낸 글들은 달랐다. 앞의 표를 보면 이 해에 발표된 루쉰을 표제어로 삼은 책이나 논문이 열 편에 달하는데, 특히 「중국의 근대와 일본의 근대 — 루쉰을 단서로 삼아中国の近代と日本の近代 — 魯迅を手がかりとして」와 「루쉰과 일본 문학」을 주목할 필요가 있다. 여기서는 '방법으로서의 중국' 그리고 '방법으로서의 루쉰'의 문제의식이 두드러지고 있다.

당시는 전후 미국의 점령 정책과 냉전 체제 속에서 일본이 미국 중심의 세계 질서 속으로 급속히 편입되어 갔고, 학계에서는 미국에서 유입된 근대화론이 성행했다. 중국에 관한 연구도 미국의 극동 정책에 편승해 사회 과학적 방법론을 도입한 지역 연구로 옮겨 갔다. 이러한 동향 속에서 다케우치 요시미는 무척 특이한 중국 연구를 진척시켰다. 서구 추종주의에서 벗어나 다원적 문명관을 수립하고, 이로써 일본인의 주체성을 재건하기 위한 매개로서 중국을 형상화한 것이다. 이러한 매개를 일러 그는 '방법'이라 했다.

이러한 '방법으로서의 중국' 역시 루쉰 독해를 거쳐 정립한 것이었다. 가령 「루쉰의 사상과 문학 — 근대 이해의 단서로서」(1956)에서 그

는 말한다. "서구의 근대가 제시한 가치들은 인류를 위한 위대한 공헌이다. 이 점은 의심할 수 없다. 그러나 그 가치들은 식민지 지배 위에 얹혀 있으니 식민지 체제를 깨부수지 않는 한 인류적 규모로 확대되지는 못할 것이다. 〔……〕 만약 중국에게 배운다면 이 통찰을 배워야 하며, 그러려면 먼저 근대를 다원적으로 고찰해야 한다."(201쪽) 다케우치는 같은 해에 「루쉰의 문제성 ― 근대의 의미를 근저에서 묻고자 했던 문학자魯迅の問題性 ― 近代の意味を根底から問おうとした文学者」(1956)도 집필했다.

다케우치 요시미는 이처럼 사회 평론가로서 루쉰에 대한 이해를, 일본 근대의 행방을 파고드는 방법으로 삼았다. 그리고 문학 연구자로서도 같은 방법론을 일본 문학에 적용했다. 가령 「중국의 근대와 일본의 근대 ― 루쉰을 단서로 삼아」와 같은 해에 그는 「루쉰과 일본 문학」, 「루쉰과 후타바테이」(1948)를 작성해 일본 문학 내지 일본 작가를 상대화하기 위한 방법으로서 루쉰을 도입했다. 그는 루쉰을 매개해 일본의 전후 작가들을 이렇게 평했다. "루쉰에게는 청춘이 없었다. 그의 청춘은 그의 의식에서 실패의 연속으로 새겨져 있으며, 그의 '절망'(루쉰의 절망에 비해 일본 전후 작가의 절망은 얼마나 얄팍한가)을 형성하고 있다."(109쪽) 또한 루쉰이라는 일개 작가를 일본 문학 전체와 이렇게 견주었다. "정말이지 루쉰과 비교하자면 일본 문학에서 어둠이라 불리는 것조차 한없이 밝다. 루쉰의 어둠이 해방의 사회적 조건이 결여된 상황에서 왔음은 부정할 수 없다. 그러나 그는 환상을 거부했다."

이처럼 과감한 비교는 루쉰과 일본 문학이 타 문학을 수용하는 방식에 관한 비교로 이어진다. 다케우치는 「루쉰과 일본 문학」에서 루쉰은 일본으로 유학했고 일본 문학으로부터 큰 영향을 받았을 뿐 아니라 일본어를 통해 유럽의 근대 문학을 흡수했는데, 다만 "그는 상당히 개성적으로 유럽의 근대 문학을 받아들였다"고 평한다.(94쪽) 루쉰은 독일어도 읽을 수 있었다. 그런데도 니체를 제외한다면 독일 문학 자체는 그다지 파고들지 않았으며 독일어로 번역된 폴란드, 체코, 헝가리나 발칸 국가들의 약소민족 문학을 주로 섭렵했다.

　하지만 일본 문학은 그렇지 않았다. 유럽 근대 문학의 주류들을 차례로 찾아다녔다. "'일단 일류를, 다음에는 이류를'이 일본 문학의 방식이었다. 문학만이 아니라 문화 일반에서 그러했다."(94쪽) 일본 문학은 유럽 근대 문학의 주류들을 좇는 방식으로 자신을 근대화하려 했다. 여기서 루쉰이 일본 문학과 어떻게 비견되는지를 문장으로 확인해 보자. "일본 문학은 언제나 바깥을 향해 새것을 기대한다. 언제든 희망이 있다. 탈락하거나 타협해 개인이 떨어져 나가도 희망만은 남는다. 절망마저 목적화되어 희망이 된다(다자이 오사무 등의 예). 루쉰 같은 절망은 낳지 않으며 낳을 수도 없다. 따라서 그것을 이해할 수도 없다."(98쪽) "일본 사회의 모순이 언제나 바깥으로 부풀어 의사擬似적으로 해결되어 왔듯이, 일본 문학은 언제나 바깥으로 새것을 찾아 나서 자신의 빈곤함을 무마해 왔다. 스스로 벽에 부딪혀 본 일이 없는 것을 자신이 진보한 덕택이라 여기고 있다. 그리고 벽에 부딪힌 상대를 보면 거기에 자신의 후진성을 이입해 상대로부터 후진성을 발견한다. 노예는 자신이 노예주가 되려는 한 희망을 잃지 않는다. 〔……〕 루쉰의 눈에 일본 문학은 노예주를 동경하는 노예의 문학으로 보이지 않았을까."(101쪽) 이러한 차이로 인해 일본 문학계에서는 루쉰의 상이 왜곡되고 분열되어 있다. 「루쉰을 읽는 방법 — 일본에서 소개되는 방식에 관하여」(1956)에서는 일본 문학계에서 루쉰에 관한 해석이 일본 문학의 형태로 비틀려 있으며, 보수파는 보수파 나름으로 진보파는 진보파 나름으로 루쉰을 일그러뜨린다고 짚는다. "루쉰은 민족색이 짙으며 동시에 피압박자를 향한 동정, 공감이 매우 강하다. 중국에서는 그것들이 일체화되어 있는데 일본으로 들어오면 쪼개져서 민족색은 내셔널리스트가 이용하고 피압박 계급을 향한 동정, 공감은 좌익 문학자가 적당하게 써먹었던 것이다."(215쪽) 그는 「루쉰과 후타바테이」에서 말한다. "나는 프롤레타리아 문학을 포함한 일본 근대 문학의 전통을 부정하지 않고서는 루쉰을 이해할 수 없다고 본다. [……] 일본 문학사를 다시 쓰지 않고는 루쉰을 읽을 수 없는 것이다."(117쪽)

 2) 교양주의 비판과 '루쉰 친우회'

이처럼 다케우치 요시미와 루쉰의 관계에서 특기할 대목은 그가 루쉰에 관해 쓰는 자로 머무르지 않았다는 점이다. 그는 연구자로서 루쉰 연구를 진척시켰을 뿐 아니라 평론가로서 루쉰을 방법으로 삼아 일본 사회를 파고들었다. 그리고 번역자로서 루쉰의 작품을 일본 사회로 옮겨 냈다. 나아가 실천가로서 루쉰의 독자들이 루쉰을 어떻게 독해하는지에 끊임없이 관심을 기울이며 독자와의 모임을 만들었다.

 그가 일본에서 루쉰이 읽히는 방식에 천착했을 때 대결하려던 것은 문명의 근대주의, 문화의 진보주의와 지근거리에 있는 문학의 교양주의였다. 「루쉰의 독자」(1956)라는 글의 한 구절이다. "교양주의는 힘이 세다. 교양주의는 소비문화가 떠받치는데, 일본에서 소비문화는 확대일로이니 문학은 앞으로 더욱 교양주의화될 것이다. 그러나 교양주의는 생의 원리에 반하므로 교양주의가 확대되면 동시에 내부에서 반교양주의를 낳고, 그것이 확대되는 것도 자연의 이치일 것이다. 이리하여 대립이 고조되면 될수록 루쉰의 독자는 늘어날 것이라고 생각한다."(194쪽) 이 문장에 대한 이해는 『루쉰 평론집』의 서문에서 얻을 수 있을 것이다. "루쉰을 읽으려는 사람이 늘고 있다. 지적 흥미보다 생활에 입각해 살아가기 위한 양식을 구하고자 루쉰에게 다가간 사람들이 많다. 〔……〕 본국에서 그러했듯 일본에서도 시간이 지남에 따라 루쉰의 영향은 민중 사이로 더욱 깊게 스며들 것이다."[7] 그가 경계한 교양주의란 루쉰의 문학이 가령 '세계 문학' 속에 등장하는 지식의 대상물로 굳어 버리는 일이었다. 독자가 루쉰을 자신의 생활과는 무관하게 유명 문학자의 작품으로 대하는 일이었다. 그러한 독해는 '사상'을 낳지 못한다.

다케우치는 루쉰의 작품이 열린 텍스트이며, 따라서 독해 방식의 차이는 있을지언정 독해 수준의 위계는 없다고 여겼다. 특히 루쉰의 작품은 난해하고 불투명한데, 그에 대한 해석을 전문가들이 독점하고 독자들이 거기에 따르는 일을 경계했다. 그리하여 루쉰 독해에 관한 일방적 회로를 깨고 루쉰을 매개로 독자와의 장을 구축하고자 시도했는데, 그 결과로 생겨 난 것이 '루쉰 친우회親友會'다. 1954년에 자신이 번역한 『루쉰 작품집』의 독자를 중심으로 '루쉰 친우회 준비회'를 만들고, 기관지 『루쉰 친우회 회보』(부정기 간행)를 발간한다. 그리고 1957년에 '루쉰 친우회'을 정식으로 발족한다. 회원 수는 대략 300명 수준으로 유지되었으며 회원들이 각 지역에서 서클을 조직하기도 했다. 운영 비용은 『루쉰 작품집』의 발행처인 지쿠마서방과 함께 스스로 분담했다. 『루쉰 작품집』은 반향이 상당했고 판매고도 꾸준했다. 그렇게

---

7 「はじめに」, 『魯迅評論集』, 岩波新書, 1953, 4쪽.

역자 해제

들어온 번역 인세를 독자 모임을 만드는 데 썼으며, 이를 루쉰 번역자의 책임이라고 여겼다. "[독자의] 조직화에 손을 빌려 주는 것이 역자의 의무일 것이다."[8] 운영은 회보의 기획, 제작, 발간을 중심으로 이루어졌다. 회보에는 루쉰에 관한 독자들의 에세이나 의견을 주로 실었으며, 독자에게서 모임의 운영에 관한 의견을 받아 지면에서 토론하기도 했다. 독자가 루쉰에 관해 의문을 보내면 연구자가 답하기도 했지만, 독자의 의견을 중심에 두고 전문 학술지가 되는 것은 피했다. 교양주의를 경계한 까닭이다. 다케우치는 루쉰을 독자와 함께 탐구를 이어가는 광장으로 만들고자 했다.

이렇게 만들어진 회보는 '루쉰 친우회' 회원, 그리고 구독 신청을 한 사람에게 발송되었다. 구독을 원하는 사람이 우송료에 해당하는 우표를 편지 봉투에 넣어 보내면, 회보를 보내는 식이었다. 회보는 거의 20년 동안 이어져 1973년 3월 제69호까지 발간되었다. 최종호는 '다케우치 요시미 추도호'였다.

3) 번역과 이화異化

1976년 10월 18일, 다케우치 요시미는 교토회관에 가서 이와나미의 문화 강연회에서 강연을 가졌다. 10월 5일, 다케다 다이준이 사망해 장례 위원장을 맡은 직후였다. 그도 이 강연이 끝나고 극심한 피로를 느꼈는데, 결국 식도암으로 판명되었다. 그리하여 결국 생애 마지막 강연이 된 이 자리에서 그는 말미에 강렬한 번역의 의지를 피력했다.

---

8 「御あいさつ: 魯迅友の會」, 『續魯迅雜記』, 勁草書房, 1978, 136쪽.

"지금의 근대 절대론을 억제하기 위해서는 루쉰과 같은 소설 세계도 다시 한번 살펴봐야 하지 않을지. 〔……〕루쉰을 읽으면 뭔가 힌트를 얻을 수 있을지도 모릅니다. 〔……〕힌트를 얻고 싶은 사람을 위해 제가 할 수 있는 데까지 루쉰의 소설이나 에세이를 이해하기 쉽게 번역해 필요한 주석을 달아서 제공할 것입니다. 저의 역할은 그걸로 끝. 그걸 누가 어떤 식으로 사용하든 그 사람의 자유라는 마음입니다. 아직 작업은 절반 정도를 마쳤을 뿐이니 지금부터 도쿄로 돌아가 다시금 열심히 번역해야 합니다. 다케다가 죽어서 슬프다고 말하고 있을 수가 없습니다."[9]

하지만 그는 번역을 마무리하지 못하고 세상을 떠난다. 그가 생애의 마지막에 붙들었던 작업은 『루쉰 문집』(전 6권) 번역이었다. 십 년 넘게 자료를 준비해 1974년부터 1977년 타계하기 직전까지 루쉰을 번역하고 주석을 다는 작업에 모든 힘을 쏟았다. 집에서 조금 떨어진 곳에 작업실을 얻어 거기서 매일 밤늦게까지 일에 매달렸다. 그렇게 무리해서 병세가 악화된 것은 거의 확실해 보인다. 번역은 마쳤으나 역주를 반만 달았는데, 쓰러져서는 그대로 불귀의 객이 되었다. 한국어로도 번역된 다케우치 요시미의 『루쉰 문집』은 후배들의 손으로 마무리된 것이다.

앞의 표는 다케우치 요시미가 작성한 글만 모은 것이었다. 그가 루쉰을 번역한 글들을 따로 모아 보아도 상당한 분량이다. 1936년 루쉰의 「죽음」을 처음 번역한 이래 40년간 루쉰을 번역했다. 1936년 이후로 1940년대를 건너뛰어 1951년 『신일본문학新日本文學』 10월 호에 무서명으로 「쉬마오용에 답하여徐懋庸に答え」를 번역한 이래 거의 거르

---

9   「魯迅を読む」, 『続魯迅雑記』, 勁草書房, 1978, 124쪽.

역자 해제

는 해 없이 루쉰 번역문을 발표한다. 책만 보더라도『루쉰 문집』이전에『루쉰 작품집魯迅作品集』(1953),『루쉰 평론집魯迅評論集』(1953),『속 루쉰 작품집續魯迅作品集』(1955),『루쉰작품집魯迅作品集』(전 3권, 1966),『들풀野草』(1955),『아Q정전·광인일기阿Q正伝·狂人日記』(1955),『양지서兩地書』(1956),『고사신편故事新編』(1979)을 냈다.

스스로가 평생토록 집념 어리게 작업했을 뿐 아니라 젊은 세대의 번역자를 육성하는 데도 힘을 기울였다. '루쉰 연구회'를 조직해 신진 연구자를 모아 번역을 시도했다. 루쉰에 관한 종합 연구소를 구상해 연구자를 양성하고 번역 집단을 길러 내는 꿈도 꿨다. 하지만「개역을 앞두고 생각하다」(1971)에서 자신이 모아 낸 젊은 번역자들의 번역물은 "어학적으로도 문학적으로도 기대한 성과를 내지 못했다. 유감스럽지만 기존의 번역 수준을 넘지 못했다"[10]라며 실패를 인정하고 스스로 번역에 나섰다.

아울러 번역자로서 다케우치의 활동에서 특기해야 할 또 다른 대목은 루쉰의 글에 대한 번역관을 수립하는 데 공을 들였다는 점이다. 1975년 이와나미 시민 강좌의 강연 제목은「일본에서 루쉰의 번역」(1976)이었는데, 이 자리에서는 다른 번역본에 대해 거침없이 비판을 가하고 있다. 초점의 한 가지는 번역문의 문체였다. "무엇이 불만인가 하면 어학적인 잘못이 무수하다는 점을 접어두고서라도 가장 큰 것은 문장의 장황함이다. 원문이 지닌 최대의 — 유일하지는 않지만 — 특징이 장황과 반대되는 문장의 간결함이다"라고 짚으면서 자신의 번역관을 밝힌다. "간결을 취지로 삼는 방침만은 단호하게 지킬 작정이다. 알기 쉬워야 한다는 노파심에서 문장이 장황해지느니 차라리 현대에 친

---

10 「改訳を前にして思う」,『続魯迅雑記』, 勁草書房, 1978, 53쪽.

숙해지지 않는 한문어적 문맥의 간결함을 남기고 싶다. 나의 문장관의 근간이니 이 점은 양보할 수 없다. 또한 그게 루쉰에게 어울린다."[11]

다만 번역 문체의 간결함을 지키겠다는 것이 가독성을 높이기 위한 고려라고만 받아들여져선 안 될 것이다. 일단 이 간결함은 중국어, 특히 루쉰 문장의 리듬과 관련되어 있다. 그는 한문을 훈독하는 번역이 의미는 전달하지만 루쉰 문장의 숨결을 전하지 못한다고 불만을 드러냈다. 그는 그 리듬감을 일본어 안에서 살려 내고자 했으며, 그래야 루쉰의 사상이 보다 온전히 전해진다고 여겼다. 이를 위해 그는 간결함을 중시하는 번역 문체로써 루쉰에게 존재하는, 그러나 일본어에 녹아들 수 없는 '이물감'을 남기고자 했던 것이다.

루쉰(의 문장)은 일본(어)과 이질적이기에 일본(어)으로 들어와 일본(어)을 깨뜨려야 한다. 전시기의 청년 다케우치가 썼던 문장을 다시금 상기해 보자. "자타가 대립한다는 것은 의심할 바 없는 진실이나 그 대립이 내게 육체적 고통을 안길 때에만 그것은 진실하다. 즉 지나는 궁극에서 부정되어야만 한다. 그것만이 이해이다. 그러려면 지나를 상대하는 지금의 나 자신이 부정되어야만 한다." 루쉰 문장에 대한 그의 번역관은 그의 루쉰론의 핵심적 내용이 번역의 문맥에서 표출된 것이었다.

---

11 「新訳『魯迅文集』について」,『続魯迅雑記』, 勁草書房, 1978, 103쪽.

4. 인국의 사상가를 통해 할 수 있는 모든 것

나는 최근 3년 동안, 아니 자유를 빼앗겼던 기간을 포함한다면 좀 더 이전부터 루쉰만 파고들었다. 여전히 그 상태에서 벗어나지 못했다. 따라서 루쉰에 관해 쓰는 일은 내게 의무 이상의 의미가 있지만, 어찌된 영문인지 이번만은 내키지 않는다. 참기 어려울 만큼 쓰기 싫다. 지금까지는 싫어도 무언가를 쓰기는 했다. 그런데 이번에는 쓸 것이 없다. 루쉰에 대해 너무 많이 썼는지도 모른다. 그러나 아직 아무것도 쓰지 않았다는 생각도 든다. 지금까지 써낸 것은 죄다 엉터리다. 독자에게 미안하다. 편집자는 '루쉰의 저항'에 대해 쓰란다. 두렵다. '루쉰의 저항'이라는 말을 빌려다가 자신의 어떤 기분을 표현한다. 형편없는 언어인 줄 알면서도 나로서는 힘껏 표현한다. 그것을 형편없다고 분명히 말하지 않고 진지하게 생각해 주는 사람이 있다는 건 내게 두려운 일이다. 〔……〕 누구보다도 나 자신이 나의 루쉰론에 불만이다. 나는 작년에 『루쉰』이라는 책을 냈다. 전쟁 중에 썼던 『루쉰』이 불만스러워 다시 써 보았지만, 그 책이 나온 뒤 얼마 지나자 그 책을 쓰기 전보다도 자신이 훨씬 불만스러워졌다. 〔……〕 스스로 그 책을 비평하든지, 아니면 다른 누군가가 그 책을 말살할 루쉰론을 쓰고 내가 그것을 승인하기 전에 죽어야 한다면, 나는 죽지 못할 것이다. 저것은 루쉰이 아니다. 나의 표현은 나의 이미지에서 어긋나 있다. 저런 건 루쉰이 아니다. 나는 나의 루쉰론 독자에게 그렇게 외치고 싶다. 〔……〕 내 책을 꺼내어 책장을 펼친다. 그러나 틀렸다. 처음에는 어떻게든 자신을 속이며 읽어 보지만, 그러던 중 켕기는 대목을 맞닥뜨리면 더 이상 자제할 수 없다. 이런 엉터리를 잘도 써냈구나 싶어 스스로에게 화가 나기에 앞서, 이게 엉터리란 걸 왜 알아차리지 못했는지, 그게 아니라면 어렴풋이 알고 있었을지 모르지만 모르는 척 덮어 둔 그때 자신의 모습에 정말이지 비참하고 정이 떨어진다. 그러나 그것은 여지없이 자신의 모습이니 부끄러움은 더 이상 어쩔 수가 없는 부끄러움이다. 〔……〕 나는 살아 있는 동안 한 번만이라도 루쉰론을 다시 쓰고 싶다. 내 미래의 루쉰론은 무지개처럼 눈부시다. 나는 쓸 것이다. 나의 부끄러움이 내 것이라면, 나는 그것을 쓸 것이다. 아무도 나를 막을 수 없다. 나는 반드시 악마라도 회유해 보리라.(134쪽)

다케우치 요시미는 1949년 『사조思潮』로부터 '루쉰 특집호'에 글을 써 달라는 청탁을 받고 「어느 도전 — 루쉰 연구의 방법에 대하여」(1949)를 쓰며 이처럼 고민을 길게 토로했다. 자신의 지난 루쉰론에 불만과 부끄러움을 느끼면서도 루쉰론을 다시 쓰는 일을 스스로에게 집요하게 부과하고 또 동요하는 마흔의 다케우치가 엿보인다. 이때가 대략 생애의 절반 지점이었으며, 우리는 이후 말년에 이르기까지 루쉰에게 얽매인 그의 생애를 거칠게나마 살펴보았다. 그리고 위의 글 제목을 차용한다면 '루쉰 연구' 자체가 그에게는 일생 동안의 '방법'이었다고 말할 수 있을 것이다.

그는 타국의 사상가에 관한 연구가 타국의 사상가에 관한 지식을 축적하는 데서 머무는 게 아니라, 연구자가 그 연구를 통해 자기 지식의 감도를 되묻고 자신의 모어 사회에서 사상적 실천에 나설 때 그것을 자양분으로 삼을 수 있음을 실증해 보여 줬다. 무엇보다 젊은 시기에 루쉰은 사상 형성의 방법이었다. 루쉰은 그에게 바깥의 해석 대상으로 머물지 않고 자신의 고뇌와 마주하는 매개로 작용했다. 그는 루쉰을 고집스럽다고 할 만큼 부여잡아 다시 만나기를 반복하며, 그 과정 속에서 자신의 사고를 담금질했다.

또한 중국 연구자로서 다케우치 요시미에게 루쉰은 중국을 이해하는 방법이었다. 앞서『루쉰』을 다루며 밝혔듯이, 그는 루쉰을 통해 중국의 근대 운동을 이해했다.「루쉰과 일본 문학」에서도 이렇게 말한다. "[일본 문학은] 루쉰 같은 절망은 낳지 않으며 낳을 수도 없다. 따라서 그것을 이해할 수도 없다. 루쉰의 법칙은 다르다. 루쉰을 낳은 사회가 다르듯 루쉰의 법칙은 다르다. 청말의 사회는 일본처럼 위로부터의 개혁을 시도했지만 모두 실패했다. 쩡궈판 등의 상층 관료 운동이 실패했고, 더구나 그것을 대신한 캉유웨이의 하층 관료 운동도 실패했다. 그 실패는 인간의 의식에 정착하여 반대로 하부구조에 작용했다. '위에서 밖으로'가 아니라 '아래에서 안으로'라는 경향이 발생하고 그것이 가중되었다. [……] 이처럼 운동은 언제나 아래에서 나와 안으로 안으로 진행된다. 바깥에서 더해지는 새것을 거부함으로써 부정적으로 자신을 형성해 나간 루쉰 같은 인간은 그러한 지반에서 출현할 수 있었다."(98쪽) 그리고 이러한 중국관에 근거해「루쉰과 마오쩌둥」(1947)에서 드러나듯 신중국 성립에 이르는 중국 혁명의 흐름을 '쑨원-루쉰-마오쩌둥'이라는 구도로 포착했다.

한편 사회 평론가 다케우치 요시미에게 루쉰은 일본 사회를 비평하는 방법이었다. 그는 중국 문제와 일본 사상을 교차시켜 독자적인 평론 활동을 전개했다. 그는 곤란한 시대의 과제를 회피하지 않고 격동하는 시대 상황의 한복판으로 들어갔다. 안보투쟁, 국민 문학 논쟁, 강화 문제 등 현실에서 부각된 민감한 사안들에 적극적으로 개입하며 다양한 면모를 보였는데, 그 활동들은 루쉰의 길을 따라 스스로 선각자가 되기를 포기하고 대신 대립하는 가치들과 입장들과 세대들 사이로 들어가 양측의 무게를 받아 안으며 거기서 다리를 놓고자 한 데서 가능했다. 그리고 자기 사회를 해부하고 비평하는 정념도 루쉰에게서 취했다. 「후지노 선생」(1947)에서 그는 이렇게 적었다. "루쉰이 사랑한 것을 사랑하려면, 루쉰이 증오한 것을 증오해야 한다. 루쉰을 센다이로부터, 따라서 일본으로부터 떠나게 만든 것을 증오하지 않은 채 루쉰을 사랑할 수는 없다. 루쉰은 말한다. "나는 내가 미워하는 자들에게 미움을 사기를 즐긴다." 나는 사랑으로 결정結晶을 이룰 만큼 강한 미움을 갖고 싶은 것이다."(40쪽)

이처럼 다케우치 요시미에게 루쉰은 생애에 걸친 여러 방법이었다. 그는 이렇게 말했다. "루쉰은 고전이 될 수 없다. 이는 그와 함께했던 시대가 아직 자신의 과제를 해결하지 못했기 때문이다."[12] 루쉰이 고전이 될 수 없다는 것은, 자신이 고전으로 삼지 않겠다는 뜻이었다. 국적은 다를지언정 루쉰이 해결하지 못한 과제를 계승하겠다는 의지였다. 실로 그는, 양상은 다를지언정 자신이 맞닥뜨린 현실 사회의 문제를 루쉰의 방식으로 파고들었다. 그리고 어떤 의미에서 그에게는 중국조차 루쉰적 중국이었다. 따라서 이러한 그의 루쉰론은 그의 중국론처럼 비판의 소지가 있다. 다케우치는 '방법으로서의 중국'을 도식으로 받아들인 자들로부터 중국을 이상화했다고, 그러한 중국은 역사의 실상과 유리되어 있다고 지적받았다. 그의 루쉰론에도 비슷한 비판이 가해질 수 있을 것이다. 확실히 다케우치가 루쉰에게 부과한 역할에는 실제의 루쉰을 초과하는 측면이 있을 수 있다.

---

12 「사상가 루쉰」, 『루쉰』, 문학과지성사, 2003, 179쪽.

하지만 다케우치가 제시한 일본론과 중국론, 가령 일본이 전향의 문화라면 중국은 회심回心의 문화이며, 일본이 끊임없이 새것을 추구하는 동안 자신을 방기한다면 중국은 부단한 저항 속에서 자신을 갱신한다, 그리하여 "보수적이어서 건강하다는 것과 진보적이어서 타락한다는 차이"(「중국의 근대와 일본의 근대 — 루쉰을 단서로 삼아」)가 생겨난다는 등의 언설을 섣불리 유형론으로 간주해선 안 될 것이다. 일본과 중국에 관한 이러한 대비에서 건져 내야 할 것은 근대의 유동성에 관한 인식이다. 이 글의 문제의식에 비춰 본다면 그는 『루쉰』에서 형상화한 '문학적 태도'를 동양의 근대성에 대한 논의에 적용했다고 말할 수 있는 것이다. 그는 루쉰을 독해해 문학을 하나의 장르로부터 주체의 유동적인 자기 부정과 자기 재건의 장으로 개방했는데, 루쉰적 중국론을 통해서는 내부를 향하는 쩡쟈적 저항의 형태로 동양의 근대는 구동된다는 역설, 즉 자기부정을 통한 자기실현의 길을 제시한 것이다.

그에게 동양의 근대 운동은 서양의 근대가 동양에 이식되어도 동일한 방식으로 전개되지 않는다는 사실에 기반하여, 동양의 역사 속에서 서양의 근대마저 '역사주의'에서 적출해 '역사화'하는 과정이었다. 전후 일본 사상계에서 다케우치가 루쉰 독해를 통해 중국(아시아)을 방법으로서 도입했을 때, '방법으로서의 중국(아시아)'은 '서양 대 일본'이라는 구도에 주박당한 세계 인식을 뒤흔들고, 서양을 척도 삼아 경주해 온 근대화의 노정을 되묻고, 근대 과정에 새겨진 식민성과 폭력성을 일깨우도록 만드는 것이었다.

다케우치는 일본의 대중이 중국을 멸시하고 사상계가 중국을 외면할 때 서양이 아닌 중국을 이상화했으며, 그의 중국론은 일본론으로 제출된 것이었다. 그는 일본이 결여한 요소를 투사해 중국을 형상화했으며, 그런 중국을 거울삼아 거기에 일본의 모습을 되비춰 일본의 우등생 문화=노예 문화를 직시하려고 했다. 루쉰에게 부과한 역할도 마찬가지였다. 분명 다케우치의 중국과 루쉰 이미지는 이상화된 측면이 있지만, 일본의 뒤틀린 근대를 향한 비판의식에 기초해 일본인의 주체성을 재건하겠다는 의지를 갖고 있었기에 그렇게 형상화할 수 있었다.

다케우치 요시미의 루쉰상은 루쉰을 지나치게 이상화하고, 더구나 자기화했다는 혐의를 피해 가기 어렵지만, 이러한 루쉰의 자기화는 바로 일본 근대의 상대화를 동반하는 것이었다. 이러한 비교와 교차, 투입과 추출 ― 다케우치라면 찡쟈라고 했을 ― 의 작업은 동아시아 사상사에서 무척 드물고, 따라서 소중한 유산이다. 그는 중국과의 전쟁 중에『루쉰』을 집필하고, 중국이 '죽의 장막' 너머에 존재하던 냉전기에『루쉰 잡기』에 수록될 글들을 써내며 루쉰을 '방법'으로서 형상화해 냈다. 소위 탈냉전기 이후를 살아가는 우리는 거기에 육박하는 사상적 관계를 만들어 낼 수 있을 것인가. 이는 다케우치 요시미의 루쉰론이 오늘날 우리에게 던지는 물음일 것이다.

십여 년 전 다케우치 요시미에 관한 책으로 첫 번역서를 만들었다. 이후 그의 책들과 그의 전기를 옮겼다. 한 권을 작업하는 동안 다음 작업을 구상하고 있었다. 자신의 글을 집필하는 동안에도 틈틈이 그의 문장을 새롭게 만나고 옮기려 했다. 자신의 글은 안에서 차올라 쓰지만 그것이 쓰임새가 있을지는 자신할 수 없다. 그러나 번역은, 그의 글을 옮기는 일은 가치 있다는 확신을 갖고 있다. 그의 문장을 번역하면 그 하루가 그만큼은 유의미해지며, 얼마간 마음을 놓고 쓰임새가 없을지 모를 자신의 글을 시험해볼 수 있었다. 사실 자신의 글이란 것도 번역의 속성을 띠고 있다. 자기 안에 있는 타인들의 말을, 고민을 섞어

역자 해제

자신의 상황에 맞춰 꺼내는 데 불과하다. 다만 이 불과함에 이르기란 쉽지만은 않은 일이었다. 그리고 그 타인 중 한 사람은 다케우치 요시미이며, 앞으로도 그러할 것이다.

하지만 이번 작업을 마친 뒤로는 언제 번역을 하며 다시 그와 대면할지 알 수 없다. 더 이상 번역할 만한 그의 글이 남아 있지 않아서는 물론 아니다. 능력과 함께 시간이 부족한 까닭이다. 쓰임새가 없을지도 모르지만, 파국으로 치닫는 듯한 이 시대에, 자신의 상황 속에서 어찌 되었건 능력과 시간을 다해 글을 써내야 하기 때문이다. 그가 그의 시대와 상황 속에서 그리하였듯이.

그래서 당분간 번역 작업에서 떠나기 전에 한 편의 글만큼은 옮겨서 이 책의 독자에게 건네고 싶다. 그의 마지막 강연 내용이었다던 「루쉰을 읽다」이다. 이 글은 잡지에 게재되던 당시 다음과 같은 『문학』 편집부의 부기가 덧붙었다. "이 강연회는 작년 10월 18일, 교토회관에서 있었던 이와나미의 문화 강연회로 열린 것이다. 그 후 강연 속기에 가필을 부탁해 본지에 게재할 예정이었지만, 병으로 이루어지지 못했다. 선생이 다시 회복하시지 못하여, 3월 3일에 부고를 접해야 했던 것은 지극히 유감이다. 여기에 정리하지 못한 마지막 강연을 게재하며 다케우치 요시미 선생의 명복을 진심으로 기원한다."

루쉰이 1936년 10월 19일 ─ 내일이 그날입니다만 ─ 미명에 세상을 떠난 지 올해로 만 40년. 그래서 루쉰의 유품을 전시하는 행사가 내일 센다이를 시작으로 일본 각지에서 열립니다. 저는 40년을 남몰래 기념하고자 자신의 번역을 『루쉰 문집』이란 제목으로 지쿠마서방에서 냈는데 이제 겨우 제1권이 나왔습니다. 실은 지금쯤 일곱 권 모두가 완성되었어야 하는데 말이죠. 지금껏 번역한 것에 내용을 늘리고 번역도 손질해 정리했는데 그 작업을 하며 든 생각 몇 가지를, 말을 조리 있게 못 하니 두서가 없더라도 감상 수준에서 말씀드릴 작정이었습니다. 그런데 최근 저의 가장 친한 친구인 다케다 다이준이 세상을 떠나고 저도 다소 몸이 무너져 심신 모두 지쳐 있습니다. 이렇게 멋대로 변명을 하게 됩니다만, 오늘은 다케다를 추모한다고 하면 과장이겠으나, 다케다에 대해 조금 이야기하며 우리가 옛날에 했던 일을 돌이켜보는 데서 시작할까 합니다. 이 또한 루쉰 연구와 무관한 것은 아니니 구구한 이야기가 되더라도 들어 주시기 바랍니다.

루쉰이 세상을 떠난 40년 전의 이맘때, 우리는 중국문학연구회라는 자그마한 단체를 꾸리고 거기서 『중국문학월보』라는 몹시 하찮은, 잡지라고도 부르기 어려운 국판 16면짜리 물건을 내고 있었습니다. 꼭 40년 전인 36년 11월 호, 10월 말에 발매되었는데 그 호를 '루쉰 특집'으로 잡았습니다. 당시 저는 연구자로서 신출내기였고, 중국도 제대로 모르는 주제에 그런 모험을 저질렀습니다. 그 무렵 루쉰이라는 사람의 이름은 알고 있었지만 그리 읽은 적도 없었고 읽어 본들 좀처럼 이해도 되지 않았습니다. 그런데도 과감히 특집호를 짜고 제 나름대로 읽은 범위에서 루쉰을 정리하여 최초의 「루쉰론」을 실었습니다. 다른 사람의 원고도 몇 편 있었습니다. 그 밖에 우리 선배 격인 마스다 와타루 씨에게 루쉰의 저서, 역서 목록을 만들어 달라고 부탁하여 특집호에서 발표했습니다. 마스다 씨는 루쉰에게 직접 배운 적이 있는 사람입니다. 하지만 그때는 루쉰의 저작 목록이 없었으니 알지 못한 것들이 잔뜩 있었겠지요. 특히 번역문을 보더라도 무엇이 원문인지 몰라서 때때로 루쉰을 직접 찾아가기도 하면서 목록을 작성했습니다. 그런데 목록을 완성하기 위한 마지막 문의의 편지 — 루쉰은 질문을 받으면 이내 반드시 답을 하는 사람인데 마지막 답장은 루쉰이 죽고 난 뒤 마스다 씨에게 도착했습니다.

저는 이번에 『루쉰 문집』이라는 책을 내는데 지쿠마서방이 내용 견본을 만들어 보내 주었습니다. 거기에는 추천문을 몇 편 실었는데 다케다에게도 부탁했습니다. 다른 분도 추천문을 주셨지만, 다케다가 써 준 추천문 또한 제게는 무척 고마운 것이었습니다. 방금 말씀드렸듯이 우리의 하찮은 잡지는 루쉰이 세상을 떠난 무렵에 루쉰 특집을 준비 중이었습니다. 죽음을 예감한 것은 아니었으며, 편집을 하다가 교정을 막 끝내려는데 소식을 접했습니다. 그래서 저는 루쉰이 얼마 전에 쓴 「죽음」이라는 제목의 소품을 서둘러 번역하고 특집호에 더해 추도의 뜻을 밝혔습니다. 그 사연을 다케다가 추천의 말로 자세히 풀어 준 것인데 다른 사람은 결코 알 수 없는, 다케다 같은 당사자만이 쓸 수 있는 무척 고마운 문장이었습니다. 의뢰한 추천문은 400자였는데 그는 800자짜리를 보내 왔습니다. 분량이 두 배였는데, 거기에 "한 자도 줄이지 말 것"이라고 적혀 있었습니다. 저는 지쿠마서방의 사람에게서 복사본을 건네받았습니다. 다케다는 몇 년 전에 뇌혈전이 찾아온 뒤로는 구술을 하고 있습니다. 부인이 다케다의 말을 받아 적습니다. 부인은 글씨가 무척 단정한 분입니다. 다케다는, 그런 악필이 또 없습니다. 악필도 악필 나름의 좋은 점이 있겠으나, 악필은 악필입니다. 추천문은 무척 단정한 글씨로 작성되어 있었는데, 거기에 "한 자도 줄이지 말 것"이라니. 의뢰한 분량의 배를 넘는 바람에 어렵게 수습했는데, 그렇게 길게 써 놓고 "한 자도 줄이지 말 것"이라고 말한 구절을 보았을 때 설마 이렇게 빨리 세상을 떠나리라고는 생각지 못했습니다. 돌이켜보면 뭔가 가슴이 조금 먹먹합니다.

그렇게 40년 넘게 동료로 지낸 다케다와 드디어 헤어졌습니다. 떠올려 보면 많은 일들이 있었습니다. 저는 그렇게 해서 짧은 「루쉰론」을 썼는데, 처음에는 루쉰을 좋아하지 않았습니다. 오히려 루쉰과 성향이 반대인 사람이 좋았습니다. 다만 루쉰은 어쩐지 늘 마음에 걸리는 사람이었습니다. 그런 느낌이었습니다. 딱히 싫은 이유가 있는 건 아니지만, 어딘지 모르게 껄끄러운 아버지 같다는 느낌이었습니다. 그런데 대체 무슨 호기심이며 탐구심인지, 점차 루쉰을 읽다가 저는 1943년에 한 권짜리 『루쉰』이란 책을 썼습니다. 이 또한 다케다와 연이 매우 깊습니다. 다케다가 벌써 유명한 『사마천』, 다른 이름으로는 『사기의 세계史記の世界』를 써냈습니다. 그는 종종 육필 원고를 가져와 제게 보여 주었는데, 그러다가 갑자기 책으로 받아 보니 괄목할 만한 성장이 놀라웠습니다. 이래서는 당해 낼 수 없겠다 싶어 저도 분발해 『루쉰』을 썼습니다.

그 『루쉰』이 바로 제 첫 번째 저서로, 다케다가 『사마천』을 쓰고 그것이 책으로 나온 무렵부터 저는 『루쉰』을 쓰기 시작했습니다. 그런데 제게는 루쉰의 전집이 없었습니다. 중국에서는 1938년에 최초의 전집이 상하이에서 나왔습니다. 반쯤 비합법인 지하 출판의 형태였지만, 여러 사람이 힘을 모아 훌륭한 전집이 되었습니다. 그것이 일본에도 약간 들어와 다케다가 구입했습니다. 분명히 4·6판짜리 스무 권으로 표지가 붉은 판지였습니다. 다 합쳐서 당시 가격으로 24엔이었다고 기억하는데, 저희 주머니 사정으로는 조금 비싼 편이었죠. 그래서 눈으로 보기만 하고 사지는 못 했습니다. 하지만 루쉰에 관해 쓰려면 아무래도 전집이 필요해서 전집을 사 둔 다케다에게 빌려 달라고 했습니다. 그는 바로 빌려 주었지만, 저는 빌린 채로 결국 돌려주지 못했습니다. 지금은 수중에 없습니다. 도립대학을 그만둘 때 두고 와 버렸으니 지금은 도립대학 어딘가에 있겠지요. 하지만 책에 별로 적은 것은 없습니다. 밑줄은 그었지만요. 그렇게 다케다에게 책을 빌려 써낼 수 있었으니 첫 번째 책『루쉰』은 다케다의 은혜가 컸습니다.

이런 이야기를 꺼내기 시작하면 한이 없으니 이 정도로 접겠습니다. 『루쉰』을 쓰면서는 전집에서 일단 저작 부분 — 저작이라고 하더라도 학술 논문 쪽은 읽지 않고 작품과 에세이류는 전부 훑어보았습니다. 그게 처음입니다. 그 전에는 제대로 읽은 적이 없었습니다. 이때 처음으로 대충 훑어보았지만, 연구 부분과 번역류에는 전혀 눈을 돌리지 못했습니다. 이번에 번역을 다시 하면서 역시 그 점은 문제였구나 생각하고 있습니다. 루쉰의 그 스무 권짜리 전집, 그것과 내용은 같으면서 교정을 거치고 글자체만 바꾼 것이 현재 중국에서 나와 있는데, 이 전집의 정확히 절반이 번역입니다. 번역 일은 루쉰에게 무척 큰 비중을 차지하는데, 이걸 훑지도 않았던 것은 큰 잘못이었다는 걸 이번에 느꼈습니다. 이번에는 전부를 자세히 살폈다고 말하기 어렵더라도 번역 부분은 어느 정도 통독했습니다. 그리고 주석을 달려고 이것저것 조사했습니다. 저는 그런 것을 조사하는 데 무척 서투르지만, 그로써 발견한 점이 몇 가지 있습니다. 그것을 전부 말하지는 않겠지만, 스스로 알아차리지 못했던 오역, 너무 많아서 열거하기가 어려운데 이것 한 가지, 그리고 조사하다가 알게 된 조금 흥미로운 사실 한 가지를 소개하겠습니다.

오역이 수두룩한 것은 능력 탓이겠으나, 결정적으로 중요한 대목마저 오역을 범했으니 실로 죄송하고 부끄러울 따름입니다. 한 가지 예

를 들면 「광인일기」라는 루쉰의 첫 소설이 있는데, 마지막 부분을 전에는 "제대로 된 인간이 별로 없다, 그런 사람을 만나는 일은 드물다"는 식으로 번역했습니다. 이것은 실수로서, 이번에는 "제대로 된 인간에게 얼굴을 들 수 없는 나"라고 번역했습니다. 아시다시피 「광인일기」에는 처음에 남들이 자신을 먹을지 모른다는 공포감이 드러나죠. 그러다가 공포감이 점차 깊어져 큰형도 나를 먹으려 한다는 식이 되죠. 나아가 과거에 누이동생이 죽었는데 큰형이 그 고기를 먹고 자신에게도 먹인 것은 아닌지 의심하게 됩니다. 따라서 자신은 남에게 먹히는 피해자일 뿐 아니라 무의식적이긴 하나 어느새 자신도 누이동생의 고기를 먹었을지 모른다, 자신도 가해자일지 모른다고 두려워하죠. 그 공포감이 점차 깊어집니다. 그리고 마지막에 방금 말한 대목이 나옵니다. 세상에 제대로 된 인간, 이것은 인간의 고기를 먹은 적 없는 인간이라는 뜻입니다. 그런 인간이 세상에 거의 없다는 문장은, 그 정도로 공포감이 깊어진데다가 더욱이 뒷걸음질 치고 있는 주인공이라면 말할 리가 없습니다. 자신 또한 가해자다, 자신도 구원받을 수 없는 지경에 이르렀다, 그러니 자신은 제대로 된 인간에게 도저히 얼굴을 들 수 없다, 이렇게 해석하는 편이 맞겠지요. 그 뒤가 "아이를 구하라……"라는 유명한 문구인데, 이번에는 "구하라救え"라는 일본어가 아무래도 느낌이 좋지 않아 "적어도 아이만은……."이라고 고쳤습니다.

그 "제대로 된 인간에게 얼굴을 들 수 없다"는 것은 원어가 '難見'입니다. 이것은 양쪽 모두의 의미로 받아들일 수 있습니다. '見'에는 본다는 뜻도 만난다는 뜻도 있습니다. 그렇게 다의적인데, 루쉰은 무척 다의적인 방식으로 문장을 만듭니다. 다의적으로 쓴다기보다 간결하게 쓰려는 바람에 이해하기 어려워지는 측면이 많습니다. 저는 중국어도 서툴고 중국에 관한 지식도 부족한 인간이니 자주 속습니다. 다만 루쉰의 사상을 제대로 이해하고 있었다면, 그런 오역을 저지를 리 없었다고 반성했습니다. 그런 대목이 많지만, 한 가지만 말씀드리는 것으로 하겠습니다.

그리고 조사하다가 알게 된 재미있는 ─ 재미있을지 어떨지 모르겠으나, 일례로 야스오카 히데오安岡秀夫라는 사람이 있습니다. 『소설로 본 지나의 민족성小説から見た支那の民族性』을 썼습니다. 저는 전에 「저우쬐런에서 핵실험까지周作人から核実験まで」라는 논문을 쓰며 이 책을 다뤘는데, 편견에 기대어 중국의 민족성을 우습게 그려 내는 내용이었습니다. 이런 책은 옛날부터 많았지요. 야스오카 씨의 책도 그중 하나로, 남동생인 저우쬐런은 정색하고 호되게 공격했지만 루쉰은 그렇지 않았습니다. 루쉰은 그런 것을 대놓고 당치 않다고 말하지는 않습니다. 그런 것을 공격하기보다 오히려 굴절된 형태로 그런 취급을 당하는 자신들의 운명을 내향적으로, 즉 자신들의 무력함을 채찍질하는 발언을 합니다. 그 내용이 「마상지일기馬上支日記」라는 에세이에 나와 있습니다. 이 글의 제목이 이와나미판에는 「즉시지일기即時支日記」라고 되어 있는데, 이번에는 「바로 지일기すぐさま支日記」라고 바꿨습니다.

그런데 조사하다가 이 사람이 어떤 사람인지를 우연히 알게 되었는데 재미있게도, 재미있다고 할지 이것은 우리의 문제인데, 고토쿠 슈스이幸德秋水의 사촌입니다. 그에게는 지나 멸시랄까요, 본인이 의식하고 그리한 것은 아니겠으나 그렇게 받아들여지는, 지금 우리가 읽어도 그렇게 여겨지는 책을 썼습니다. 그는 『시사신보時事新報』 기자로 중국에 오랫동안 있었는데, 고토쿠의 사촌이었습니다. 고토쿠 전집의 자료 편을 보면 상세한 계보도가 나와 있습니다. 고토쿠 슈스이와 가까운 사이였다고 합니다. 나이도 비슷했죠. 고토쿠 전집에 계보도는 나와 있지만, 사촌 야스오카 히데오가 이런 책을 썼다는 이야기는 없더군요. 이는 역시 우리의 못난 구석이 아닐까 생각합니다. 저는 이 이름을 조사하다가 ― 제가 했다기보다 다른 사람에게 부탁해서 조사해 겨우 알았습니다. 이 사람이 『소설로 본 지나의 민족성』의 저자입니다. 고토쿠 연구자 쪽에서는 사촌이란 점은 알고 있지만, 이 사람이 그런 책을 썼는지는 모르고 있거나 알고도 밝히지 않습니다. 아마도 모르고 있지 싶습니다. 실로 이상한 ― 재미있다기보다 이상하다고 말하는 편이 맞겠죠, 혹은 한심한 이야기입니다. 책 이야기는 이 정도로 하죠.

'루쉰 문학의 문제성'이 대체 무엇인지, 이것이 끊임없이 신경 쓰이는 지점입니다. 물론 시대에 따라 다릅니다. 전전과 전후가 다르고, 나아가 중국의 사정이 바뀌었으니 중화인민공화국 성립 이후 마오쩌둥의 루쉰론 내지 루쉰관이 세상에 널리 알려져 일본인 사이에서 화제가 되기도 하는 등, 이렇게 여러 단계에 따라 다릅니다만, 지금 루쉰은 우리에게 어떠한 문제를 안기고 있는지, 혹은 문제가 있는지 없는지가 오늘의 주안점입니다. 제게 딱히 대답이 있는 것은 아닙니다. 사고한다고 해도 번역을 하면서 언뜻언뜻 문제가 떠오르는 정도입니다. 번역한다 함은 결국 꼼꼼히 읽는 일일 텐데, 읽어 내지 못하는 곳이 잔뜩 있습니다. 옥편을 봐도 잘 모르겠으니 그런 부분은 몇 번이고 다시 읽으며 사고하는 수밖에 없겠지요. 그리하는 동안 헉하고 가슴을 찌르는, 이거구나 싶은 것에 맞닥뜨립니다. 그때마다 이 문제를 사고하는 것이죠. 제 결론이랄까 예상으로는, '루쉰의 문제성'이란 결국 근대 사회 내지 근대 문학은 무엇인가라는 지점으로 귀결되리라고 봅니다.

근대 사회와 근대 문학, 이것들을 가령 일렬에 두고 말한다면, 즉 근대 문학이란 것은 이전에는 상당히 확고하고 꽉 짜여 있는 것으로 보이던 시대가 — 그렇군요, 언제까지였을까요, 아무튼 있었습니다. 그런데 지금은 그것이 우리 안에서 무너졌거나 무너지고 있거나, 즉 근대 문학의 붕괴 작용이 일어나고 있다고 생각합니다. 이건 제 생각입니다. 호들갑이 심하다고 할지도 모르겠지만, "한없이 무언가에 가까운 무언가"라는 말이 최근 유행하는데, 그것은 근대 문학을 어떻게 정의하느냐에 따라서도 달라지겠죠. 가령 제가 여기서 정의한다면, 근대 문학이라 해도 주로 소설을 가리키는데, 근대 소설이란 밀실 속에서 작가가 만든 것을 다른 밀실 속에서 다른 사람이 읽는다는 것이 기본 형식 아닐까 싶습니다. 내용이나 다른 무언가는 차치하고 존재 형태가 그렇다는 겁니다. 이렇게 말하면 좀 이해가 되겠죠. 이 경우 누군가는 밀실에서 쓰고 다른 누군가는, 꼭 밀실은 아닐 수도 있지만 대체로 밀실에서 읽는다는 형태로 각각 독립해 있으며, 거기서 매개체를 생각하지 않는다면 이것은 선택의 문제가 되겠죠. 무엇을 고를 것인지는 자유의사에 맡겨집니다. 밑바탕에 자유의사가 존재한다는 전제가 있습니다. 그런데 지금은 과연 어떠한가요. 거대한 매개체가 있어 그것에 의해 밀실이 부서지고 있다, 혹은 자유의사로 선택할 수 있는 개체라는 것이 사라져 버리고 있지는 않은가 하는 느낌입니다. 그렇다면 근대 문학이란 것도 사라질 것입니다. 뭐라 해야 할까요, 말이 말이 아니게 된다고 하면 곤란하겠지만, 요컨대 전체가 관리된다는 느낌이 드는 것입니다.

이야기가 좀 새겠습니다만, 지난 10일이 다케다의 장례식이었는데 저는 그 자리에서 이런 이야기를 들었습니다. 장례식 때 흔히들 화환이나 생화를 보내죠. 그런데 다케다의 집은 좁고 장례를 치르는 곳은 따로 있으니 밀장密葬 때 화환이나 생화가 많이 오면 곤란합니다. 그런 말이 나오고 나서 시신을 지키며 하룻밤을 새고 나와 보니 그것들이 없다는 거예요. 어째서인고 하니 화환, 생화 관련 조합에 전화를 한 통 넣었더니 다들 바로 멈췄다더군요. 놀랐습니다. 관리가 얼마나 진행되고 있는지. 각 업체 사람들이 나와서 장례 절차를 처리해 줍니다. 그런 시대가 되어 버렸습니다. 모든 영역에서 느낍니다. 관리가 되다 보니, 즉 모든 것이 훤히 내다보이는 것이지요. 그 말인즉, 방금 전 말한 근대의 구조가 무너지고 있다는 뜻입니다.

그렇다면 앞으로 무엇이 찾아오고, 이후 우리의 장래에 무슨 일이 생길까요. 그 지점을 어떻게 사고해야 하는지가 관건인데, 역시 어떤 종류의 법칙성을 찾아내지 못하면 미래를 예견할 수 없습니다. 그것을 어떻게 포착하고 그것을 어떻게 발견할지가 관건입니다. 엉거주춤 흘러간다면 그것대로 좋지만, 그렇지 않고 우리처럼 다소 지적인 작업을 벌이려는 인간들은 그것을 사고하지 않을 수 없죠. 그 경우 어떻게 해야 할 것인지. 저는 루쉰이 거기에 직접 도움이 된다고는 말하지 않겠지만, 루쉰은 뭔가 활용할 길이 있지 않나 생각합니다.

이런 이야기를 하는 것은, 재작년 죽은 하나다 기요테루花田淸輝, 이 사람은 일종의 근대 부정론자로서, 즉 전근대를 지렛대 삼아 근대를 넘어서자고 합니다. 거칠게 말해 그런 주장을 갖고 있는데, 그런 입장에서 루쉰을 평가합니다. 특히 루쉰의 『고사신편』이라는 소설집을 매우 높게 평가했는데, 나는 그에게 몇 번이나 불평을 들은 적이 있습니다. 왜 그랬는가 하면 전후에 루쉰을 읽고는 어떤 가설을 세웠기 때문입니다. 간단히 말하면 근대화에는 복수의 형태가 있는 것이 아닐까, 그 것을 일단 일본형과 중국형이라고 명명해 보았습니다. 왜 그렇게 불렀는가 하면 저는 중국, 특히 루쉰을 연구하고 있으며 거기서 아이디어를 얻어 그렇게 이름을 붙였습니다. 실은 그러한 명명법에 문제가 있다고 여겨 나중에 반성했습니다. 중국이라거나 일본이라고 하면 역시 개별의 것이 되니 다른 이름을 붙이면 좋았을 텐데. 아니면 그걸보다 발전시켜 조금이라도 일반 법칙에 가까운 것에 이르도록 이론화를 진행시키면 좋았을 텐데 — 좋았다기보다 당연히 그랬어야 하지만, 힘이 미치지 못했습니다. 그러니까 당시 저는 근대화가 인류 역사에 불가피한 명제라고 여기고 있었던 것입니다. 지금은 생각이 많이 달라졌습니다. 하나다에게 배운 것인지, 혹은 우리 근대 사회의 붕괴, 근대 문학의 붕괴가 너무나 눈에 여실해서 그리되었는지, 이 대목은 아직 제대로 생각해 보지 못했지만, 아무튼 지금에 와서는 저에 대한 하나다의 비판이 상당히 타당했다고 생각합니다. 그가 세상을 떠나서 하는 말은 아닙니다.

분명 하나다가 말했듯이 루쉰의 작품은 근대 소설로 간주하기 어렵게 만드는 부분이 있다는 점을, 이번 번역을 하며 느꼈습니다. 그것이 무엇인가 하면 — 제 이야기는 그다지 정밀하지 않으니 양해해 주시기 바랍니다 — 근대 소설이란 것은 제가 생각건대 주인공이 죽으면 소설은 끝난다는 식입니다. 주인공이 죽어서 — 꼭 죽음이 아니어도 되는데, 결말이 되는 무언가 극적인 운명의 전환이 일어난다거나 해서 말이죠. 가장 간단한 것은 죽는 것입니다. 주인공이 죽음으로써 그것은 완결된다. 이것을 법칙이라 할 수 있을지는 잘 모르겠으나, 그런 경향이 다분하다는 건 말할 수 있겠죠.

예를 들어, 최근 사례인데 시바 료타로司馬遼太郎 씨의 「나는 듯이翔ぶが如く」던가요, 사이고 다카모리西鄕隆盛가 주인공으로 나오는 소설이 있었죠. 제법 장편이라 신문에 연재되다가 이제 겨우 완결되었습니다. 그런데 사이고가 죽기에 소설이 끝나는가 했더니 그게 아니라 이후 오쿠보大久保 암살까지 진행이 되고, 그 후에 부록으로 일본의 경찰 제도를 만든 가와지川路 ― 이 사람은 소설에서 처음으로 나오는 인물인데, 이 세 명이 죽고서야 끝이 나더군요. 저는 이 소설을 신문 연재 중에 애독했습니다. 대체 결말을 어떻게 맺으려는지, 남몰래 상상하고 있었습니다. 사이고가 죽었는데도 여전히 이어지니 말이죠. 그래서 뜻밖의 전개가 있을지도 모른다고 생각하던 차에 갑자기 끝이 났습니다. 과연 시바 씨답다고 생각했습니다. 만일 시바 씨만큼 근대적인 사람이 아니라면 다른 식으로 쓸 수 있었겠죠. 즉 사이고가 죽어 민간전승으로 별이 될 수 있습니다. 사이고별이라는 별이 된다. 사후에 별이 되었다고 쓴다면 이건 도저히 근대 소설이라고는 할 수 없을 겁니다. 중세의 문학이죠. 따라서 당연히도 시바 씨가 그런 식으로 마무리할 리는 없는데, 루쉰은 그렇게 합니다. 실제로 그랬다는 예증이 몇 가지 있습니다.

루쉰의 소설 중에는 그런 것이 있는데, 알기 쉬운 예로 「아Q정전」이 그렇습니다. 아Q는 마지막에 총살당하는데 그러고서도 소설이 끝나지 않습니다. 뒤에 부록 같은 게 있습니다. 그건 아Q를 괴롭힌 거인擧人 나리가 지방의 호족에게 재물을 빼앗겨 온 집안이 비탄에 빠진다는 것이 하나. 그리고 다른 하나는 아Q의 총살이 세간에서 어떻게 회

자되었는지인데, 미장未莊이라는 마을의 사람들은 아Q가 잘못한 게
틀림없다고 비난합니다. 총살당했다는 게 잘못을 저지른 증거라는 것
이 미장의 여론이었습니다. 그리고 아Q가 총살되는 성내―성은 큰
마을인데 성내의 여론이 어떤가 하면, 저렇게 못난 사형수는 본 적이
없다, 그토록 오래 거리를 끌려 돌아다니면서 끝내 노래 한 곡조를 못
부르다니, 따라다니느라 헛걸음만 했다는 게 성내의 여론이었다는 것
으로 끝납니다.

이것은 아Q는 죽어 별이 되었다, 하늘로 갔다, 지옥에 갔다, 그런 것
과는 다르지만, 역시 보통은 아Q가 죽은 장면에서 끝이 날 테죠. 평범
한 근대 소설이라면 거기서 끝내도 됩니다. 그 편이 자연스럽습니다.
하지만 루쉰은 이러쿵저러쿵 그 뒤를 씁니다. 마을 사람들이 뭐라고
했다는 둥의 내용을 씁니다. 생각해 보면 아Q가 원래 그런 곳에서 출
현합니다. 이름도 없는 민중의 한 사람으로서 나옵니다. 마지막에는
그 속으로 다시 파묻히는군요. 거기서 전체가 완결된다는 것은 소설
쓰기의 다른 방식이 아닐까 생각합니다. 다른 소설을 봐도, 특히 『고
사신편』을 보면 그런 식이 여러 편 나옵니다.

예를 들어 「출관出關」, 노자가 공자를 상대하다가 공자에게 당해 함곡
관函谷関 밖으로 떠나 사라진다는 이야기입니다. 무척 간단히 말하면
그렇게 되지요. 그런데 함곡관에 다다르자 관문의 관리에게 붙잡힙니
다. 그러고는 억지로 책을 쓰는 처지가 됩니다. 그것이 지금 남아 있
는 노자의 책 『도덕경道德経』이라고, 그런 식으로 되어 있는데 거기서
노자는 그 책을 쓰고 먹을 것을 약간 얻은 뒤 관문에서 나와 사막으로
사라집니다. 보통은 거기서 소설이 끝날 텐데, 그렇지 않더군요. 그
뒤는 관문의 관리들이 모여서 떠난 노자를 두고 뒷공론을 벌입니다.

저 자는 대체 무얼 어쩌려는 거야, 음식이 떨어지면 어차피 돌아오겠지, 그러면 또 책을 쓰게 시켜야지, 그렇게 관문 안에서 별의별 수군거림이 한창이다가 끝이 납니다. 이 또한 그러한 혼돈, 카오스로부터 나와 카오스로 사라진다는 형태에서는 같은 작법이로군요. 그 밖에도 여러 예가 있지만 생략하겠습니다.

이 카오스, 미분화 상태에 있는 것은 이름 없는 민중의 모습이라고 생각합니다. 거기에서 분화되어 인물이 나오고 그 인물이 다시 무명의 대중 속으로, 즉 카오스 속으로 사라진다는 작법은 근대 이전의 것이라 말할 수 있겠죠. 대체로 오래된 중국 소설에는 그런 게 많습니다 ― 많다고 하면 이상하지만, 그런 것도 있고 속계, 인간 세계와 신선 혹은 부처, 선인이나 무언가의 세계가 교류하는 소설이 많습니다. 이번에는 그런 것까지 읽을 필요가 있었는데, 거기에는 루쉰이 어린 시절에 읽지 않았을까 싶은 것이 몇 가지 있었습니다. 『봉신연의封神演義』라고도 하는, 『봉신전封神伝』이라는 소설이 그렇습니다. 문학사에서 저런 것은 대체로 평가가 낮지만, 어린 시절 루쉰의 교양을 알기 위해서는 도움이 될지 모릅니다. 나이가 들어서도 사라지지 않고 남아 있기도 합니다. 역시 저런 것을 읽어야 할 필요를 느꼈습니다.

우리 나잇대라면 어렸을 적에 읽은 다치카와문고立川文庫가 우리 안에 들어와 있습니다. 육화되어 있는 것입니다. 그러니까 지금의 일본인 가운데 나이를 먹은, 쉰 이상, 저는 예순 여섯인데, 예순보다 위라고 해도 좋습니다만 외국인이 그러한 일본인의 정신 구조를 가장 빠르게 파악하려면 다치카와문고, 지금 복각판이 나와 있으니 그런 걸 읽는 게 좋지 않을까요. 저도 다치카와문고라든지 이토 지유伊藤痴遊의 강담으로 역사 공부를 한 사람입니다. 지금은 시바 료타로가 가장 좋은 텍스트겠군요. 그런 이야기입니다.

즉 그러한 카오스, 이것이 인간의 원점이 아닐지 — 인간이라고 말하면 곤란할 수도 있겠군요. 인간이란 것은 규정하기 어려우니 — 즉 생산 형태로 말하자면 단순 재생산의 장치일 텐데요, 달리 말하면 그것이 공동체의 세계죠. 그런데 최근 공동체론이 유행해서 공동체라면 다 좋다는 풍조마저 있는데, 저는 그것 역시 조금 의문입니다. 그럴 리가 없거든요. 그런 식이라면 역사가 사라집니다. 그래서야 곤란하지만, 역사 단계설이나 무언가의 독을 중화하기 위해서는 그런 것마저 필요하지 않을지, 즉 지금의 근대 절대론을 억제하기 위해서는 루쉰과 같은 소설 세계도 다시 한번 살펴봐야 하지 않을지. 앞으로 거기에서 무엇이 나올지는 모르겠지만, 아마도 그걸 시험해 보는 이들은 우리가 아닐 겁니다. 제3세계라고 생각합니다. 중국식으로 말하는 제3세계가 그 유효성을 시험한다, 혹은 그로부터 일반 법칙을 만들어내는 일을 제3세계가 장래의 과제로서 맡지 않을까 생각합니다. 우리가 거기에 어떤 형태로 결합할 수 있을지, 이것은 알 수 없지만 루쉰을 읽으면 뭔가 힌트를 얻을 수 있을지도 모릅니다. 얻을 수 없을지도 모르고요. 저는 힌트가 있는지 없는지조차 알 수 없지만, 힌트를 얻고 싶은 사람을 위해 제가 할 수 있는 데까지 루쉰의 소설이나 에세이를 이해하기 쉽게 번역해 필요한 주석을 달아서 제공할 것입니다. 저의 역할은 그걸로 끝. 그걸 누가 어떤 식으로 사용하든 그 사람의 자유라는 마음입니다.

아직 작업은 절반 정도를 마쳤을 뿐이니 지금부터 도쿄로 돌아가 다시금 열심히 번역해야 합니다. 다케다가 죽어서 슬프다고 말하고 있을 수가 없습니다. 그래서 오늘 여러분과 만나 약간 자기선전 같겠지만 이번 작업에 관해 말씀드렸습니다. 다만 이 책은 이와나미에서 내는 게 아닙니다. 이와나미는 과거에 『루쉰 선집』이라는 무척 훌륭하달까요, 당시에는 그랬습니다. 하지만 이제 와서는 역시 상당히 개정해야 할 필요가 있습니다. 제가 그걸 전부 개정한 것은 아닙니다. 양은 대폭 줄였습니다. 그러니까, 이번 것은 저만의 것. 하지만 장차 더 큰 형태의 루쉰 전집이나, 보다 좋은 것들이 나올 수 있겠지요. 저는 그 앞의 한 걸음을 떼었을 따름입니다.

루쉰 잡기
魯迅 雜記

제1판 1쇄 2022년 1월 25일

지은이 다케우치 요시미
옮긴이 윤여일
펴낸이 연주희
편집 하성호
펴낸곳 에디투스
등록번호 제2015-000055호 (2015.06.23)
주소 경기도 성남시 분당구 황새울로351번길 10, 401호
전화 070-8777-4065
팩스 0303-3445-4065
이메일 editus@editus.co.kr
홈페이지 www.editus.co.kr

제작처 ㈜상지사피앤비

가격 16,000원

ISBN 979-11-91535-04-4 (03150)